Santana

SIMON LENG

Santana

rock  pop

cátedra

Diseño de la colección: Manuel Bonsoms

Título original de la obra:
Soul Sacriface. The Santana Story

Fotografía de cubierta: Sofía Menéndez

Traducción de Elena Castro

© Simon Leng
© Ediciones Cátedra (Grupo Anaya, S. A.), 2002
Juan Ignacio Luca de Tena, 15. 28027 Madrid
Depósito legal: M. 654-2002
I.S.B.N.: 84-376-1947-5
Printed in Spain
Impreso en Fernández Ciudad, S. L.

A Susan

Reconocimientos

Este libro está dedicado a Armando Peraza, uno de los músicos más grandes del siglo XX y un ejemplo de la dignidad y fuerza contra el racismo y la intolerancia. Y lo que es más importante, Armando Peraza vive sabiendo que el éxito es efímero pero el respeto hacia los demás no.

Ante todo manifestar mi amor y agradecimiento a mi esposa, Susan, mi madre Tina, mi hermano Andy y mi prima Mary por todo el amor y apoyo que me han dado durante años. «Un abrazo» para todos mis parientes baptistas. Un especial agradecimiento a Edward, Margaret y a todos los Nugents en Irlanda.

Mucha gente me ha ayudado de diferentes formas en este libro: Laurie Fahy, Garry Clarke, Stuart Shields («mi hermano del alma»), Steve Farrar, Frank & Sandra en Dublín, Armando & Josephine Peraza, Alex Pertout, Eddie Rodríguez, Soul Brother, Jonathan Hill, Stewart Tray, Gaynor Clements, Tom Coster, Bob Greenfield, Mrs Olga Brown, David Brown, León Patillo, Jill Strohecker, Jules Broussard, Airto Moreira y Steve Smith. Gracias a todos.

Mi agradecimiento a Carlos Santana por el tiempo que pasé en sus conciertos, ensayos y en su casa. Le agradezco su amabilidad y generosidad.

Fuentes de información

Este libro es el resultado de muchos años de investigación y de mi pasado como editor de una revista de Santana. Esto me ha facilitado el acceso a entrevistas ya hechas y a otras que yo he llevado a cabo con : Carlos Santana, Gregg Rolie, David Brown, Michael Shrieve, Armando Peraza, Tom Coster, León Patillo, Jules Broussard, Jorge Santana, Greg Walker, Raúl Rekow, Karl Perazzo, Alex Ligertwood, Airto Moreira, Tony Lindsay, Billy Johnson, Myron Dove, Narada Michael Walden, Steve Smith y Chester Thompson. Gran parte de estas entrevistas se realizaron específicamente para este libro.

Aparte de esto, otras fuentes de las cuales he conseguido detalles sobre la vida de Carlos Santana en Autlán y Tijuana fueron «A Portrait of The Artist» de la revista *Billboard,* publicada el 7 de diciembre de 1996, el artículo de *Rolling Stone* «The Resurrection of Carlos Santana» publicado el 7 de diciembre de 1972 y el capítulo sobre Carlos Santana de BBC Publications *Guitar Greats,* publicado en 1982. También me he valido del documental americano de radio de 1992, «Carlos Santana: Music For Life».

Prólogo

Santana Los mexicanos rara vez compran las entradas de un concierto por adelantado; van y pagan. Por una vez tuvieron que dejar a un lado esta costumbre y se vendieron miles de entradas para una actuación especial antes de la fecha. Era el 21 de marzo de 1992.

La ciudad fronteriza de Tijuana, de la cual la Madre Teresa dijo que era más pobre que Calcuta, estaba preparándose para recibir a su hijo predilecto, Carlos Santana. Se fue de allí en 1963 para comenzar una nueva vida en los Estados Unidos cuando era fácil cruzar la frontera. Hoy en día la frontera es una llaga purulenta.

La plaza de toros de Tijuana está situada al lado del mar, a dos pasos de las maravillosas playas que contrastan con la dureza de las calles de la ciudad. Ahora la plaza está llena, 17.000 personas, hay algunos americanos del otro lado de la frontera, pero la mayoría son mexicanos que celebran ser mexicanos con el mexicano más famoso del mundo.

Cuando el delgado guitarrista aparece en medio del tumulto y color de aquella tarde, el gran veterano con más de dos millares y medio de conciertos por todo el mundo, parece quedarse asombrado por la muchedumbre que le recibe. Los fans estaban por todas partes, yendo y viniendo, el ruido rebotaba en la plaza de toros.

El ruido aumentó cuando el guitarrista cogió el micrófono y se dirigió a la gente en español. Les dijo que era un honor estar en su presencia y comentó que de la misma manera que había caído el muro en Berlín podría pasar algo similar en Tijuana. Momentáneamente las ovaciones cesaron y les anunció que había ángeles entre ellos, que les rodeaban, bailando en persona. Esta fue la introducción para el ritmo funk de una canción, «Spirits Dancing In The Flesh», con una percusión afrocubana, solos de jazz y gritos de Sly Stone durante cinco minutos de éxtasis sensual. Esto dio lugar a un baile desenfrenado. Santana se trasladó al frente del escenario para realizar su primer solo y su pasión brotó a través de las cuerdas de su guitarra. Una mujer del público parecía quedarse hipnotizada por la fuerza sensual-espiritual de la guitarra, una sonrisa involuntaria iluminaba su cara mientras su cuerpo se estremecía al son de cada nota. El sonido era grandioso, impulsado a proporciones supersónicas por los tres baterías, el órgano Hammond de estilo gospel y un riff de bajo.

Tres horas de pasión, la actuación ha terminado y la gente de Tijuana y California toma caminos diferentes a sus diferentes vidas. Ricos y pobres. Creyentes y cínicos. De una cosa no hay duda: la vuelta del chico que solía recorrer las calles de Tijuana tocando el violín de Mariachi para los turistas, o la guitarra de R&B en las barras de prostitutas fue todo un acontecimiento.

Introducción

Santana Un americano de descendencia mexicana puede llamarse a sí mismo un «chicano». Probablemente hable de «La raza», la gente, es decir, quiere decir los mexicanos. El «Calendario de la raza» está editado por La Raza Studies Department de la universidad de San Francisco. Entre muchas de las imágenes interesantes del calendario hay una llamada «Last Supper of Chicano Heroes» («La última cena de los héroes chicanos»), un mural que se encuentra en Casa Zapata, en la universidad Stanford en Palo Alto, al sur de San Francisco. Entre los personajes retratados en el mural se incluye a la santa patrona de México, la virgen de Guadalupe, y numerosas figuras políticas muy conocidas tales como el Che Guevara, Pancho Villa, Emiliano Zapata, César Chávez, Martin Luther King y Rigoberta Menchú. Justo en medio de la segunda fila, entre estos luchadores por la libertad, hay un personaje de pelo largo sosteniendo una guitarra; Carlos Santana. ¿Cómo un simple músico se encuentra en tan excelente compañía?

El objetivo de este libro es contestar a esa pregunta y dar una especie de perspectiva de la historia de Santana, tanto del hombre como del grupo. Santana fue un grupo auténtico durante unos pocos años antes de que se convirtiera en el instrumento musical de Carlos, pero en esos pocos años se definió el sonido característico del grupo, a través de una química mágica de la dinámica del grupo.

La historia de Santana comienza en México, se desarrolla en San Francisco y alcanza su madurez en los anfiteatros de todo el planeta. En México fue donde Carlos

Santana aprendió a tocar el violín de forma tradicional. Luego descubrió el blues, lo aprendió directamente de los músicos negros americanos. En San Francisco fue donde conoció al cantante-organista Gregg Rolie, en medio de una revolución musical que estaba siendo alimentada por el promotor local, Bill Graham. En las programaciones de las actuaciones de Graham se incluía todo, no rechazaba nada, en medio de un eclecticismo musical que parecía predecir la llegada de Santana.

El «Sonido Santana» fue creado por seis músicos muy diferentes que se juntaron en mayo de 1969: Carlos Santana, Gregg Rolie, Michael Shrieve, David Brown, José «Chepito» Areas y Michael Carabello. El sonido característico era la guitarra, el órgano Hammond, percusión afrocubana, un bajo bombeante y rockero, y una batería de jazz. La música era una fusión alucinante de blues, rock, latina, jazz y soul. El sonido y el grupo alcanzaron la fama y fortuna con gran rapidez e inevitablemente después de tres años llegó la ruina, grabaron un clásico, *Abraxas,* y popularizaron como nadie lo haría el arte de la música afrocubana («latina») por todo el mundo.

La encarnación de 1969 de Santana fue algo auténtico, pero Carlos tenía otras ideas. La «vida del rock'n'roll» casi acaba con él como había hecho con muchos otros, pero él tenía demasiado orgullo para eso. Tomó el control y dirigió al grupo en un viaje por John Coltrane y Miles Davis para llegar a una nueva forma de latin-jazz. En su búsqueda fue guiado por el batería Shrieve y los músicos maestros Tom Coster y Armando Peraza. Santana, el grupo, llegó a competir con Weather Report y Return To Forever, mientras el guitarrista fue agasajado por muchas de las estrellas de jazz de aquellos días debido a su trabajo en los álbumes clásicos, *Caravanserai, Welcome* y *Lotus.* Fue un triunfo muy audaz.

Desde 1974 Santana ha sido un grupo de apoyo para Carlos Santana quien, a pesar de su ocasional salida comercial, ha llevado de forma exitosa el sonido Santana por todo el mundo. A lo largo de su camino ha difundido su lenguaje musical incluyendo el reggae, funk, gospel, influencias africanas y brasileñas junto a su nuevo compañero musical, Chester Thompson.

El foco central del grupo siempre ha sido el sonido único de la guitarra de Santana, que aparte de ser una mezcla de entonaciones mexicanas y de blues, acoge los tonos de jazz y rock y tiene una cualidad universal que encaja bien con casi cualquier idioma musical. Muy pocos músicos pueden tocar de forma natural y en perfecta armonía con artistas tan diferentes como Wayne Shorter, Metallica, John Lee Hooker, Prince, Tramaine Hawkins, Bobby Womack, Third World, Salif Keita y Lauryn Hill. Carlos Santana sí puede hacerlo.

Lo opuesto a la armonía es la contradicción y las contradicciones abundan en la historia de Santana. Por algún motivo el grupo muy pocas veces se ha puesto de moda o ha sido aclamado por la crítica, pero sin embargo ha mantenido un seguimiento mundial durante tres décadas. Otra contradicción es la mezcla de espiritualidad y sensualidad que parece caracterizar el sonido Santana y la yuxtaposición de música con tendencia al jazz experimental con música de pop banal que Santana realizó a finales de los 70 y durante los 80.

Quizás la mayor contradicción es que Santana casi nunca ha sido un grupo de rock. Cualquiera que entre en una tienda de música encontrará los discos de Santana en la sección de «rock» y nos referimos a él generalmente como «músico de rock». Si esa misma persona escuchase un ejemplo representativo de la música de Santana, descubriría que la mayor parte de su música tiene poco que ver con el rock, solo el volumen con que se toca. Aunque Santana surgió en San Francisco a finales de los años sesenta y apareció en Woodstock, nunca fue un grupo «hippie», parecía más a Sly Stone que a Jefferson Airplane.

Pero es el sentido de lo espiritual lo que ha ocasionado las mayores dificultades de Santana con los medios de comunicación. Carlos Santana es un hombre espiritual, nada sorprendente para un mexicano. Es natural para él describir su fuerte sentido de lo espiritual a través de su música y es una característica que su música comparte con la mayoría de la música autóctona del mundo. En la sociedad en que Carlos Santana se educó, la espiritualidad formaba parte de la vida cotidiana como el comer, así que para él es muy normal expresarla a través de su música y es parte de lo que le convierte en un músico único y respetado en cualquier parte del globo. Un hombre que adaptó la técnica tradicional del violín mexicano a la guitarra y fue pasando de ser un músico de blues a un guitarrista a la altura de los más grandes del jazz como Alice Coltrane, McCoy Tyner, Herbie Hancock y Wayne Shorter. Pero aparte de esto, es la inconfundible habilidad de Carlos Santana para comunicarse directamente con el público lo que le ha asegurado su supervivencia en el voluble mundo de la música popular.

Este libro trata de un grupo grandioso, un extraordinario músico y uno de los más grandes supervivientes de la música. Trata también sobre un auténtico héroe del tercer mundo, Carlos Santana del «Calendario de la raza». Es un modelo auténtico para los latinoamericanos, entre quienes es tan respetado y conocido como Bob Dylan en Estados Unidos. Aunque Carlos Santana no es el único arquitecto del sonido Santana, ha difundido el concepto por todo el mundo durante los últimos treinta años, manteniéndolo vivo y celebrándolo. Así que lo más apropiado es que la historia de Santana comience en el corazón de México.

Capítulo 1

Santana

México es un alfiletero, salpicado por influencias musicales de todo el mundo, de Europa, África, Cuba y América. Aparte de «La Bamba», poco queda de la música de los tiempos precolombinos; México es más un receptor que un emisor de estilos musicales aunque es excepcionalmente adaptable y abierto a la nueva música, donde a menudo se fusiona y da lugar a nuevas expresiones locales. La música está en todas partes en México, desde las bandas municipales que actúan en actos oficiales hasta las bandas militares que tocan tanto canciones populares como marchas. Hay artistas semiprofesionales que tocan música popular en bodas y bautizos. A través de la radio y la televisión se introducen nuevos sonidos comerciales de Estados Unidos o de otros países latinoamericanos. En México la música es algo serio, es una parte natural del ritmo de la vida.

La música tradicional de México viene de dos fuentes principales, Europa y Cuba. La tradición europea se encuentra en la popularidad de los valses, polkas y la música ligera de orquesta mientras que la forma de canción cubana, el son, se extiende por todo México dando lugar a diferentes variaciones locales.

El estado de Jalisco en el centro de México se conoce por sus tradiciones musicales. El estilo huapango surgió aquí; es una forma de música que contiene los últimos vestigios de los elementos autóctonos indios y que es conocida por todo el mundo gracias a la canción mencionada, «La Bamba» —una auténtica obra del folklore mexicano.

Sin embargo, el estilo de música que reina en Jalisco es el son, conocido como el son Maricahi, que se toca en bodas. El son mexicano es música de baile para flirtear. Es una música animada con un ritmo atrayente y fuerte —algunas veces con un tiempo rápido de vals— adornado con deslumbrantes partes instrumentales de violín. En cuanto a la armonía es simple: las guitarras siguen unos patrones originados del flamenco tradicional. Por encima del ritmo se elevan dos voces: la del cantante y la del violín. La mayoría de los sones se caracterizan por una introducción del violín, exponiendo la melodía con unas fanfarrias tangenciales. A través del son, el violín mantiene la voz, parece añadir un comentario musical a las fábulas de amor, pérdida y dinero. El violinista del son Mariachi tiene que tener una gran habilidad para encontrar «duende» en las melodías tristes; rara vez toca con velocidad, se centra en poner la mayor expresión posible en cada nota.

Durante los años veinte, en busca de trabajo, grupos de músicos de Jalisco llegaron a la ciudad de México donde se les empezó a conocer como los grupos de Mariachi. Una calma relativa se apoderó de México después de diez años de guerra civil, que terminó cuando la revolución de los campesinos se sintió respaldada por la elección de Álvaro Obregón en 1920. La vida de los campesinos rurales durante los cuarenta años anteriores había sido horrible, el estado se había apoderado de su tierra y libertad, circunstancias que dieron lugar a la aparición de líderes revolucionarios como Pancho Villa, Pascual Orozco y Emiliano Zapata. No fue hasta los años treinta cuando se realizó la reforma agraria y se desarrolló la infraestructura básica; educación, riego y mejora de salarios. Cuando la paz relativa llegó a México los músicos de Jalisco se juntaron en la capital; reunidos en la Plaza de Garibaldi vestidos con un traje de vaquero llamado «charro», tocaban canciones para los turistas. Algunos sustituyeron las dos guitarras básicas y el violín por una trompeta, otros mantuvieron la tradición del violín como única voz solista.

Viajar formaba parte de la vida de los músicos callejeros mexicanos y fue una tradición para José Santana,
nacido el 18 de enero de 1913 en el balneario de Cuautla en el estado de Morelos. Cuautla se encuentra al sur
de la ciudad de México, a cuatrocientas millas al este de
Autlán de Navarro en el estado de Jalisco, adonde José
se trasladó cuando era niño. El padre de José, Antonio,
también era músico, tocaba la trompa en la banda mu-
nicipal y le enseñó a José a tocar el violín, otro de los
instrumentos orquestales que llegó a México como parte de la invasión cultural europea. El chico progresó
rápidamente y cuando era adolescente ya tocaba en
una orquesta sinfónica local que eventualmente llegó a
dirigir.

Era ya un músico consumado y respetado cuando se
casó con Josefina Barragán en 1940. La pareja tuvo siete hijos: Antonio, Laura, Irma, Carlos, Leticia, Jorge
y María; su hijo mediano, Carlos, nació el 20 de julio
de 1947.

A finales de los años cuarenta Autlán de Navarro era
una comunidad agrícola con pocas comodidades en
comparación con la infraestructura básica con la que
contaba la población de la ciudad de México. Allí la gente vivía de forma humilde y simple a tono con los ritmos
de la naturaleza en un clima subtropical. Cuando cumplió 50 años, Carlos Santana recordó una visita que hizo
a Autlán en 1983: «El pueblo es aún el mismo, no hay
vallas, no hay carreteras asfaltadas, ni luz eléctrica. Hay
muy pocos lugares con electricidad, aún es un lugar de
otro siglo. Una tierra bella, simple y sin contaminar, algo
grandioso»[1].

José Santana era muy conocido en el pueblo. «Recuerdo que a todo el mundo le gustaba mi padre», dijo
Carlos. «Era el niño mimado del pueblo. Todo el mundo
quería que mi padre tocase en su boda, bautizo o lo que
fuese. Mi padre mantenía a mi madre, a mis cuatro her-

---

[1] *Billboard*, 7 de diciembre de 1996.

manas y a mis dos hermanos con su música»[2]. La familia Santana vivió en diferentes casas y, aunque no eran de ninguna manera adinerados, Carlos no tiene recuerdos de haber pasado apuros, exceptuando la lucha por el espacio. «De entre las casas en las que vivimos, había una que era muy grande. Era una casa de ladrillo pero aún muy básica. Tenía muchas habitaciones, pero yo no tenía una habitación para mí solo. Éramos siete, así que siempre tuve que compartir habitación»[3]. El joven Carlos era consciente de la música que tocaba su padre y del lugar que ocupaba en el ritmo de vida del pueblo. En Autlán, la música era un acompañamiento esencial para los sucesos de la vida, nacimientos, casamientos y entierros. Más que un producto para el tiempo libre, era uno de los elementos cotidianos de la vida, y el músico era tan necesario como el granjero o el médico. La música era una profesión. El músico tocaba para elevar el espíritu de la gente y le pagaban por hacerlo. Aún así a pesar del dominio cultural de la música tradicional, no pasó mucho tiempo antes de que la radio hiciese llegar a Carlos las influencias musicales de otras culturas: «Mi padre era un músico callejero y también tocaba en bares y terrazas locales según puedo recordar. Es curioso pero incluso en 1947 en México, donde se tocaba principalmente música mexicana, puedo recordar haber escuchado a Django Reinhardt y cosas así»[4].

José Santana se dio cuenta de que tocando sones ganaba más dinero que con el limitado trabajo de la orquesta y formó un grupo conocido con el nombre de Los Cardinales que tocaban las canciones populares del momento, «El Jilguerillo», «El Triste», «El Son De La Negra» y «Cielito Lindo». Él era el líder del grupo y tocaba el primer violín con una entonación rica de largas y completas notas que sonaban como la voz humana. José toca-

[2] *Billboard,* 7 de diciembre de 1996.
[3] *Billboard,* 7 de diciembre de 1996.
[4] *Guitar Greats,* BBC, 1982.

ba con gran emoción cada nota, un rasgo de su personalidad que heredaría su hijo.

El aspecto expresivo de la música era una cara de la moneda, equilibrado por su papel absoluto como sustento familiar. La lucha por mantener a su familia fue siempre lo que más le preocupaba a José. Por aquella época todo el mundo sabía que en el norte del país había un pueblo fronterizo, Tijuana, que estaba en auge. A sólo 20 millas de San Diego, este lugar se había convertido en un gran centro turístico durante los años veinte a causa de la ley seca en Estados Unidos, por lo que americanos y estrellas de Hollywood sedientas cruzaban la frontera hasta el sórdido pueblo. Por aquel entonces la ciudad sólo contaba con un millar de habitantes, pero ya tenía «La Ballena», el bar más largo del mundo con 170 metros de barra. Durante los años cincuenta se había convertido en un gran centro turístico donde se podía ganar mucho dinero tocando música Mariachi para los «turistas». Josefina Santana también estaba interesada en trasladarse con toda la familia a Tijuana; quería emigrar a los Estados Unidos, había pasado muchas horas viendo las películas americanas que pasaban en Autlán. Durante los años 40 y 50 el cine y la música americana se extendieron como una forma efectiva del imperialismo cultural. Por todo el mundo se veían imágenes de un estilo de vida americano idealizado y ansiaban poder conseguir la libertad y las comodidades materiales que se reflejaban en el cine. Josefina sólo cometió un error: pensaba que Tijuana estaba en los Estados Unidos.

José Santana se llevó a Los Cardinales a Tijuana en 1954 y Josefina le siguió con los siete niños un año más tarde. El traslado al norte formó parte de una emigración masiva desde las zonas rurales de México a Tijuana, cuya población pasó de 17.000 habitantes en 1940 a casi 60.000 durante los años 50. La gente llegaba allí como podía y así ocurrió con la familia Santana. Para poder pagar el viaje de 1.000 millas, Josefina sacó todos los muebles que tenía a la calle y los vendió. Se las arregló para convencer a un taxista de que la llevase a ella y a sus siete hijos a Tijuana. Esta determinación y confianza en sí misma fue algo que heredó el joven Carlos.

Tijuana es como un desierto, seca y árida. Te puedes beber diez cervezas Corona y aún tener sed. La ciudad está llena de vagabundos (personas y animales). Los mexicanos locales miran con desdén a los «cholos» que están por todas partes con sus chanchullos y engaños —jóvenes mexicanos-americanos que no hablan español y viven en bandas—. La gente se gana la vida como puede, hay tipos que se dedican a buscarte un sitio para aparcar por diez pesos, o mejor aún, tres dólares. Por otros cuantos dólares, pararán el tráfico para que te puedas incorporar a la carretera después de haber visitado el centro comercial. Hay vendedores de fruta, vendedores de zumo, vendedores de música y, por la noche, vendedores de cuerpos. Es uno de esos lugares donde prefieres pasar de largo a quedarte a vivir allí. Los jóvenes mexicanos van allí para trabajar en los bares y los clubes, pero pronto se abren camino hacia los climas menos sórdidos de Cancún o Puerto Vallarta. Tijuana es demasiado pobre, un lugar desventajoso, con mucho desempleo y corrupción. Incluso el hijo de un oficial de policía puede ser un traficante de droga. La pobreza es absoluta, inhumana y genera las contradicciones más grandes de Latinoamérica, un gran orgullo nacional junto a un deseo tremendo de irse a Estados Unidos.

La frontera en Tijuana es una marca, una cicatriz abierta donde se arroja de vuelta a la gente como si fueran basura alejándola de la esperanza de una vida mejor; la carretera principal desde San Diego termina con una curva peligrosa señalada con una flecha que indica un «giro», la última oportunidad de volver a los Estados Unidos. Carlos Santana cruzó la frontera en busca de una vida mejor, pero nunca olvidó la brutalidad y degradación de la ciudad fronteriza. Tijuana recibe a muchos turistas, casi treinta millones al año, muchos de ellos vienen de la base naval al otro lado de la frontera en San

Diego. Cuenta con los típicos centros comerciales, tiendas libres de impuestos, cabarets, bares y cantinas, pero el otro lado de la ciudad es más sórdido; el contrabando de droga y la prostitución son los principales productos de la economía, lo que le da un aspecto amenazante a la atmósfera de fiesta de Tijuana por la noche. La realidad cruel de la vida no se puede evitar en Tijuana. Tijuana es así desde hace años y así era cuando Josefina Santana llegó con sus siete hijos en busca de su esposo.

Cuando la familia se agrupó de nuevo, se trasladaron a una barriada de chabolas de la ciudad; durante dos meses intentaron formar un hogar en una casa que estaba a medio construir. La única estructura firme eran las paredes y un techo, no había puertas, ventanas ni muebles y, por supuesto, no había agua potable ni electricidad. Esto fue lo más cercano a la pobreza que experimentó la familia Santana y mientras los niños sacaban el máximo provecho como si se tratase de una nueva aventura, la determinación de su madre de marcharse a los Estados Unidos se afianzaba cada día más. Posteriormente, la familia se trasladó a una casa un poco mejor en otra parte de la ciudad y comenzaron con su vida cotidiana. Carlos continuó su educación y las fotos de cuando era niño nos muestran una cara alegre y sonriente. Le interesaba el deporte y los cómics como a todos sus compañeros, pero nunca se cuestionó el que Carlos se dedicara a otra cosa que no fuese la música. La música no fue una revelación, se trataba de algo que estaba a su alrededor. José Santana era un músico sofisticado y aparte de la música folk que le daba de comer, tocaba música de Agustín Lara, el legendario compositor famoso mundialmente por sus románticos boleros. También estaba muy versado en música clásica europea por el tiempo que pasó en la orquesta, y los hijos de Santana estaban acostumbrados a escuchar a Mozart, Beethoven y Brahms. Como el guitarrista comentó posteriormente: «Crecí con una dieta de música clásica europea pero luego, cuando llegamos a Tijuana, como la mayoría de los jóvenes me cansé de esa música». Quizás se cansó de ella de forma temporal, pero las fuertes cualidades melódicas de la música clásica quedan reflejadas en su perspectiva musical.

José Santana reconoció el oído musical de su hijo a una edad temprana y le apuntó a un colegio de música local al que asistía después de las horas normales de escuela. El primer instrumento de Carlos fue el clarinete, pero no hubo empatía entre el instrumento y el alumno, y el niño de nueve años se negó a practicar frente a la insistencia de su maestro. Obviamente la siguiente llamada fue la del violín. Éste funcionó mucho mejor. En el colegio, Carlos seguía el método de enseñanza que millones de niños de todo el mundo soportaban para aprender el violín clásico. Progresó rápidamente y según iba mejorando se enfrentó a la música de violín de Beethoven con una obra llamada «El poeta y el campesino» y al trabajo de Franz Von Suppé, cuya música tenía rasgos de folk introducidos por un largo pasaje de solo de violín. La melodía es sentimental en su forma más simple pero el violinista debe tocar con sentimiento, no hay grandes adornos de velocidad o técnicas ostentosas, todo lo contrario, el énfasis está en la suave transmisión de cada nota.

Mientras tanto, en casa, José estaba preparando a su hijo para ser su sucesor musical y los dos se sentaban juntos y estudiaban los sones, valses y polkas, la mercancía en comercio de un músico mexicano. Esto fue lo que le ocurriría constantemente en su vida musical; el joven Carlos estaba aprendiendo música de dos culturas en el mismo instrumento. José le enseñó a su hijo las melodías largas y fluidas de la música mexicana. Estas horas que pasó con su padre no fueron casuales, José imponía una gran disciplina a aquellos dedos jóvenes; en cuanto el joven completaba una lección, su padre estaba preparado para comenzar con la siguiente. A pesar de los momentos frustrantes, esto le proporcionó a Carlos Santana las herramientas necesarias para sobrevivir como músico profesional. Una de las piezas musicales que padre e hijo tocaban era «Jema», una melodía romántica que José tocaba con un tono máximo que parecía un grito humano. José era un técnico consumado y podía manipular el arco de forma tan lenta sobre las cuerdas que las notas quedaban suspendidas casi indefinidamente.

El principal propósito de la música en la casa de Santana era conseguir dinero para la familia. El joven Santana realizó progresos muy rápidos en el violín. Cuando tenía diez años ya acompañaba a su padre por las calles y los bares, tocando para los turistas. Otras veces salía a tocar solo, o con un par de jóvenes. Fue un cambio económico instantáneo. Tocaba y los turistas pagaban. Tenía un precio fijo para cada canción, y su principal ruta era la avenida de la Revolución, para arriba y para abajo, y la avenida de Tijuana. Salía vestido con el traje de «charro», el atuendo de vaquero mexicano, apremiando a los turistas con su frase, «¿una canción señor? ¿50 centavos una canción?». Tenía muy buen aspecto, así que recibió más respuestas afirmativas que negativas. Tocaban lo que los turistas americanos querían escuchar, canciones como «Las Mañanitas», «La Paloma», «Cielito Lindo», o incluso la obra maestra internacionalmente conocida como «Mexicali Rose». En el juego de la supervivencia en la calle el joven tenía que asegurarse de que lo que tocaba captaba la atención del oyente. Lejos de la calle, también tocaba en la orquesta de la iglesia, donde se dio cuenta de que podía captar la atención de las jóvenes señoras cuando añadía una pequeña improvisación o cuando tocaba de forma un poco diferente a la melodía principal. Fue una técnica que mereció la pena desarrollar.

Por otro lado, los bares implicaban malas noticias y lo que Carlos vio cuando tocaba con su padre no fue de su agrado. México, en los años cincuenta y sesenta, no era exactamente un modelo de emancipación femenina y la norma era el estilo de vida del macho dado a la bebida y a las peleas. Tijuana atraía a los americanos fiesteros del otro lado de la frontera, y esto empeoraba la situación. El joven Carlos llegó a asociar la música de su padre con la violencia etílica y la actitud de agresividad y falta de respeto hacia las mujeres. En los bares locales no se respetaba mucho a los músicos, se les consideraba un servicio contratado que debía tocar todo aquello que el que pagaba quería escuchar. Algunas veces los clientes hacían que José Santana tocase la misma canción toda la noche, y él lo hacía por el dinero. Tenía que mantener a su familia. La rutina «charro» a duras penas estaba dignificada y lo peor eran las escenas de los bares de cuchillos, luchas, y peleas. Todo esto hizo que aumentasen los sentimientos negativos de Carlos hacia la música de su padre, añadidos a la falta de oportunidad para una libre improvisación en la música Mariachi —el violinista tenía que ajustarse a la melodía, tocar algunas notas estándar para el cantante y eso era todo. Esto provocó la frustración del joven músico: «Tocaba valses simples, cambios muy simples. Después de un tiempo me cansé ya que mi padre no me dejaba improvisar cuando yo quería. Me aprendía una pieza musical tan bien como podía y cuando intentaba tocar algunas notas diferentes, mi padre me paraba»[5].

Cuando se cansó de tocar en lúgubres bares, inevitablemente surgió el enfrentamiento de las personalidades; había llegado el momento de que Carlos Santana comenzase a trabajar por sí mismo. Así que simplemente le dijo a José que iba a dejar de tocar las canciones Mariachi. Así de simple. Se había rebelado. No esperaba que José se lo tomase muy bien, pero aparte de algunos comentarios cáusticos, no se habló de nada más. Así que, Carlos quedaba libre, pero a pesar de su fanfarronada, seguiría tocando la música de Mariachi para los turistas y así podía ayudar a mantener la familia. Con todo ello, su experiencia con el violín le proporcionó una de las claves para su futuro estilo de guitarra. Muchos instrumentos musicales están diseñados para que sue-

---

[5] *Melody Maker,* 17 de noviembre de 1973.

nen como la voz humana y en este intento el violín tiene una gran ventaja sobre muchos otros, su arco. Este aparato puede parecer muy inocente, pero le da al músico el poder para sostener una nota casi de forma indefinida y mucho más larga que si simplemente se toca una vez y se la deja desaparecer. En relación con la guitarra eléctrica, el violín tiene un pedal de intensidad.

Aún así, Carlos Santana se encontraba muy lejos de los amplificadores y de las notas sostenidas cuando comenzó a aburrirse tanto del violín que incluso llegó a odiar el olor y el tacto del instrumento. Estaba mucho más interesado en los sonidos de la música americana que se oían por todos lados en Tijuana. El primer momento decisivo en su vida musical fue cuando su madre le llevó a la plaza principal en Tijuana, La Plaza, para ver a un grupo de jóvenes llamados The TJs que tocaban esta nueva música americana. La fascinación de la madre de Carlos por Estados Unidos, una solución para escapar de la sofocante sociedad mexicana, hizo que se fijara en esta nueva música que llegaba del otro lado de la frontera. El padre de Santana la llamaba «música pachuco». Pachuco era una palabra educada para referirse a alguien que se vestía de forma llamativa y el ritmo americano y el blues eran definitivamente música pachuco. Javier Batiz, el líder de los TJs, tenía un aspecto muy pachuco, con su corte de pelo al estilo de Little Richard, chaqueta de cuero y pantalones de pitillo. Todos los domingos al mediodía se podía encontrar a este guitarrista de dieciséis años en La Plaza haciendo versiones de los últimos éxitos de Chuck Berry, Little Richard, Bo Diddley, Freddy y B. B. King, canciones como «Watch Your Step», «Rock Me Baby», «Johnny B. Goode», «Who Do You Love» y «Havana Moon».

Javier Batiz era un buen guitarrista que tocaba rock'n'-roll básico con un estilo dramático, mezclando notas de blues con un acento mexicano. Carlos Santana quedó embelesado con el sonido, la fuerza de la guitarra eléctrica y la música tan novedosa; parecía algo emocionante y muy lejano de las aburridas melodías de su padre. Rápidamente se convirtió en un seguidor de los TJs, iba a verlos siempre que tocaban en el parque o en el club Latino American donde tenía lugar una «batalla de grupos» casi todos los viernes por la noche. Se quedó completamente cautivado por la música, la forma de tocar la guitarra y la electricidad que generaba, y decidió que eso era lo que quería hacer en su vida.

Capítulo 2

Santana

Después de unos cuantos años de estabilidad, la familia Santana estaba preparada para trasladarse de nuevo. Los padres de Carlos habían solicitado la ciudadanía americana y, cuando la consiguieron el primero en marcharse fue José. A comienzos de los años sesenta, se dirigió a San Francisco, donde había una importante comunidad mexicana concentrada cerca de Mission Street y Van Ness. Era un buen sitio para continuar su carrera como músico profesional y pronto comenzó formando un nuevo grupo al que dirigía en el Latin American Club. El resto de la familia se trasladaría una vez que José se hubiese establecido. Pronto comenzó a recibir noticias de que su joven violinista estaba fascinado con las guitarras eléctricas. Puede que su hijo hubiera perdido interés por el violín pero merecía la pena apoyar cualquier entusiasmo musical. Así que, un día, el joven Carlos Santana se encontró al despertar con un enorme paquete que contenía una guitarra eléctrica Gibson L5; estaba emocionado, encantado y desesperado por comenzar a tocar. Sólo tenía un pequeño problema técnico, no sabía que necesitaba un amplificador, así que lo solucionó poniéndole a la guitarra cuerdas de nylon en vez de las de metal magnético. En cuanto cogió la guitarra, Carlos se dio cuenta de que su preparación con el violín le facilitaba el dominio del nuevo instrumento. Ya sabía cómo sostener una cuerda, poner expresión en cada nota y los trastes de la guitarra eran una buena guía para tocar la nota correcta, cosa de la que carecía el violín. Le pareció más fácil.

En la casa de Santana constantemente se estaba escuchando música, como recuerda el hermano más joven de Carlos: «La música siempre ha sido la profesión de mi padre, de esa forma se ha ganado la vida y así es como nos ha mantenido a todos. A Carlos le gustaba la música y con una familia como la nuestra con cuatro chicas y tres chicos, siempre estábamos escuchando música; no éramos diferentes a otras familias pero el hecho de que tuviéramos músicos en casa aún nos hacía estar más expuestos a la música.» La radio siempre estaba puesta y escuchaban los éxitos del momento, una mezcla de discos mexicanos y americanos. La música de guitarra de esa época era instrumental, tocada por grupos como The Shadows y Santo y Johnny. Eran canciones simples que cualquiera con buen oído podía imitar en su guitarra. Así fue como comenzó Carlos y cuando el fenómeno del twist llegó a México no tuvo ningún problema en copiar la parte elemental de guitarra de «Peppermint twist», la obra maestra de Joey Dee y los Starlighters. De la misma manera que los Shadows, antes de The Beatles y The Stones, fue el grupo de guitarra por excelencia. Tuvieron un gran éxito en 1960 en Gran Bretaña con «Apache». En Estados Unidos fue un éxito por el extravagante guitarrista danés, Jorgen Ingmann. Sea como sea, Carlos Santana sacó la canción a la guitarra después de escucharla en la radio. Fue fácil.

El cerebro de Carlos era una esponja musical. Ya conocía melodías tradicionales mexicanas y la base de la música clásica europea. En una casa con siete niños, la radio no paraba de emitir la música pop latinoamericana del momento. Pronto aprendió la forma en que se tocaba la guitarra en esas canciones. Algunas veces era una imitación ostensible de las últimas tendencias de Estados Unidos o Inglaterra, pero la mayoría eran baladas de estilo tradicional cantadas por grupos vocales, dos o tres vocalistas masculinos con nombres como el trío Los Panchos, acompañados por guitarras acústicas que se tocaban con un estilo español. Una de las más famosas fue «Sin ti», una canción sentimental con una constante guitarra española que acompañaba a los vocalistas. Una guitarra entrecortada presenta cada sección, una técnica que Carlos Santana adaptaría a su propio estilo de blues. Otro tema era «Y volveré», de los cantantes latinos pop Los Ángeles Negros, basada en algunos acordes sofisticados de jazz y una melodía dramática que podemos encontrar algunos años más tarde en una canción emocionalmente similar, «Europa». Las dos características claves de estas canciones que marcaron a Carlos Santana fueron las melodías románticas acodadas con armonías vocales exuberantes para realzar el efecto y los adornos de la guitarra española que las acompaña.

De toda la música que escuchó en la radio, a Carlos lo que más le atraía era el blues y estaba al tanto de las nuevas publicaciones de B. B. King, Freddie King, Jimmy Reed, Bobby Bland, Chuck Berry y Ray Charles; también conocía los clásicos anteriores, el blues de John Lee Hooker y Lightnin' Hopkins. Era música de supervivencia que se sobreponía a una terrible adversidad mientras retenía algo de dignidad. El tema era básicamente el mismo de la música mexicana con la que había crecido: amor, dinero y bebida.

El blues atraía a los guitarristas por ser un estilo muy fácil de copiar, una vez que el acorde básico había sido entendido, se podía aplicar de miles de formas. Otra atracción era el uso de la guitarra para adornar la melodía del cantante con florituras que sonaban como voces humanas. Con el tiempo el joven Santana quedó embelesado con la guitarra suplicante de B. B. King y la fuerza ostentosa de Buddy Guy. Carlos tenía que sacar él solo la mayoría de los nuevos acordes de estos discos. Cuando iba a ver a los TJs, el guitarrista se escondía de la curiosidad del joven Santana para que este no pudiera robarle muchas ideas. Cuando el joven guitarrista consiguió engancharse al blues descubrió otro de sus secretos: la mayoría de las partes de guitarra de blues están basadas en una escala básica de cinco notas. El truco era que esta escala podía moverse hacia arriba o hacia abajo del mástil dependiendo de la clave básica de la canción. La mayoría de los guitarristas de blues y rock tocan durante toda su vida con estas escalas de blues pero Santana tenía algo que añadir a todo esto; contaba con las escalas que había aprendido de su padre en el violín y las escalas de la guitarra española de las canciones pop mexicanas. Se convirtió en su firma, el estilo mexicano-blues.

Carlos Santana escuchó los álbumes de blues que pudo encontrar en Tijuana; los TJs le aconsejaron que escuchara las versiones originales en vez de las interpretaciones. Estaba ante su propia música; ni sus padres ni sus profesores le habían dicho que escuchase esa música, era toda suya. Rápidamente comenzó a entender el lenguaje de los músicos de blues, la forma emocional y musical. No solamente escuchaba la música, también la sentía de todo corazón.

Los acontecimientos empezaron a sucederse con gran rapidez para el joven Carlos y pronto se convirtió en un buen guitarrista. No iba a pasar mucho tiempo antes de que sus habilidades fuesen puestas a prueba en un grupo. Su primer grupo fue una formación que competía con los TJs. Eran The Strangers, una formación de cinco miembros, con tres guitarristas, todos mayores que Santana así que él tocaba el bajo en las versiones que hacían de R&B. Tocaron en bailes y en pequeños conciertos y llevaban un uniforme, pantalones negros con camisa blanca y una variedad de la corbata «formal». Al igual que la mayoría de los grupos de «garaje», los guitarristas tenían que compartir los pequeños amplificadores. Carlos era el miembro más joven del grupo y se situaba detrás de los tres guitarristas que se encontraban en primera línea, sujetaba el instrumento elevándolo, formando un ángulo con su cabeza. Tocar el bajo no suponía un problema para Carlos, su preparación con el violín le había servido para saber tocar algunas cuantas notas, no era exactamente lo que se quería de un bajista en aquellos días así que solamente se quedó unos meses y fue expulsado de The Strangers.

Por supuesto, Carlos no era el único joven en Tijuana que tocaba blues, también estaba Javier Batiz, su primer héroe a la guitarra, que era capaz de realizar un blues que hizo que su amigo más joven comenzase a fijarse en B. B. King. El joven guitarrista había vuelto y versioneaba algunas partes de King y tenía algunas suyas propias. Los dos músicos comenzaron a ensayar juntos con otros músicos locales o con los chicos de los TJs. Santana ya tenía experiencia en tocar en los bares cuando se les presentó la oportunidad de realizar un concierto en el club llamado El Convoy, oportunidad que no dejaron escapar. El Convoy se encontraba en la calle principal en Tijuana, Revolution Avenue, la llamaban la Broadway de Tijuana. Atravesaba el centro de la ciudad, a unas pocas manzanas de la catedral de la Virgen de Guadalupe. Estaba llena de bares, clubes, cines, y comerciantes callejeros pregonando cualquier cosa vendible. Por la noche los bares y tugurios adquieren un aspecto más siniestro; cuando el sol se va se convierte en el hogar de los chulos, camellos y prostitutas. Algunos juerguistas se dirigen a El Convoy, otro bar de strip-tease con un escenario provisional situado en una habitación poco iluminada. Incluso hoy en día, cualquier persona que visite estos clubes será bombardeada con ofertas de chicas, marihuana, y cualquier cosa. Este era el ambiente en el que el joven Carlos Santana se bautizó como músico profesional, consciente de que si su forma de tocar no era lo suficientemente potente podía terminar con un cuchillo atravesándole la garganta o con un disparo por la espalda. Tijuana era ese tipo de ciudad.

Carlos llegó a admirar la dignidad de las prostitutas que trabajaban allí, consciente de que nadie haría ese tipo de trabajo a menos que estuviese desesperado. Los músicos tocaban entre las actuaciones de strip-tease una hora sí, una hora no, comenzando a las cuatro de la tarde hasta las seis de la mañana. El joven guitarrista aprendió a tocar en acorde con los movimientos semi-eróticos de las chicas que hacían strip-tease y la corriente sexual del club pronto quedó reflejada en su forma de tocar. Fue durante esas largas sesiones cuando Carlos Santana se dio cuenta de que la forma como tocaba la guitarra podía tener un impacto sensual en las mujeres, parecía como si las desvistiese musicalmente. Fue algo increíble, una técnica que nunca olvidaría. Carlos ganaba nueve dólares a la semana tocando en El Convoy. Era mucho dinero, mucho más de lo que ganaba su padre.

Por supuesto, los grupos y las formaciones cambiaban mucho y Carlos formó parte de diferentes formaciones musicales, algunas veces tocó con los TJs, otras veces solo. Te lo podías encontrar en El Convoy o tocando en fiestas y bodas, versioneando la música americana que tanto le gustaba. Casi todo lo que tocaba era blues o R&B: «Hully Gully», «Nadine», y el tema legendario de Ray Charles «Georgia On My Mind», un instrumental de guitarra de Freddie King «Hide Away» y «Green Onions». Uno de sus grupos de El Convoy también tocaba temas más suaves como «Something's Got A Hold On Me» de Etta James y el clásico de T-Bone Walker «Stormy Monday Blues» el cual interpretaba al estilo del cantante Bobby Bland, uno de los primeros sex-symbol del blues. A Carlos le gustaba Bobby Bland cuya voz de gospel y estilo sensual era una mezcla de lo espiritual y lo sexual. Mientras versioneaba los grandes éxitos, el tiempo que pasó en El Convoy hizo que el joven adolescente entrase en contacto con un amplio espectro de la música negra. Entre la clientela del club había músicos negros americanos que venían desde San Diego o Los Ángeles a pasar el fin de semana, en busca de diferentes ofertas tentativas que ofrecía el pueblo. Los músicos se quedaban sin dinero, así que conseguían algo para volver a casa tocando los últimos éxitos de blues y R&B en los clubes. Fue el primer contacto de Carlos con la auténtica música negra y se la enseñaron los músicos negros en directo a quienes les gustaba lo que tocaba y estaban preparados para enseñarle algunas canciones nuevas y acordes. Como él recuerda: «Solía tocar con algunos tipos que venían de Los Ángeles para tocar blues y jazz de Bobby Bland y Ray Charles»[1]. Así fue como

---

[1] *Melody Maker,* 17 de noviembre de 1973.

amplió su repertorio de canciones de Freddy King y Jimmy Reed para incluir una música más sofisticada con influencias de jazz con temas como «Misty», «Summertime» y «I Loves You Porgy». Estos recuerdos felices, unidos a su fascinación por la música negra, le marcaron musical y socialmente. Durante estas primeras experiencias en Tijuana desarrolló una gran simpatía por los negros americanos y su música. Incluso hoy en día sus héroes musicales se encuentran entre los músicos negros que encabezaron el camino por los campos de jazz, blues, R&B, gospel y soul.

En el verano de 1962, el joven Santana estaba muy contento con su vida, estaba ganando dinero, viendo strip-teases y relacionándose con Javier Batiz y sus chicas en 4th Street, o tocando en bailes en hoteles los sábados por la noche. Todo estaba a punto de terminar ya que su familia estaba preparada para trasladarse al norte y unirse a José en Estados Unidos. Carlos Santana no estaba contento con la idea de abandonar Tijuana y cruzar la frontera, prefería quedarse donde ganaba dinero con su música y donde podía mantenerse por sí mismo. De hecho, no tenía ninguna intención de irse y desaparecer, alejándose de ellos durante días y semanas. Cuando finalmente le convencieron para marcharse, dejó claro sus sentimientos y protestó durante tres meses. En su primer periodo en San Francisco, comenzó a relacionarse con músicos de su misma edad y su hermano Tony le presentó a un tipo de una familia de clase alta que también hacía música. Tony tenía un trabajo en una fábrica de tortillas mexicanas conocida como La Palma y el hijo del propietario tenía una batería y un amigo que tocaba el bajo. El batería era Danny Haro y el bajista Gus Rodríguez. Los dos quedaron impresionados por las habilidades del recién llegado guitarrista y le ofrecieron comprarle una nueva guitarra y un amplificador si se quedaba en San Francisco en vez de volver a Tijuana. Parecía una buena oferta, pero Carlos quería, sobre todo, ser su propio jefe, así que una oferta así no era suficiente para quedarse en California. A finales de octubre volvió al sur solamente con el dinero que su madre le había dado para pagar el billete del autobús.

El viaje en autobús de San Francisco a Tijuana dura horas y horas. Cuando el chico de 15 años llegó al pueblo fronterizo era de noche y tenía menos de 20 dólares en el bolsillo, no tenía un sitio para dormir y sólo contaba con su habilidad para tocar la guitarra como único medio de subsistencia. Tenía dos opciones para pasar la noche en las implacables calles de Tijuana: la catedral de la Virgen de Guadalupe y El Convoy. La Virgen de Guadalupe es la patrona de los mexicanos. La tradición cuenta que en diciembre de 1531 un chico indio, Juan Diego, tuvo una visión de la Virgen María con el mensaje de que ayudaría a la gente pobre. Posteriormente, se encontró su imagen con los rasgos de un indio en la capa de un obispo que fue enviada al Vaticano para verificar la historia. Cuando Carlos llegó a la catedral, no rezó, solamente pidió ayuda. Aparte de rogar la protección de toda su familia, solamente pidió una cosa más, conseguir una actuación esa noche. Al salir de la catedral se dirigió a Revolution Avenue, a El Convoy. Cuando se presentó ante el propietario del club, éste fue precavido: sabía que la madre de Santana se había trasladado a San Francisco y contaba con una gran reputación. No sabía qué hacer —el chico era menor de edad. Santana le enseñó la autorización por escrito que su madre le había dado y se dirigió al escenario cogiendo el puesto de su sustituto que estaba saliendo en aquellos momentos.

El siguiente problema era el alojamiento. Carlos aún tenía amigos en el club: «Primero me quedé con el batería en un hotel que pertenecía a su tía, luego nos echaron a los dos y comencé a quedarme en casa de unos amigos de mi madre en mi antiguo barrio»[2]. No era la primera vez en su vida que Carlos Santana se sustenta-

---

[2] *Billboard,* 7 de diciembre de 1996.

ba con la música, no era un capricho artístico; se trataba de supervivencia, la guitarra como medio de subsistencia, y, desde luego, ésta era una forma de desarrollar la confianza en uno mismo. A pesar de todo, era feliz y no quiso unirse a Javier Batiz, quien anunció su intención de marcharse a la ciudad de México para triunfar en la gran ciudad. Carlos no quería ir, ya había triunfado en Tijuana. Tenía su propio dinero, nadie le decía lo que tenía que hacer. A pesar de su maduro estilo de vida, Carlos era aún un niño y pasaba su tiempo libre en las maravillosas playas cerca de Tijuana, o leyendo la revista *Mad* al igual que hacían otros jóvenes de su edad.

Carlos vivió así durante un año hasta que su madre volvió a Tijuana en su último intento de convencerle para que se fuese al norte, acompañada de su hijo más mayor, Tony. Carlos intentó esconderse para que no lo encontraran, pero cuando lo encontraron no se podía dar marcha atrás y al final de 1963, justo antes del asesinato de John F. Kennedy, Carlos Santana volvía de nuevo a San Francisco.

Capítulo 3

Santana

Finalmente la familia Santana llegó a Mission District en San Francisco a finales del verano de 1963 arrastrando a su reacio hijo. Carlos seguía rebelde, pensaba que era todo un hombre de mundo con dieciséis años y ahora se encontraba ante el panorama de asistir al instituto James Lick Junior. Era un adolescente que había sobrevivido en la calle, que tocaba la guitarra para ganarse la vida, que tomaba sus propias decisiones, y dirigía su vida como quería. Ahora estaba de vuelta en el colegio con chicos mucho más jóvenes que él y esto no le gustaba. «Durante el viaje estaba enfurecido», recordaba posteriormente José Santana, «no dijo ni una palabra durante todo el trayecto. Lo único que hizo desde el día que llegó fue llorar y llorar. Estaba siempre de mal humor. Luego se encerró en su habitación durante una semana, y se negó a comer»[1]. Finalmente, la madre de Santana se hartó de la movida del joven y le dio un ultimátum: le proporcionaría el dinero para volver a Tijuana, pero esta vez no volvería a salvarle. Carlos se enroló en otro viaje de vuelta a Tijuana, pero esta vez tenía el presentimiento de que no era una buena idea, miró los carteles de prosperidad que aparecían en todos los lugares de San Francisco, se dio media vuelta y volvió a Mission para siempre.

El tiempo que pasó Carlos en Tijuana le sumergió completamente en la música negra, ahora una música mucho más natural para él que las canciones mexica-

---

[1] *Rolling Stone,* 7 de diciembre de 1972.

nas. Aparte del blues y R&B que había aprendido directamente de los músicos visitantes y de los discos —succionando cada matiz hasta haberlo asimilado— también tenía gran interés en el mundo soul. Se unió a The Impressions y Junior Walker pero su figura principal era James Brown, el jefe del soul, que estaba editando un nuevo dialecto que con el tiempo recibió el nombre de funk. En aquellos días lo llamaban «boogaloo».

Nada más volver a Mission, Carlos contactó de nuevo con Danny Haro y Gus Rodríguez para reanudar sus sesiones de garaje. Por aquel entonces el carácter de Santana se había suavizado y estaba preparado para enseñarles algunas de sus auténticas formas de blues. Tocaron en fiestas, bares y bodas y por supuesto realizaron versiones de los nuevos éxitos de James Brown, «Papa's Got A Brand New Bag» y «Out Of Sight». Carlos estaba preparado para adaptar su estilo y tocar con cualquier músico; sus años en México le habían hecho madurar mucho para su edad, ya era un auténtico músico y no un chico de instituto que tocaba para divertirse.

El siguiente paso de Carlos fue ampliar su trabajo abarcando algunos de los éxitos de pop-soul del momento; le gustaban las cantantes de soul y contactó con Joyce Dunn, una vocalista de la ciudad de Sly Stone, Daly City. El guitarrista no tenía ningún problema para acompañar el estilo de la cantante, en definitiva el soul tenía las mismas raíces musicales que el R&B y él era un buen guitarrista, su estilo estaba influenciado por el sonido claro y vibrante de la guitarra de los primeros éxitos de James Brown. Tenía la oportunidad de trabajar su ritmo mientras que él, Rodríguez y Haro acompañaban a Joyce Dunn en su repertorio de canciones del momento. Una de sus mejores canciones era «Heatwave», un gran éxito de verano de Martha y los Vandellas, que alcanzó las listas el mismo año que Carlos volvió a Estados Unidos definitivamente. También hacía una versión de «Steal Away», un éxito de Jimmy Hughes de 1965. Eran canciones simples y fáciles de tocar, pero también fáciles de estropear. Un movimiento falso y se convertían en cabaret. El soul de una canción como «Heatwave» se repetiría a lo largo de la carrera de Carlos; tenía unos acordes estáticos que venían directamente de la música negra de gospel, un espíritu que Santana recordaría en canciones posteriores como «Right Now» y «Praise».

Aunque aún seguía en el instituto, 1965 fue un año muy importante musicalmente para Santana. Una emisora local de radio realizaba una competición, «una guerra de grupos». Se presentó el combo Santana-Joyce Dunne y triunfó en el gimnasio del colegio llegando a clasificarse entre los tres primeros y finalmente quedando en primer lugar. La final era simplemente una competición de instituto, se realizó en el anfiteatro de San Francisco, el Cow Palace; algo que el chico de Tijuana comenzó a saborear. Solamente el hecho de llegar hasta allí le dio confianza, iba a hacer realidad su sueño, lo iba a conseguir. El espíritu de los músicos se iba elevando según pasaban las horas de espera —horas que pasaron tomando refrescos. Cuando llegó el momento estaban muy refrescados, demasiado, un poco más de lo que podían controlar. Lo estropearon todo. Aunque no tuvo la menor importancia, pues Carlos Santana volvería al Cow Palace; se imaginó cómo podía ser el haber triunfado.

La alianza con Joyce Dunn no duró mucho más, pero le ofreció al joven guitarrista su primer contacto en directo con el estilo de voz y entonación de las mujeres del soul, su fascinación no tardó en expandirse hacia las estrellas genuinas del soul como Aretha Franklin, Dionne Warwick y Patti Labelle. Aunque trabajó poco tiempo con Joyce Dunne fue suficiente para ayudarle a exteriorizar la petición de Charles Mingus «Get It In Your Soul» y a efectos prácticos, Carlos Santana era un músico negro.

Mientras continuaba su vida de estudiante en Mission High, el joven guitarrista soul se hallaba en medio de una revolución musical en San Francisco que eventualmente se extendería por todo el mundo. Una revolución promocionada en gran parte por un emigrante judío alemán, Bill Graham, cuyo nombre real era Wolfgang Grajonka. Graham era un superviviente. Cuando era niño, durante el holocausto nazi se trasladó desde París a Lisboa para coger un barco que le llevaría a la libertad en Estados Unidos; creció en Nueva York, y luego se trasladó a San Francisco. Llegó allí en 1963, el mismo año que Carlos Santana, y por una serie de coincidencias se encontraba promocionando un grupo de teatro de izquierdas y programando conciertos en un viejo anfiteatro en el centro de la ciudad llamado Fillmore Auditorium. Graham programaba cada vez más conciertos en Fillmore, por lo que se estaba convirtiendo en el promotor más poderoso de la zona, y el Auditorium era el hogar del «Sonido de San Francisco». Grupos como The Grateful Dead, Jefferson Airplane y Quicksilver Messenger Service se dieron a conocer allí. El don especial de Graham era que estaba dispuesto a programar grupos de estilos musicales diferentes en el mismo cartel en Fillmore. En abril de 1966 podías ver a Jefferson Airplane con los teloneros maestros del blues Lightnin'Hopkins, o en noviembre podías flipar presenciando a Búfalo Springfield, Country Joe and the Fish junto al extraordinario guitarrista brasileño Bola Sete. Se trataba de un eclecticismo musical que pronto atraería al joven Carlos Santana.

En aquellos momentos Santana estaba asistiendo al instituto Mission High, pero estaba muy lejos de ser el mejor alumno. A menudo, desaparecía después de que hubieran pasado lista. La única clase que le gustaba era arte —una asignatura en la que destacaba—. Animado por su profesor Mr Knudson, consideró la posibilidad de entrar en la escuela de arte. Santana faltaba a clase, pues también estaba trabajando: fregando suelos, pelando patatas y lavando platos en Tic-Toc, un restaurante en Third Street. Había comenzado a trabajar en 1964 y tenía las cosas muy claras; lavando platos era el mejor que había, podía hacer el trabajo de dos hombres.

Con patatas o sin patatas, Carlos Santana sabía perfectamente lo que quería hacer y como él recuerda: «Antes de dejar el instituto, la gente me preguntaba "¿Qué vas a hacer cuando termines el colegio?" Yo les decía "Voy a tocar con Michael Bloomfield y B. B. King". Pensaban que estaba loco»[2]. Santana no salía con los otros chicanos de Mission, las rivalidades entre las pandillas no le interesaban, le recordaba el viejo machismo de Tijuana. Se sentía más sofisticado y encontró su identidad en la música, no en la raza. Prefería salir con los modernos de pantalones de pitillo que conocían a Jimmy Reed y B. B. King, gente que estaba explorando la nueva movida de San Francisco. Dos de ellos eran Ron Estrada y Stan Marcum. Los padres de Marcum tenían una tienda de ropa en Mission Street, por lo que Stan tuvo una educación aventajada, pero quería algo más. Estaba dispuesto a realizar algo diferente con la música en vez de ajustarse a la comodidad de la vida ordinaria como hacían sus amigos.

Stan Marcum es una de las personas cruciales en la historia musical de Santana: fue el primero en mostrarle al joven guitarrista los sonidos de Fillmore. Durante 1966 Carlos y Marcum asistían a Fillmore de forma regular y consiguieron un amplio panorama de diferentes ámbitos musicales; en seis meses vieron a Junior Wells, Jimmy Reed, Gabor Szabo, John Lee Hooker, Joe Henderson, Elvin Jones, Bola Sete, Manitas de Plata, Otis Redding y Roland Kirk. Las diferentes influencias musicales que estaba recibiendo Carlos son comparables a los numerosos rayos de sol que entran en una habitación. Quedó particularmente impresionado por un grupo de músicos de blues, en su mayoría blancos, de Chicago dirigidos por un músico muy bien dotado, Paul Butterfield. The Butterfield Blues Band con Mike Bloomfield, un guitarrista con talento, extravagante, era el primer grupo de blues de blancos americanos que no imitaban a los músicos negros, tenían su propio sonido y

---

[2] *Guitar Player,* agosto de 1999.

eran respetados por los músicos de blues negros. A Santana le gustó mucho este grupo y Bloomfield se convirtió en su héroe. El primer álbum de The Butterfield Blues Band fue editado en 1965, y contenía interpretaciones de temas clásicos de blues como «Shake Your Moneymaker», pero fue el segundo álbum, *East West,* el que realmente provocó una revolución musical. A Bloomfield le fascinaba el sonido de la música india y el tema que lleva el nombre del álbum era un jam de guitarra que de forma virtual abría paso a los largos solos de guitarra que serían imitados por Grateful Dead, Quicksilver Messenger Service, Cream, y por supuesto, Santana.

Butterfield fue el primer grupo de blues de blancos americanos que consiguieron credibilidad, pero al otro lado del Atlántico, en Inglaterra, el renacimiento del blues estaba creando su propia corriente de héroes a la guitarra. La escuela para los músicos de blues ingleses de mediados de los años sesenta fue John Mayall's Bluesbreakers, con dos músicos cuyos nombres se dieron a conocer rápidamente, Eric Clapton y Peter Green. Clapton extendió el estilo de jam de «East West» poniéndolo de manifiesto en Cream, pero fue el introspectivo Green quien causó un mayor impacto en Santana, en concreto con su trabajo «The Supernatural». Este brillante tema instrumental de guitarra presenta la Gibson Les Paul de Green con un tono denso, cálido para intensificar el efecto emocional. Sonaba como si tuviese sus raíces en B. B. King pero también captaba el blues en una dirección armónica más compleja, diferente, ya que Green usaba la guitarra amplificada para mantener largas notas. «Cuando tocaba "The Supernatural" con John Mayall's Bluesbreakers volvía a definir el feedback», recordaba Carlos posteriormente. «Era más puro que Jimi, más apasionado que Eric y más celestial que todos ellos, así que sinceramente echo de menos a Peter Green. Para mí Peter era el único que sonaba como una voz»[3]. Mu-

---

[3] *Guitarist,* septiembre de 1989.

chos dicen que el estilo de la guitarra de Santana ha surgido de este tema, pero esto no coincide con la evidencia. Santana ya contaba con ese concepto, era parte de su herencia del violín mexicano. El disco de Peter Green le ayudó a enfocarlo en un contexto de blues.

La pasión de Santana por el blues se extendió para abrazar el jazz, como resultado de su roce con la música de la movida ecléctica de San Francisco. Pronto comenzó a oír y admirar al gran guitarrista Wes Montgomery y al líder del grupo Chico Hamilton, quien le proporcionó un auténtico tanque de gasolina para su imaginación. A mediados de los años sesenta, Hamilton dirigía un grupo que contaba con un guitarrista húngaro llamado Gabor Szabo y un admirable batería de conga, Víctor Pantoja. Para Carlos, el tema más impactante de Hamilton era «Conquistadores» incluido en un álbum llamado *El Chico*. Si volvemos la vista atrás parece similar a la plantilla de Santana Band. Es un jam suelto basado en un simple pero animado riff de guitarra, con un ritmo sincopado funky impulsado por la conga (Pantoja) y los timbales (Willie Bobo). Sobre esto se mantiene el guitarrista. Inmediatamente Carlos quedó fascinado por el sonido de Hamilton y el grupo de Szabo y sin duda tuvo una gran influencia en su visión musical, «el grupo no tenía pianista», explicó posteriormente. «Gabor sólo tenía congas, timbales y tambores. Tenían un sonido increíble»[4]. Es obvio que fue el guitarrista gitano-húngaro quien llamó la atención de Santana. Creaba un sonido esotérico, hipnótico, que quedó claramente plasmado en su grabación de 1966 *The Spellbinder* —que incluía las congas de Víctor Pantoja y «Gypsy Queen», un tema en el cual Szabo mostraba su forma rápida de tocar—. Llevaba las notas arriba y abajo del mástil, un reflejo de sus raíces europeas del este, un efecto que Santana no tardó mucho en incorporar a su propio estilo. Aparte de la influencia de la guitarra de Szabo, Santana tocó «Con-

[4] *Guitar Player*, agosto de 1999.

quistadores» desde 1968 y Víctor Pantoja flirtearía con el grupo durante el problemático otoño de 1971.

Mientras tanto, aunque inundado con toda la nueva música que estaba escuchando en Fillmore en compañía de Marcum, Carlos seguía tocando con Haro y Rodríguez. Sin embargo, sabía que no estaría limitado a tocar con ellos para siempre y presentía que algo iba a ocurrir. Así fue. El 16 de octubre de 1966, Marcum y Santana estaban en Fillmore viendo a los músicos de Burtterfield en una sesión de jam con Jerry García y Jack Casady. Butterfield no apareció y Bloomfield no estaba muy contento. Estaba enloquecido y estar enloquecido en esos días significaba estar muy cabreado. Carlos Santana tenía la oportunidad de entrar de lleno en la revolución musical de San Francisco y estaba ansioso por subirse al escenario. Sin embargo, al principio no se movió. Afortunadamente Stan Marcum no era tan tímido y lo hizo por él. Fue directamente a Bill Graham, que tenía fama de ser muy seco. Marcum le explicó que tenía un amigo... de Tijuana... al que le encantaba el blues... ¿Podía tocar con Bloomfield? Graham contestó gruñendo: «¿Por qué me preguntas a mí? Pregúntale a Bloomfield.» Al rato Carlos Santana subía al escenario de Fillmore para tocar con uno de sus héroes. Su vida estaba a punto de cambiar para siempre.

Capítulo 4

Santana Bill Graham quedó impresionado con lo que vio en el joven guitarrista y quería saber si Carlos tenía un grupo. Aún más, el promotor no fue el único que quedó impresionado con las habilidades del joven mexicano aquella tarde de octubre. Se corrió la voz por Bay Area de que un chicano había liquidado a Bloomfield. Otro guitarrista estaba entre el público en Fillmore esa noche, un muchacho de pantalones de pitillo de clase media que tenía un grupo. Su nombre era Tom Frazier y venía de una buena zona residencial al sur de san Francisco. Tenía un amigo músico llamado Gregg Rolie. Cuando Tom volvió a Palo Alto, le habló a Gregg sobre el gran guitarrista que había visto y comenzaron a buscar a Santana con la idea de ofrecerle que se uniera al grupo. Frazier comenzó su búsqueda del joven chicano por las calles de la zona de Mission hasta que finalmente lo encontró en Tic-Toc. Santana quedó impresionado con los clogios tan entusiastas de Frazier y con su oferta de llevarle a Palo Alto para encontrarse con su amigo, un gran cantante y organista. Al poco tiempo Carlos se encontraba cruzando la ciudad dirigiéndose a los alrededores de Palo Alto, al otro lado del campo universitario de Stanford. Este encuentro entre un joven chicano callejero y un estudiante de comercio aburguesado era algo que sólo podía ocurrir en los años sesenta en San Francisco. Pertenecían a mundos totalmente diferentes, pero la música fue lo que los unió e hizo que todas las barreras desapareciesen. Después de las presentaciones comenzaron con una sesión de jam que duró hasta entrada la noche.

Lo que impresionó a Carlos Santana sobre Gregg Rolie fue que era un teclista; él nunca había tocado con un teclista y las oportunidades armónicas que esto ofrecía fueron toda una revelación. Lo que impresionó a Gregg Rolie de Carlos Santana fue que Carlos sabía tocar la guitarra y tocar con su propio estilo, no era un imitador, era un auténtico músico. La química musical fue instantánea, pero tuvieron la mala suerte de atraer la atención de la policía local, así que Santana y Rolie terminaron su vinculación emocional escondiéndose en una plantación de allí cerca.

Gregg Rolie nació un mes antes que Carlos Santana, pero los ambientes en los que crecieron no podían haber sido más diferentes. Gregg creció en unas circunstancias muy cómodas en Seattle, su familia se trasladó a California cuando él tenía siete años. Al igual que Carlos asistió a lecciones de música formal cuando era niño, en su caso al piano, pero también era un gran cantante, una combinación de habilidades que solía usar en sus numerosas bandas en el instituto. Más tarde tocó y grabó con un grupo de los Top 40, William Penn and His Pals, que encontraban trabajo fácilmente en el Bay Area. Tocaban vestidos de cabaret, realizando versiones de los éxitos del Top 40; fue toda una experiencia y pronto se convirtió en un gran teclista con una potente voz llena de vida. Su primer interés musical fue el rock blanco, escuchaba a The Beatles, Spencer Davis y The Stones, era el tipo de contraste que necesitaba para la fijación del blues de Santana. No obstante, el estilo de órgano de Rolie estaba muy influenciado por el músico de jazz Jimmy Smith, un puente hacia la fascinación por la música negra de Santana.

De hecho, la idea de formar un grupo nuevo fue de Tom Frazier, como nos contó Rolie «El guitarrista formó el grupo pero fue expulsado por su falta de seriedad»[1]. Comenzó el proceso de formar un nuevo grupo y cuan-

---

[1] *Bay Area Magazine,* febrero de 1978.

do llegó la hora de decidir un nombre, era lógico que tuviese que ser un nombre en homenaje a Butterfield y Bloomfield. Así quedó bautizado The Santana Blues Band. La primera alineación estaba compuesta por Santana, Rolie, Frazier, Haro y Rodríguez y rápidamente se integró el batería de conga que Santana y Marcum conocían del instituto, Michael Carabello. Carabello había oído a su abuela escuchar música latina pero comenzó a tocar las congas al ver otras actuaciones y principalmente por lo divertido que era.

El nuevo grupo comenzó a ensayar en un garaje en Potrero Hill justo pasando Mission District con la idea de conseguir bolos para los fines de semana al otro lado del puente en Ark en Sausalito y en Matrix en el centro de San Francisco. Gregg Rolie se trasladaba conduciendo desde Palo Alto para los ensayos; los otros que eran del barrio más pobre Mission District, pensaban que era super rico porque tenía coche propio. Se trataba de una mezcla de gente, en el fondo eran un grupo universitario buscando bolos y conciertos. Carabello sólo podía permitirse tener una conga.

La música que tocaba el grupo estaba basada en los asiduos de blues y R&B como el gran éxito de Ray Charles «Mary Ann», la versión de Butterfield de «The Work Son», y «Woke Up This Morning» de B. B. King. Carlos había tocado estos temas durante años pero este grupo comenzó a mezclar géneros musicales, un enfoque que caracterizaría la música de Santana durante los treinta años siguientes. Para comenzar tocaban sus propias versiones de «East West» de Bloomfield, la larga sesión durante la cual probaban sus habilidades como improvisadores. La forma en que el grupo realmente consiguió su matiz característico fue añadiendo congas a las canciones populares de los musicales, alejándolas del estilo de Broadway y convirtiéndolas en algo más duro. La conga, cuyo origen se encuentra en los cultos afrocubanos al llegar los esclavos del Congo al Caribe, apareció primero en América en los años cuarenta con el legendario Machito y fue popularizada por grandes maestros como Chano Pozo, Mongo Santamaría y Armando Peraza. La conga es un tambor muy musical capaz de interpretar melodías; fundamentalmente viene de los rituales espirituales africanos donde se usaba rítmicamente para introducir el estado de trance. The Santana Blues Band trabajó para añadir partes de conga a temas como «A Taste of Honey» y de forma mucho más arriesgada a la banda sonora «Chim Chim Cheree» cambiando el tema completamente. Lo tocaban de la misma forma que los músicos de jazz Oliver Nelson y Wes Montgomery lo hicieron con el compás africano de 6/8. Aparte de esto, seguían realizando versiones de éxitos del momento como «Light My Fire» de The Doors, y «Good Lovin'» y «Beautiful Morning» de The Rascals. El joven grupo no tenía miedo de arriesgarse y manifestó su imaginación musical que rechazaba cualquier límite de la música categorizada.

En 1967 Santana Blues Band trabajaba durante los fines de semana y sus componentes tenían trabajos regulares durante la semana, pero la rutina de 9 a 5 se convertiría en algo inolvidable para Carlos Santana y Gregg Rolie. Todos los domingos, Fillmore realizaba una audición para músicos locales que quisiesen tocar gratis para las madres y los chicos que pagaban solamente un dólar por entrar. La oportunidad de The Santana Blues Band llegó a finales de enero, cuando consiguieron un puesto en el cartel junto a Paul Butterfield y el saxofonista Charles Lloyd. Aprovecharon bien su oportunidad y Bill Graham quedó lo suficientemente impresionado como para invitarles a una audición. Poco después comenzó a usarlos como comodines y tocaban siempre que le fallaba algún grupo. Lo que ocurría a menudo cuando el grupo Santana teloneaba a grupos como Sly Stone o Creedence Clearwater Revival era muy simple: los dejaba impresionados. En aquellos momentos principalmente tocaban blues y R&B y su devoción por Paul Butterfield era tal que en una ocasión tocaron todas sus canciones antes de que él lo hiciera ya que eran su grupo telonero.

Carlos sabía que estaba a punto de ocurrir algo grande, había formado un grupo con credibilidad, se había creado un vínculo musical entre él y Gregg Rolie y las congas de Michael Carabello se añadieron a este sonido. En aquellos momentos San Francisco era el centro de un sorprendente encuentro musical y la ciudad estaba abierta a sonidos nuevos y diferentes. Ya había acogido y desarrollado los largos jams de guitarra realizados por Butterfield y Boomfield y había recibido como héroes a las estrellas del blues. Muchos de los más viejos del blues habían recibido un trato en Fillmore que sólo habían experimentado por igual en Europa o dentro de sus propias comunidades. Uno de estos músicos fue B. B. King, reconocido como unos de los padres fundadores del blues moderno y una leyenda viviente. King tocó por primera vez en Fillmore en 1967 poco después del debut de The Santana Blues Band. Carlos Santana se encontraba entre el público el 26 de febrero cuando King apareció debajo del foco con Lucille, su guitarra Gibson. Fue una noche emocionante. Santana llevaba años escuchando a B. B. King, guardando sus viejos álbumes Kent como si se tratase de piedras preciosas, pero nunca lo había visto tocar en directo. Antes de tocar una nota, King fue recibido con una ovación del público puesto en pie, demostrando su gran admiración y afecto. Admiración por un hombre que había crecido trabajando en los campos de algodón del sur pero que superó todo para llegar a ser una gran estrella. Al guitarrista de blues se le saltaron las lágrimas por el recibimiento y su primera nota estuvo cargada de gran emoción. La potencia de emoción que King puso en aquella primera nota fue algo que Carlos Santana no olvidaría nunca. B. B. King no estaba tocando simplemente, estaba manifestando toda su existencia en aquella guitarra. Santana salió del auditorio pensando que tenía que tocar así. También tenía una historia real que contar.

El guitarrista estaba ansioso por tocar y ganarse la vida con ello; aún vivía con sus padres en Mission y seguía lavando platos en Tic-Toc para tener algo de dinero. Por otro lado, los Grateful Dead ya eran estrellas y encabezaban la movida de San Francisco junto a Jefferson Airplane. Carlos solía asistir a las actuaciones de Dead y no tuvo problemas para reconocerlos cuando un día le hicieron señas a través de la ventana de Tic-Toc; iban en una limusina y querían comprar hamburguesas y patatas fritas. Cuando vio la limusina, desapareció la ambición frustrada del joven músico y se prometió a sí mismo llegar hasta donde los Dead habían llegado. Se quitó el delantal, fichó y nunca más tuvo que barrer para ganarse la vida. Cuando volvió a casa, el guitarrista manifestó su intención de marcharse del apartamento de sus padres en Mission y se fue con la idea de satisfacer su ambición e igualarse con el éxito de los Grateful Dead. Sus padres no lo volvieron a ver hasta pasados dos años; se fue a vivir con Marcum y Estrada.

En muy poco tiempo Carlos y Stan Marcum tuvieron problemas económicos. No tenían prácticamente un centavo y lo que tenían se lo gastaban asistiendo a los conciertos en Fillmore, hasta que se quedaron sin blanca. El portero de Fillmore conocía muy bien a la pareja e hicieron un trato. Pagarían cuando pudiesen y los dejaría pasar gratis cuando no tuviesen dinero.

En casa los tres hombres llevaban una vida comunitaria, ponían en común todos sus recursos. Tocaban en la calle o en el parque, solamente la guitarra y congas, para conseguir dinero para comer, como había hecho el joven chicano en Tijuana. A pesar de que la ambición y la determinación le había ayudado a salir adelante, la salud no estuvo a su favor; Carlos contrajo tuberculosis y tuvo que guardar cama durante tres meses. Michael Carabello intentaba entretenerlo con visitas, llevándole un magnetofón con el que Carlos escuchaba a Gabor Szabo mientras pensaba en su futuro. Mientras tanto, el grupo se deshizo, como Carabello contaba: «Yo me puse a tocar porque me gustaba tocar. No era nada serio. Carlos tenía tuberculosis o algo así, todos estábamos esperando que saliese del hospital, yo no quería ensayar ni hacer nada, así que me echaron del grupo»[2]. Carlos no podía aguantar más en el hospital, viendo a la gente morir y teniendo que hacer todo lo que las enfermeras y médicos le decían. Cuando ya no pudo más y se sintió mejor, simplemente se dio de alta él mismo y volvió a la calle y al grupo.

Otros cambios iban a acontecer en la Blues Band. Frazier, Haro y Rodríguez tenían demasiados compromisos domésticos, familiares y comerciales como para adoptar la actitud que Santana y Rolie querían. Rod Harper llegó para hacerse cargo de la batería y Steve de la Rosa ocupó el bajo por poco tiempo; nombres que desaparecieron tan rápido como habían aparecido. A pesar de los cambios, el grupo se las arregló para salir adelante de nuevo y se prepararon para telonear a The Who y Loading Zone el 16 de junio. Fue en esta fecha cuando Carlos Santana se dio cuenta de que algunos miembros del grupo no estaban preparados para tocar sus instrumentos con la dedicación exclusiva que él exigía. La música era su salvación, su forma de progresar y de salir del barrio, lo único que quería hacer en su vida. Otros estaban más preocupados de su apariencia física y del éxito que podían tener entre las mujeres. El resultado fue que The Santana Blues Band llegó tarde a su primera cita en el Fillmore y como de costumbre Bill Graham puso el grito en el cielo. El grupo se desintegró de nuevo pero tendrían otra oportunidad.

Carlos permaneció unido a sus dos compañeros de piso, Estrada estaba contento con su trabajo de roadie, Marcum quería ser el manager y más o menos encajaba en el papel. Su primer trabajo fue encontrar nuevos músicos para una nueva formación de The Santana Band, músicos a los que les interesase menos su pelo y más su forma de tocar.

Mientras Marcum buscaba nuevos músicos, el grupo ensayaba en un club en la esquina de Grant y Green en

---

[2] *Rolling Stone,* 7 de diciembre de 1972.

la zona de North Beach. Un tipo llamado Don Wehr se encargaba de la batería y un apuesto bajista negro llamado David Brown apareció para ensayar con ellos. Brown había acompañado a grupos como Four Tops por Bay Area y estaba puesto al día profesionalmente. Había tocado en grupos de barrio, pero al igual que Carlos Santana no encajaba dentro de ningún estereotipo racial. No sabía tocar a James Brown y estaba más interesado en la movida hippie, le atraía más la música de The Beatles y Jimi Hendrix. Conducía una Harley y salía con los motoristas. Era perfecto para Santana y no tardaron en pedirle que se uniera a ellos.

El parque acuático se encuentra en North Beach, un refugio apacible con playas de arena suave lejos del ajetreo y del bullicio de Fisherman's Wharf. Era el sitio de reunión de los baterías de congas al igual que en Dolores Park en Mission, fumaban un poco, bebían un poco y tocaban mucho. En el parque fue el primer sitio donde Santana, Rolie y Marcum escucharon a los baterías de conga y el sonido de los tambores en masa mezclados con el sonido de la ciudad a lo lejos. Uno de los baterías que tocaba allí era otro músico negro, Marcus Malone, un hombre duro del gueto de Hunter's Point que se unió al grupo. No es un personaje muy destacable en la historia de Santana pero tuvo un papel muy importante para el desarrollo del grupo. Malone conocía las raíces de la música afrocubana, una forma de arte excepcional, que llegó a Estados Unidos desde Cuba en los años cuarenta con la emigración de músicos como Chano Pozo, Tito Puente, Mongo Santamaría, Armando Peraza y Carlos «Patato» Valdés. Malone le dio a conocer a Santana y Rolie las raíces afrocubanas de percusión y añadió un estilo más auténtico a la percusión. Una de las primeras cosas que Malone hizo después de unirse al grupo fue poner en contacto a sus nuevos compañeros con *Drums of Passion,* un disco de un maestro nigeriano a la batería llamado Babatunde Olatunji que contenía tambores africanos y coros. Una de esas canciones del álbum se escuchaba mucho en Aquatic Park, «Jin-

Santana en 1968. De izquierda a derecha: Carlos Santana, Marcus Malone, Gregg Rolie, David Brown y «Doc» Livingston (abajo, sentado). (Foto: Michael Ochs Archives.)

go-Lo-Ba». Pero Malone no era un hippie y se burlaba de las ropas y aspectos de los otros, a él le iba más el estilo hortera, llamativo, del mundo del espectáculo. Nunca formó parte íntegra del grupo.

En aquellos momentos era fácil encontrar a músicos en San Francisco, cualquiera podía tocar con cualquiera, no había barreras, cualquiera estaba dispuesto a sentarse y tocar. Alguien siempre conocía a alguien que a su vez conocía a alguien del grupo, quedaban y comenzaban los contactos. De esta forma es como Stan Marcum conoció al nuevo batería para The Santana Blues Band, Bob «Doc» Livingston. Ahora estaba completa la nueva formación, el grupo necesitaba un nuevo nombre, así que decidieron dejar «The Blues Band» y llamarse solamente Santana.

Mientras la nueva Santana Band se estaba formando, un joven guitarrista negro de Seattle iba a dar un concierto en el Festival Pop de Monterrey, en California. Su nombre era Jimi Hendrix, que en pocos meses había cambiado para siempre la forma de tocar la guitarra. Hendrix fue la primera estrella de rock negra, el primero en recordarle al mundo del rock que el rock'n'roll era una forma de música negra, tocaba la guitarra como si cada nota fuese un último suspiro, al mismo tiempo que era un gran compositor y un consumado showman. Al final del año Hendrix había editado dos álbumes clásicos, *Are You Experienced?* y *Axis: Bold As Love*. Estos álbumes llamaron la atención de Carlos Santana y del resto del mundo. Santana reconoció que el estilo de la guitarra de Hendrix tenía sus raíces en el blues y Buddy Guy, pero también quedó sorprendido por el uso del feedback y los efectos que Hendrix conseguía creando nuevos sonidos con la guitarra, su música era un salto de imaginación. En 1967 comenzó una relación amorosa musical con Jimi Hendrix de la que Santana nunca se desprendería.

La nueva formación de Santana se completó en julio de 1967 y rápidamente comenzó a llamar la atención en Bay Area con actuaciones en Straight Theatre, Golden

Gate Park y el Carousel. Se unieron al autobús Peace and Freedom Party, encabezado por un grupo de teatro de izquierdas, San Francisco Mime Troupe, que llevó por primera vez al grupo al vecino Orange County. Santana era un grupo local de San Francisco; el público de Fillmore y Avalon Ballroom se sentía orgulloso del grupo, eran de «su ciudad». Era la época de los pequeños egos y poca violencia, la gente no ponía impedimentos y la música de amor inocente parecía estar en auge. Cuando el grupo salió de Bay Area para conseguir un público mayor se dieron cuenta de que su estatus no significaba nada unos cientos de millas fuera de San Francisco. Telonearon para grupos muy conocidos como Grateful Dead y a menudo encontraron cierta hostilidad entre el público hasta que comenzaban a tocar. El público pronto perdió su hostilidad e incluso en aquellos días, todos los que habían escuchado a Carlos Santana sabían que era diferente, su sonido era único e inconscientemente estaba rompiendo las reglas musicales del momento.

El grupo Santana estaba dispuesto a romper todas las reglas musicales que hubiera escritas y esto incluía la mezcla racial de los componentes de la banda. Aunque los músicos de Santana venían de diferentes clases sociales y étnicas, la música fue el instrumento que los unió y difuminó cualquier tensión racial o de clase. Como David manifestó, simplemente se trataba de que «todos estábamos ahí para tocar y nos encantaba la música». Mientras el centro fuese la música todo marcharía sobre ruedas.

Eran tiempos ingenuos cuando parecía posible desmantelar el capitalismo y vivir de forma comunal sin dinero ni trabajo, época de drogas y música. La música fue la clave de la revolución, la bandera de la rebelión. Por aquel entonces David Brown se había trasladado con Carlos, Marcum y Estrada, y la casa tenía fama de ser una locura. Algunos decían que se trataba de unos tipos que era mejor no cruzarse por la calle. El estilo de vida y la música iban completamente unidos, no podías tocar sin adentrarte en el estilo de vida y los músicos de

Santana vivían con una economía de subsistencia básica. Tocaban para comer. Al igual que cualquier grupo de músicos jóvenes, Santana tenía dos necesidades básicas: un lugar para ensayar y comida. Afortunadamente, la madre del bajista vivía holgadamente y les dejaba ensayar en el sótano de su casa en Daly City, pero ahí no terminaba todo, también les cocinaba.

Con el estómago lleno, el grupo se centró en tocar y pasárselo bien. Posteriormente fueron ayudados por el empresario local. Bill Graham siempre ha estado loco por la música latina y recuerda con cariño cuando vio a Mambo Kings en Nueva York algunos años antes. Graham también tenía una gran inclinación por el blues, así que cuando escuchó el nuevo sonido de Santana, fue para él como una aparición. Se diga lo que se diga sobre Bill Graham, una cosa queda clara, se arriesgaba promocionando la música en la que creía, aunque esto significase ir contra corriente. A comienzos de 1968 Graham le ofreció al grupo el uso de las instalaciones para ensayar y allí terminaron afilando su repertorio. Aún tocaban temas de blues como «As The Years Go Passing By» de Albert King, pero el sonido del grupo estaba cambiando y poco a poco se iba alejando del blues. David Brown trabajó el bajo de soul de los éxitos de James Brown; también tenían sus propios temas, que compusieron durante sus largas sesiones de jam a partir de un riff de guitarra para formar una nueva canción. Una de estas canciones era de Chico Hamilton, «Thoughts», de *The Dealer,* un álbum de gran influencia en Santana. El grupo cogió un lick de guitarra de la canción, desarrolló un riff de piano y concluyó con diez minutos de jam. También contaban con jams propios, uno de ellos estaba basado en un ritmo de conga y un simple riff de guitarra de dos acordes. Sobre esto tocaban Santana y Rolie. Lo llamaron «Soul Sacrifice». Santana Band estaba consiguiendo una reputación formidable en Bay Area y cuando llegó el verano, el grupo estaba preparado para hacer su debut encabezando el cartel en Fillmore. El día señalado fue el 16 de junio de 1968.

Capítulo 5

No pasó mucho tiempo antes de que las casas discográficas comenzasen a merodear inspeccionando el último fenómeno musical de San Francisco. La zona les había proporcionado grandes grupos durante los últimos años. The Grateful Dead, Jefferson Airplane, Creedence Clearwater Revival o Steve Miller; todos demostraron ser unas buenas inversiones así que las noticias sobre un nuevo grupo despertaron gran interés. La batalla para contratar a los grupos de San Francisco no quedaba relegada a los sellos locales más pequeños, era competencia de los tipos grandes y en realidad de dos grandes tipos, Atlantic y Columbia; los dos estaban detrás de Santana. Los ejecutivos de las discográficas invitaron al grupo a unas reuniones interminables durante las cuales presentaron una visión optimista de la prosperidad económica del grupo, lo cual no le interesaba a ninguno de los componentes. Lo único que querían hacer era tocar para la gente.

En muy poco tiempo Rolie, Santana y los otros se pusieron a preparar la audición para Ahmet Ertegun, el director de Atlantic Records. Sin embargo, Carlos Santana quería aparecer en la lista de Columbia junto a Miles Davis y Bob Dylan. Los otros componentes de Santana se dieron cuenta por primera vez de que si Carlos no quería hacer algo, no lo haría, sin importarle lo que los demás pensasen. Ya que no quería firmar con Atlantic, Carlos dejó pasar la audición provocando la ira de sus compañeros, y Ertegun se fue de Bay Area preguntándose qué había pasado; no iban a tocar y por lo tanto no venderían. Afortunadamente para Carlos Santana, los hombres de Columbia estaban interesados en contratar al grupo, viajaron a Santa Clara para verlos telonear a los Grateful Dead y les gustó lo que vieron.

Un productor de Los Ángeles, David Rubinson, fan de la música latina, animó a su compañía para que se fijase en el grupo, fue el encargado de trabajar con el inmaduro conjunto. Pudo haber sido diferente. El trato con Columbia fue negociado a través del abogado local Brian Rohan, quien se encargaba del trabajo legal para la mayoría de los grupos en Bay Area, en concreto aquellos que tuvieran relación con Bill Graham. Rohan le propuso a Graham y Rubinson que se asociasen para lanzar un sello; quedaba claro que contratarían a Santana, a los dos les atraía la idea, pero no fueron lo suficientemente rápidos y el grupo se marchó con Columbia.

En poco tiempo, cuando la tinta del contrato aún no se había secado, Santana Band comenzó a ir de gira y a arruinarse. Estaban acostumbrados a tocar para sobrevivir sin pensar en la música como en un negocio; ahora se habían sumergido en el mundo de la contabilidad, de los abogados y los tiburones de las discográficas. En aquellos momentos aún creían en «el sueño» de que la música y el estilo de vida contra-cultural haría desaparecer el capitalismo y se reemplazaría por una felicidad absoluta. La música era su medio de vida, necesitaban tocar para comer. También los músicos de Santana se necesitaban los unos a los otros, por eso vivían en común. Si ellos se metían en el mundo de los negocios, ¿aún necesitarían música para sobrevivir? ¿Se necesitarían los unos de los otros?

Mientras Santana continuaba actuando, apoyados por un adelanto de Columbia, se estaban realizando los planes para una futura grabación cuando el grupo hubiera encabezado algunos conciertos en Fillmore en diciembre. Sin embargo, esta no iba ser la primera grabación de Santana, pues el mundo de Fillmore le ofreció la oportunidad a Columbia de exhibir al guitarrista antes del primer álbum Santana. En septiembre, durante varias noches, Michael Bloomfield iba a grabar un álbum en directo con Blood, Sweat y el cantante organista de Tears, Al Kooper, en Fillmore; pero una de las noches no apareció y llamaron a Carlos. Cogió su Gibson y se unió a Kooper en el escenario para un tema de blues-rock llamado «Sonny Boy Williamson». Tocó una pequeña pieza a la guitarra, algo entre el blues y sus entonaciones mexicanas, pero podía hacerlo y lo haría mucho mejor. El álbum apareció en febrero de 1969. Los músicos de Santana habían visto a un joven batería llamado Michael Shrieve durante las sesiones de Kooper-Bloomfield y quedaron impresionados.

Santana comenzó a trabajar en su actuación en directo mientras se aproximaban sus fechas para grabar en diciembre en Fillmore. Fue David Rubinson en persona quien supervisó el equipo para las actuaciones del 19, 20, 21 y 22 de este mes. El escritor Robert Greenfield nos da una idea de cómo era San Francisco en los últimos días de la revolución hippie: «Un buen concierto en Family Dog o en el Avalon sacaría a todo el mundo de su madriguera, donde estaban colocados durante días, viendo el disco girar, enloquecidos con Love o Airplane o Dead, tan colocados que les llevaba un día controlar suficientemente como para salir a la calle y enfrentarse a las realidades de la ciudad, los semáforos y los postes del teléfono»[1]. Muchos de los músicos se encontraban en la misma condición y tales banalidades como estar colocado se pasaban por alto en el caos de las actuaciones.

Cuando se subieron al escenario de Fillmore en diciembre parecía que habían dado un gran salto hacia el eclecticismo musical. Lentamente se estaban alejando del estilo del blues y R&B y estaban creando «el sonido Santana». Tenían un sabor más auténtico, afrocubano; cuando hacían versiones de Willie Bobo («Fried Neckbones») y Olatunji («Jingo»), también estaban demos-

[1] Robert Greenfield, *A Journey Through America with the Rolling Stones,* Helter Skelter, 1997.

trando que se podían manejar con el jazz con temas como «Treat» y «Conquistadores» de Chico Hamilton. El blues, la música afrocubana y el jazz tenían muchos elementos de improvisación. Por aquel entonces contaban con sus propios temas que encajaban en el estilo de jam contemporáneo. Temas como el primer «Soul Sacrifice» y el gran «Freeway» con una tendencia hacia un jam sin forma y con una precisión mínima. «Freeway» era el típico tema que cerraba el repertorio, duraba 30 minutos, e incluía un solo de cada músico. Estaba basado en los riff sueltos de gospel-funk y era interminable. (La música de estos conciertos en Fillmore fue editada en 1997 bajo el título *Live At The Fillmore '68*. El juego de dos cedés constituye un documento fascinante de la génesis musical del grupo)[2].

Santana se encontraba en una intersección musical, entre los imitadores de blues y los verdaderos innovadores. El grupo había conseguido su propia identidad pero aún no habían terminado el producto. Su unidad se tambaleaba, especialmente la batería de rock dimensional de Livingston, que no se igualaba a la combinación especial con la conga que Santana necesitaba. También el grupo necesitaba trabajar los finales, los músicos no terminaban los temas al mismo tiempo. Algunas veces, la guitarra de Carlos sonaba un poco fuera de tono. Lo peor que podía pasar es que sonase como una sesión de jam. Malone no era un conguero virtuoso. Tocaba con un estilo callejero nada sofisticado, como Michael Carabello. Sabía muchos trucos como artista, pero lo más importante fue que enseñó al grupo la auténtica música afrocubana. Durante 1968 Santana contaba con una fuerza poco definida que los hacía destacar entre la música más insípida que formaba parte del ambiente de San Francisco, pero tenían que resolver algunos errores y necesitaban un enfoque más directo y concreto de los arreglos. David Rubinson no estaba contento con el grupo,

---

[2] Columbia 485106 2 (1997).

cometían demasiados errores. Actuaba presionado por la exigencia de conseguir un producto que se pudiera poner en venta y beneficiarse de la popularidad local del grupo, así que después de que Santana terminara su repertorio en Fillmore en Nochevieja, se marcharon a Los Ángeles para grabar durante diez días. Surgieron más problemas. Justo antes de marcharse a Los Ángeles, hubo un pequeño percance entre Marcus Malone y el ex marido de su novia. Había un cuchillo por medio, arrestaron a Malone y una semana más tarde el herido murió en el hospital. Finalmente, el conguero fue acusado de homicidio sin premeditación y no salió de la cárcel hasta 1973.

Así que el sueño de Santana estaba muy lejos cuando el grupo se preparó para un enfrentamiento con la industria de la música en Los Ángeles. Santana pensó «unos tipos enrollados» los de San Francisco, mientras que en Los Ángeles, con su glamour de Hollywood, era todo lo contrario. Se enrollaban de forma moderada. Columbia Records alquiló una mansión para que se alojasen los componentes de Santana mientras grababan, así que el grupo se encontró rodeado de lujos en Sunset Boulevard, el centro de Hollywood. No estaban contentos y David Brown definió el alojamiento como «autentico plástico, una auténtica hipocresía, miserable». No se auguraba nada bueno para el trabajo en el estudio. El objetivo del grupo era captar su sonido en directo en una cinta mientras el objetivo comprensible de David Rubinson era repetir el éxito de grupos como Moby Grape —dos o tres minutos de radio comercial—. Iba a ser difícil encajar el estilo de jam de Santana con ese objetivo. El nombre para el álbum era *Freeway Jam*. Este nombre lo decía todo del grupo, un álbum basado en largos jams que reflejaban la fluidez del tiempo en la movida de San Francisco. Para un público fuera de sí y embelesado con las luces de las actuaciones, un solo de guitarra de tres horas podía parecer como un par de minutos —Grateful Dead hacía actuaciones que duraban doce horas—. Las posibilidades de convertir ese logro en un producto que encajase con los deseos de Columbia Records eran pocas.

Otro problema fundamental era que el grupo nunca había estado en un estudio de grabación y no tenía ni la menor idea de cómo funcionaba. El resultado fue un desastre. De forma comedida Gregg Rolie dijo que el álbum «no era muy bueno», mientras que David Brown fue más allá: «Era horrible, el sonido era metálico, no éramos nosotros.» Intentaron con todas sus canciones de nuevo pero la ausencia de un público en directo se añadía a los traumas del grupo. A Rubinson se le estaba acabando la paciencia y aunque era consciente de sus posibles errores —admitiendo que podía haber sido «más consciente de las inseguridades de un grupo nuevo grabando su primer álbum»— estaba muy seguro de la índole de los problemas: «Había incompetencias técnicas, desafinamientos, desajustes de tiempo, errores en los registros»[3]. Estaba particularmente descontento con Livingston y la continua inseguridad de quien tocaba con libertad las congas. Todo el mundo sabía que se iban a producir algunos cambios.

Con los ánimos por los suelos, el grupo volvió a San Francisco; tuvieron más ensayos en Pacific Recorders, en San Mateo, una pequeña ciudad al sur de San Francisco. Dejaron que Rolie le dijese a Doc Livingston que se tenía que marchar del grupo. Luego el destino jugó su papel. Justo en ese momento Michael Shrieve se encontraba también en Pacific intentando conseguir algún estudio gratis para su grupo. Santana se acordaba de Shrieve y le pidió que se uniese al grupo durante una sesión. Las cosas funcionaron bien y la sesión duró hasta bien entrada la noche. Al final, Santana y Rolie invitaron a Shrieve para que se uniese al grupo y en poco tiempo el joven batería ya se encontraba instalado en la casa del grupo en Mission District.

Quedaban otros problemas que resolver con la percusión y Michael Carabello fue el agente de cambio. En

---

[3] *Rolling Stone,* 6 de mayo de 1976.

Clásica imagen urbana de la banda Santana: Mike Shrieve,
Carlos Santana, Gregg Rolie, José Chepito Areas, David Brown
y Michael Carabello. (Foto: Michael Ochs Archives.)

primer lugar recuperó su puesto en el grupo y luego se acordó de un pequeño conguero que se unió a él en una sesión de jam en la calle en Playland At The Beach. Este tipo no era para nada un hippie, parecía más una persona que trabajaba en la calle, tenía confianza en sí mismo y era astuto. Era José «Chepito» Areas. Por su tamaño recibió el apodo de «Chepito» que significa «ardilla», pero también se le conocía por «El Nicoya», «El Nicaragüense». Cuando se unió a Santana, Chepito Areas era el músico de mayor talento del grupo. Fue un niño prodigio en Nicaragua antes de que emigrase a Estados Unidos. Se abrió camino en Bay Area, donde tocaba una versión de música latina-soul con una formación conocida como The Aliens. Era un virtuoso de los timbales, los tambores de piel pequeños que se hicieron famosos con Tito Puente; tenían un tono agudo, un tono muy musical. Sabía tocar la conga y el bongo. Por si esto no fuera poco componía y conocía bien la música latina. Chepito Areas junto a la excelente y sensitiva batería de Michael Shrieve era lo que le faltaba a Santana. En el fondo los dos eran músicos de jazz.

Antes de que Areas llegase, Santana estaba comenzando a trabajar en un nuevo sonido más agudo junto con el ágil Shrieve. En marzo contaban con un nuevo grupo de canciones, «Waiting», «Savor» y «We Gotta Live Together», la cual se convirtió en «Shades of Time». En mayo de 1969 se completaba la nueva formación de Santana. Una formación con seis componentes: Carlos Santana, Gregg Rolie, David Brown, Michael Carabello, Michael Shrieve y José Chepito Areas. Ahora el conjunto era mejor que la suma de sus componentes. Cada uno llegó con su propio sonido y personalidad e inconscientemente crearon un nuevo sonido musical. Se trataba de un balance entre influencias musicales y personalidades; el excepcional tono cantante de guitarra de Carlos Santana, las fusiones de estilos de rock de Gregg Rolie con un directo acercamiento de Jimmy Smith al órgano Hammond; el auténtico conocimiento de Chepito Areas de la música latina y el jazz. Todo esto se combinaba con la solidez del bajo funky de James Brown que usaba David Brown; el sonido callejero de conga de Michael Carabello y la mezcla de batería de jazz y rock de Michael Shrieve. Pero esta química solamente podría durar mientras las diferentes personalidades se mantuviesen unidas. Esto se demostraría en los siguientes tres años, pero de momento, esta fusión de un chicano, un puertorriqueño, un nicaragüense, un negro americano y dos chicos blancos de los suburbios surgió dejando a un lado las dificultades del pasado y se proponía cambiar la cara de la música popular en el mundo.

Capítulo 6

En mayo de 1969, el nuevo grupo Santana volvió al estudio. Era la tercera vez que intentaban grabar un álbum, y se sentían presionados, esta vez tenían que conseguir algo bueno. Para empeorar las cosas, sólo tenían tres semanas.

Esta vez eligieron no alejarse mucho de Bay Area y se fueron a los estudios Pacific Recording en San Mateo, donde algunas veces ensayaban. Paul Curcio, el propietario, era un fan del grupo. Después de haber trabajado con David Rubinson dos veces, los músicos decidieron elegir a quien debía de ayudarles a producir el álbum. Brent Dangerfield nunca había trabajado en un estudio de grabación pero era el técnico de sonido en Straight Theatre donde tocaban a menudo. El grupo consideraba que hacía un buen trabajo, así que lo llamaron para las nuevas grabaciones.

Incluso con un nuevo productor que sabía como encajar el sonido Santana, quedaba mucho por hacer. Había dos personas claves para conseguir que el talentoso grupo enfocara su energía en un formato más unido: Alberto Gianquinto y Bill Graham. Alberto Gianquinto era un hábil pianista de Bay Area que había pasado un par de años en Chicago tocando con el hombre de blues James Cotton. Santana llamó a Gianquinto para que colaborase en los arreglos para el nuevo álbum y después de escuchar al grupo el pianista inmediatamente identificó el problema. Los solos eran demasiado largos. Bill Graham también pensaba lo mismo, sabía que si el grupo quería llegar al mercado fuera de la movida de San Francisco, tenían que parar de tocar jams y comenzar a tocar canciones. Ayudaría si las canciones tuviesen unos comienzos, partes intermedias y finales perceptibles como «As The Years Go Passing By». El grupo agradeció el consejo, después de todo este era el tercer intento de hacer una buena grabación. Graham tenía una gran influencia en el grupo y, una vez, los reunió a todos en su oficina en Carousel Ballroom y les puso un tema «Evil Ways», de un músico latino asentado en Nueva York, Willie Bobo, un groove de guitarra urbano que mezclaba música latina con R&B. A Graham le gustaba la canción y pensó en Santana cuando la escuchó. Estaba seguro que conseguiría que el grupo la emitiese por la radio y finalmente los convenció para grabarla.

Aceptando el nuevo consejo, el grupo se puso a trabajar rápidamente para ajustar sus canciones en temas más cortos. Trabajaron duro en el estudio, algunas veces doce o dieciséis horas al día, Rolie ajustándose a las voces grabadas de una cinta y Santana, desnudo hasta la cintura, castigándose a sí mismo y a su guitarra, con Brown haciendo rock detrás de él y observando sus movimientos.

Cuando el nuevo álbum, llamado simplemente *Santana,* fue publicado en octubre de 1969, ponía de manifiesto el sonido *Santana,* fue con arreglos ajustados y solos breves. No todo era especialmente creativo, «Persuasión», «Shades Of Time» y «You Just Don't Care» eran temas honestos pero que no llamaban la atención; sin embargo, la mayoría del álbum sorprendió a los oyentes con un nuevo sonido. «Waiting», «Savor», «Jingo» y «Soul Sacrifice» mostraban la nueva formación creando una melodía pura de ritmos, sobre la que se mantenía una guitarra suplicante y el punzante Hammond.

El disco comienza con un golpe maestro de arreglos. El comienzo de «Waiting» presenta a la conga y el bajo a dúo dando lugar a un ritmo clásico afrocubano, el «guaguanco». El ritmo afrocubano quedó fusionado con el rock en un instante. La música es muy rítmica, queda reflejada en el órgano y en los solos de guitarra, poniendo de manifiesto el interés de los músicos por Jimmy

Smith y Jimi Hendrix. Nunca antes en el rock se había escuchado un sonido tan tremendo del órgano Hammond y el guitarrista sonaba como si estuviese exprimiendo las notas de su instrumento. Los tres baterías entraban y salían del ritmo, rebotando en una melodía de percusión, mientras que David Brown mantenía el rugido guaguancó en su bajo. La energía y el sudor quedaban tangibles mientras el grupo alcanzaba su punto cumbre con el solo de Santana. Fue un debut increíble.

Un ambiente terrenal y urbano se palpaba en «Evil Ways» y «Savor», los dos temas que culminaban con pasajes abiertamente sexuales de ritmo intenso, adornados con la guitarra primordial o el órgano. «Savor» presentaba a los parlantes timbales de Chepito Areas, un sonido completamente nuevo en el rock, al igual que los cantos afros de «Jingo» con la guitarra de Santana elevándose hacia el cielo con una apasionante nota sostenida. Las pautas de la convincente conga de Carabello eran una auténtica innovación. Nadie había oído nada parecido y muchos no sabían qué pensar, se trataba de auténtico afrorock, todos los instrumentos trabajaban para enfatizar el ritmo más que la calidad armónica.

De hecho, el registro armónico de Santana quedaba muy limitado en este elepé. De nueve canciones cinco estaban basadas en una pauta única de dos acordes, pero eso no era todo. En cualquier caso, los aspectos intelectuales de la complejidad armónica hubieran cambiado de forma un álbum que era tan puro en expresión.

Esto no quiere decir que careciera de sofisticación. Un breve encuentro con «Treat» nos mostraba que Santana era capaz de manejar el jazz-blues y exhibir el agradable piano de Rolie y la guitarra melódica de Santana, es decir, jazz, blues y ritmos mexicanos a partes iguales. Es una actuación unida, muy conseguida, que pone de manifiesto un gran sentido del dinamismo. También quedaba energía para el hipnotizante tema «Soul Sacrifice», con dobles congas y tambores que dan paso a una pauta rítmica cuyo contrapunto reside en el martilleante bajo de Brown. El órgano de Gregg Rolie ocupa el lugar de la ausente sección de vientos, mantiene un diálogo con la guitarra, antes de que comience el ritmo con unos breves pero convincentes solos de conga y batería. El solo de batería de Shrieve es un modelo de control. No se aleja del ritmo básico del tema, aunque toca sobre él añadiendo color y textura. Cuando comienza la segunda parte del tema hay una invocación, un ritual al ritmo, una fuerza irresistible.

Santana fue un extraordinario disco de debut, que azotaba al oyente con poderosos popurrís de ritmos afrocubanos, blues y rock. El grupo contaba con convincentes improvisadores, el Hammond de Rolie exterminaba los usos más insulsos del instrumento y Shrieve era un batería elegante y sensible. Chepito Areas también era un maestro a la percusión y la guitarra de Santana, en particular, parecía arder con el deseo de triunfar en su mezcla de notas de blues y acordes mexicanos. «Shades Of Time» incluye algunas características del violín de Mariachi que José Santana hubiera reconocido con rapidez. Todo el grupo tocaba con una deslumbrante responsabilidad, pero inevitablemente fue el guitarrista el que recibió la máxima atención, después de todo se trataba de la era de los héroes de la guitarra.

Con un gran álbum bajo el brazo, Santana continuó tocando en California, llegando al sur, a San Diego, pero realmente necesitaban darse a conocer fuera del estado. Esto se consiguió con una gira por el centro de Estados Unidos, teloneando a Crosby, Stills and Nash, conciertos que lograron que el grupo se diese a conocer ante una gran cantidad del público norteamericano que compraba discos. Mientras tanto, Bill Graham estaba trabajando detrás del escenario para conseguir que Santana apareciera en el cartel de un gran festival de rock que se planeaba para mediados de agosto de 1969 en la zona de Nueva York. El festival se llamaba Woodstock.

Graham no estaba relacionado directamente con la organización del concierto, pero el promotor Michael Lang había contratado a muchos grupos que Graham había dado cabida en Fillmore ese verano. El antiguo empleado de Graham, John Morris, estaba trabajando para Lang y no estaba seguro de poder incluir en el cartel a un grupo desconocido como insistía Graham. Sin embargo, después de escuchar al grupo, Morris quedó convencido de que quería incluir a Santana en el cartel. Les pagarían 2.500 dólares. Jimi Hendrix ganaba 30.000 dólares. Aun así al grupo le gustó la experiencia de Woodstock, se alojaron en una casa comunitaria de la zona y se fueron al Pink Elephant para tocar con Mick Taylor, Buddy Miles y Hendrix. El concierto fue algo que nunca habían experimentado antes.

Santana tenía que tocar a las ocho de la tarde el sábado. En aquellos momentos la zona de los conciertos se había declarado zona desastrosa; medio millón de personas habían abrumado a los organizadores, que esperaban recibir no más de 60.000 espectadores. Santana fue conducido en helicóptero al festival a la hora de la comida y pasaron el tiempo junto a los Grateful Dead. Carlos se encontraba muy desmejorado cuando de repente le dijeron al grupo que tenía que salir a tocar antes de lo previsto: era ahora o nunca.

El grupo de San Francisco se encontró en un escenario de madera rodeado en un ángulo de 360 grados por caras y cuerpos. Los componentes del grupo se colocaron en su posición; Chepito y Carabello al frente del escenario encorvados sobre dos juegos de congas, David Brown detrás de ellos con un sombrero calentito de lana, Shrieve detrás de un pequeño equipo a la izquierda. Al otro lado del escenario, Rolie se balanceaba detrás de su órgano y a Santana casi no se le veía entre Shrieve y Rolie, protegido por los amplificadores. Su música comenzó como si fuese un ritual; mientras el bajista Brown dirigía las palmadas rítmicas que pronto retumbarían en el horizonte, los congueros introducían el ritmo de «Soul Sacrifice». Areas parecía estar muy ocupado mientras que los brazos musculosos de Carabello le daban la apariencia de un luchador callejero cuando golpeaba la batería. Carlos Santana parecía estar sufriendo mientras arrancaba notas de su Gibson de color rojo, sus dientes mordiéndose el labio inferior ayudándole de esta forma a superar el dolor físico al contener las arcadas que venían de su estómago. Parecía como si alguien le hubiera clavado un cuchillo en el estómago.

Carlos espera a que Rolie comience con los acordes de llamada y respuesta del Hammond. Rolie está empapado en sudor, su cara roja, sacando acordes del corazón del altavoz chirriante Leslie. La música alcanza un clímax estremecedor después de otro en una explosión de fuerza sexual. Brown se aproxima al frente del escenario, se pone en cuclillas en armonía rítmica con los congueros mientras que Areas le sigue con golpes afilados al tambor, golpeándoles como si estuviera empuñando una espada. Inmediatamente, el foco de atención cambia de dirección hacia el batería que mantiene el ritmo con tacto, embelleciéndolo con estimulantes redobles de tambor. La cabeza de Brown se mueve de arriba abajo al compás de Shrieve, que está perdido en su propio mundo, mirando hacia abajo, sacándole sonido a su modesta batería. Comienza de nuevo el riff amenazante, el guitarrista afrontando su nudo en el estómago de intensidad frenética que amenaza destruir su cuerpo. El organista ocupa su lugar, respirando profundamente, parece cansado, nos lleva a un clima salvaje de gospel antes de tranquilizarse, es un corto respiro. El grupo completo se adentra en sus instrumentos llegando a un clímax que estalla con una potencia que deja a los componentes exhaustos. Los oyentes parecen reaccionar al sonido en un sentido casi primitivo, como si esta bola de fuego sensual fuese un sonido que alcanzase el corazón de cada ser. Santana se había entregado por completo, en cuerpo y alma.

Una increíble mitología se ha creado sobre los conciertos de Woodstock, la mayoría alimentada por las especulaciones de la gente que no estuvo allí, pero que vieron la película. La película le proporcionó al acontecimiento vida propia en la conciencia de los espectadores para los que el mundo tenía el significado que ellos quisieran darle. La verdad era algo diferente, Woodstock se había convertido en un acontecimiento mediático, abstraído de su realidad. Para algunos tipificaba la ética positiva hippie de paz y vida en común, pero para la industria de la música ponía de manifiesto el auténtico potencial de esta nueva «música rock». Cuando la industria de la música vio que 400.000 personas estaban dispuestas a soportar unas condiciones higiénicas deficientes para escuchar música (o en algunos casos ni escucharla), supieron que el potencial de las ventas iba más allá de lo imaginable. Muchos consideraron Woodstock como el principio de un «nuevo mundo», cuando en realidad, cambió por completo la promoción musical y la industria del disco. En ese sentido, Woodstock representó el fin de la edad de la inocencia de la música, aunque la verdadera sentencia de muerte llegó el 6 de diciembre de 1969, cuando los Rolling Stones tocaron gratis en Altamont Racetrack en North Bay cerca de Novato. Es raro que Bill Graham no tuviera nada que ver con esa gran actuación en Bay Area, pero él conocía a los Stones y consiguió que Santana estuviesen en el mismo cartel. Probablemente hubieran deseado no haber tenido tanta suerte, ya que la ingenuidad de la era hippie llegó con la absurda idea de contratar a los Ángeles del Infierno para la seguridad de la actuación gratuita. La pelea estaba comenzando mientras Santana tocaba y el tumulto llegó a su punto culminante cuando los Stones salieron al escenario. El día terminó con la muerte de un joven negro, muerto por la propia seguridad del evento. Dejando de lado la tragedia personal, el concierto fue un completo desastre, el resultado de una ingenua ineptitud.

Aun así cuando Santana estaba tocando «Conquistadores» y «Jingo» en Altamont ya eran estrellas. El álbum llegó al número cuatro en *Billboard,* camino de vender un millón de copias, una gran cifra para la época. Aunque Stan Marcum era el manager oficial del grupo, Bill Graham les estaba consiguiendo las mejores jugadas. En octubre convenció a los productores del legendario espectáculo de Ed Sullivan para que emitiesen a Santana por toda la nación, dando a conocer al grupo de forma inimaginable. Trabajaron duro para sacar provecho del éxito, tocando casi sin parar a lo largo y lo ancho de Estados Unidos durante los meses de agosto, septiembre, octubre y noviembre. Después de cada actuación, las tentaciones típicas estaban al alcance de la mano, ya fueran físicas o tóxicas. Compraron casas para sus padres y comenzaron a ser agasajados por tipos como Jimi Hendrix. De hecho, Hendrix quería algo más que admirar simplemente a Santana desde el punto de vista de un espectador, como Carlos recuerda: «Cuando lo vi en Berkeley, California, estaba pensando en unirse a nuestro grupo. Le encantaba la percusión. Iba en serio. ¿Qué iba a tocar yo?»[1]. En otra ocasión, Santana fue a ver cómo grababa Hendrix y lo que vio le asustó: «La primera vez que realmente estuve con él fue en el estudio. Estaba mezclando "Roomful Of Mirrors" y me impresionó. Comenzó a grabar, era algo increíble. Despegó en 15 o 20 segundos. De pronto comenzó a flipar como si estuviese manteniendo una gran batalla en el cielo contra alguien. Los roadies se miraron unos a otros, el productor lo miró y ellos dijeron "ve a por él". Le separaron del amplificador y de la guitarra, era como si hubiera tenido un ataque epiléptico»[2]. Incluso una visión así no fue lo suficiente como para hacer que el elepé de «instantánea fama y dinero» dejase de girar. Le tocaba el turno del éxito a Santana.

---

[1] *Making Music,* septiembre de 1992.
[2] *Guitar Player,* enero de 1988.

Capítulo 7

Santana (firma manuscrita)

1970 fue el año durante el cual Santana triunfó realmente: el año de la película de Woodstock y de su sorprendente éxito con su segundo álbum, *Abraxas*. Comenzó el año con la publicación en enero de «Evil Ways» como single. La canción permaneció en las listas durante trece semanas y alcanzó el número nueve. Santana estaba en el camino para su estrellato que fue impulsado por una gira nacional llamada Country Joe MacDonald and Bread. Santana había conseguido buenas ventas por todo el mundo; había llegado el momento de que el grupo cruzase el Atlántico y se encontrase con el público europeo por primera vez en abril como parte de la gira de Columbia. Añadieron algún material nuevo, «Toussaint L'Overture», «Se A Cabo» y una versión de una canción del guitarrista británico Peter Green, llamada «Black Magic Woman». El grupo se encontraba más unido que nunca, cometían muchos menos errores y su fuerza irresistible consiguió ganar la admiración del público europeo.

Sin embargo, el único problema de tener un álbum exitoso es que después de unos meses de ser editado se sentían presionados para mejorarlo. Cuando Santana fue a Wally Heider Studios en San Francisco el 2 de mayo para trabajar en un tema que habían grabado con Gianquinto para el último álbum, sabían que tenían que componer algo que superase el álbum *Santana*. No obstante, el éxito tenía sus compensaciones y no tenían que realizarlo todo en dos o tres semanas exactas, así que el grupo podía prestar más atención al proceso de grabación. No estaban muy contentos con el sonido del primer álbum, aunque su aspereza fue una de sus atracciones. Sus habilidades en el estudio aún se estaban desarrollando y buscaron de nuevo ayuda del exterior, esta vez reclutaron a Fred Catero, un consumado profesional con una gran trayectoria. El grupo ya contaba con algunas ideas para el álbum. Durante meses, Gregg Rolie intentó que sus colegas se interesaran en grabar «Black Magic Woman» y Carlos había iniciado una prueba de sonido para «Gypsy Queen», un tema favorito del álbum *Spellbinder* de Gabor Szabo. Pensó que los dos temas sonarían mejor si los uniesen. También contaban con ese tema instrumental que quedó del primer álbum, un tema de jazz conocido como «Incident At Neshabur» y Carlos tenía una melodía en la guitarra que le había surgido después de su primer viaje a Europa. Comenzaron a trabajar en sesiones que durarían hasta bien entrado el mes de julio.

Esta vez la pieza clave del grupo era Chepito Areas, responsable en muchos aspectos del sonido de *Abraxas*. En algunos sentidos Chepito era el director musical del grupo en aquella época. Era un experto de la teoría y la práctica de la música latina, de la que los otros no conocían casi nada. Gregg Rolie tenía muy poco interés, o mejor dicho ningún interés en tocar acordes de salsa y a Calos Santana le traía a la memoria imágenes de Hollywood y Desi Arnaz. El primer álbum *Santana* contenía muy poco, si es que había algo de música latina. «Evil Ways» era lo más parecido e incluso tenía más de R&B que de música latina. El resto del material en *Santana* se completó con canciones que llevaban dos años en el repertorio del grupo en directo, así que Areas no tuvo muchas oportunidades para cambiarlas. La mayoría de las pautas de conga de Santana hasta ahora habían sido híbridas inventivas, Areas les enseñó los auténticos ritmos del cha-cha-cha, el merengue y cuando llegó el momento de *Abraxas* el grupo tenía un sonido y una dirección latina, influencia de Areas. El nicaragüense enseñó a David Brown a tocar el bajo con un estilo latino (Areas sabía tocar el «bajo», el bajo de la música latina) y le enseñó a Carlos Santana y Gregg Rolie el fraseo de la música latina así como el uso de numerosos intervalos instrumentales y riffs de enlace que hicieron que el sonido del grupo fuese más profesional y pulido. *Abraxas* nunca hubiera sido posible sin Chepito Areas.

El ambiente de *Abraxas* se aleja del sentimiento de rock del primer álbum; de hecho hay muy poco en este álbum que podamos describir como música de rock. Hay un sentimiento latino de la música y sin duda un sentido de la dinámica del jazz en los arreglos. El tema que abre el álbum, «Singing Winds, Crying Beasts», es una obertura atmosférica, un reluciente collage de piano eléctrico, guitarra psicodélica y percusión unida por las partes simples pero fuertes del bajo de David Brown. El tema representa más una atmósfera que una canción, evocando un aire hipnótico de ensueño, lo que indica claramente la dirección que Santana tomaría después de que este grupo se deshiciera. Santana ya había demostrado ser un gran grupo haciendo versiones, una reputación que *Abraxas* afianzó con tres trabajos excelentes de un material antiguo. De hecho el tratamiento que le dan a «Black Magic Woman», «Gypsy Queen» y «Oye Como Va» es tan radical que viene a ser como si hubieran compuesto las canciones de nuevo manteniendo solamente los cambios básicos. El cambio más radical afecta a «Black Magic Woman», tema que vuelve a nacer como un latin-blues, flotando en un mar de congas, bongos y una presentación endemoniada del órgano por parte de Rolie. Carlos Santana suena como si fuera un nuevo guitarrista con su solo que da comienzo al tema, un pasaje apasionado y dominante, mientras que la dulce voz de Rolie proporciona igualmente languidez y fuerza. Estas cualidades también se encuentran en el principal solo de Santana, el cual evita los clichés de blues para llevar el arte del guitarrista a una vena más melódica. La habilidad de la adaptación de «Oye Como Va» puede que no se aprecie por el puro júbilo que aún hoy en día surge como parte de la canción. Rolie y Santana cogen las partes de viento del tema original y las repro-

ducen con nueva vida y sabor. Hay mucha compene-
tración entre los músicos, desde el inteligente percusionista hasta el órgano excitante de Rolie; todos son esclavos del ritmo irresistible, llegando al clímax del solo
de guitarra que cierra el tema. Rico Reyes es el cantante de este tema; a Rico lo conocían del barrio. No era un
músico en regla pero sabía cantar en español.

El tema más destacado del álbum es «Incident At
Neshabur», que continúa siendo uno de los mejores momentos de la música de Santana. Es un impresionante
viaje por el rock, jazz y soul. El tema tiene diferentes matices, comienza con una sección de riff con sabor a Horace Silver, adornada con una infernal percusión, antes
de entrar en un compás de 6/8 sobre el que Rolie emite
otro maravilloso solo Hammond y Santana evoca otros
mundos con una pausa etérea. Unos difíciles acordes de
jazz dan paso a un ambiente romántico sobre el que el
guitarrista ocupa su puesto como un músico de una expresividad exquisita, con un pasaje corto que contiene
de forma simultánea la esencia de las baladas románticas de México, el alma de una voz como la de Dionne
Warwick y el blues. La composición se debe en su mayor parte al trabajo de Alberto Gianquinto, cuya inter-
vención al piano es excelente, pero el sentido del drama
melódico que contiene se debe a Carlos Santana. Es el
primer tema impresionista que grababa Santana, dejando claro que este grupo de músicos estaba creando una
nueva escuela de música; no era jazz exactamente, tampoco era música latina y definitivamente no era rock.

La cara B comienza con Chepito Areas presentando
el merengue a millones de oyentes de todo el mundo, el
ritmo de la República Dominicana, con el tema «Se A
Cabo». La base del merengue crea un sentimiento de
fiesta, sobre una vigorizante mezcla de percusión múltiple y el combinado típico de Santana con la estruendosa guitarra y el rugiente Hammond. Hay suficientes riffs
para darle a la canción un sentimiento de rock y la con-
ductora percusión hace que este tema sea uno de los
candidatos para el epíteto de «latin-rock». El talento de

Gregg Rolie, artesano de las canciones pegadizas de pop-rock, queda reflejado en dos temas del elepé que destacan del resto como «rock blanco» —«Mother's Daughter» y «Hope You're Feeling Better»—. Quizás porque las dos corresponden al género rock de la época, suenan más actuales que el resto del álbum, destacan por la fuerza vocal de Rolie y un atractivo riff, estilo Spencer Davis en «Hope You're Feeling Better». Aquí podemos observar a Carlos aún con su fijación Hendrix-Cream con el heavy de guitarra, wah-wah. Se esculpiría una identidad para sí mismo con el excepcional tema «Samba Pa Ti», una melodía que algunos miembros del grupo no estaban muy entusiasmados por grabar hasta que Rolie mostró su apoyo al entusiasmo del guitarrista (poniéndolo de manifiesto en la grabación con sus poderosas declaraciones Hammond).

«Samba Pa Ti» es una melodía romántica que recuerda la herencia musical latinoamericana de Santana, infundida con una sintaxis de blues, que explica lo rápido que entra en el corazón de los oyentes de todo el mundo, en Latinoamérica y en el sur de Europa en particular. Santana utiliza todo lo que aprendió de su padre sobre cómo tocar una melodía y lo que experimentó de B. B. King poniendo su vida entera en una nota, dejando en la música una pequeña parte de sí mismo. La técnica de guitarra expuesta aquí no se trata de rapidez, consiste en contar historias y lo hace en un largo fluir de melodías interesantes. El disco termina con más música folk, «El Nicoya», un agradable homenaje que se hace Chepito Areas a sí mismo.

Abraxas es uno de los álbumes más importantes de Santana; obliga a aquellos que habían descartado el primer elepé como «latin-rock» a volver a examinar a un grupo que estaba dando vida a un tema favorito afrocubano como «Oye Como Va» y evocando algunos registros destacables de jazz en «Singing Winds, Crying Beasts» e «Incident At Neshabur». En el último tema colabora Miles Davis. La grabación de «Oye Como Va» en un contexto de rock teórico fue muy significativa, llevando la música de salsa a un gran número de oyentes. Probablemente es el único acontecimiento que ayudó a popularizar la música latina por todo el planeta. «Samba Pa Ti» presenta un nuevo estilo de guitarra instrumental que trae a la memoria las sensibilidades melódicas de los viejos sones mexicanos y las baladas románticas para producir un nuevo cántico de folk latino-americano, un estatus que pronto alcanzaría. El álbum tenía un sentido general de refinamiento, tocaban de una forma más centrada y controlada que antes. Los arreglos eran excepcionales: la guitarra de Santana y el órgano de Rolie se mezclaban y unían partes de viento con una facilidad que ocultaba la verdadera ingenuidad. La percusión se tocaba de forma más clara y variada, lo que fue imitado por muchos otros grupos de rock, y los congueros se convirtieron en algo «que debían tener» todos, desde Sly Stone hasta The Rolling Stones y Miles Davis.

Abraxas fue la cumbre de lo que el grupo original Santana consiguió y podía conseguir, fue un logro muy importante que el grupo nunca pudo superar. De hecho en cuanto se publicó ya había comenzado el viaje de descenso.

El camino al estrellato y la ruina comenzó en julio de 1970 con el estreno de la película sobre el desastre de Woodstock, que ayudó a reconstruir el suceso en las mentes de millones de personas del mundo como si se tratase de una victoria espectacular de la contracultura. El espectador de la película *Woodstock* tenía una ventaja muy importante sobre la mayoría de la multitud que asistió a Woodstock, la posibilidad de escuchar la música. Los millones de personas que vieron la película esperaban sentirse abrumados por la enloquecida actuación de Jimi Hendrix, pero no estaban preparados para la fuerza en crudo de Santana. Cuando salieron del cine habiendo presenciado la actuación asombrosa de lo que parecía un grupo callejero multirracial, aquellos que aún no tenían el álbum *Santana* rápidamente lo obtuvieron, garantizando su sorprendente subida en la lista de álbumes de *Billboard*. Las imágenes del salvaje organista, del cautivador guitarrista, del original bajista, del batería con cara de niño y de los congueros enloquecidos no eran fáciles de olvidar y los músicos de Santana que asistieron al estreno de la película en Nueva York fueron recibidos como si fueran celebridades cuando un año antes eran totalmente desconocidos fuera de Bay Area.

Cuando la imagen de Santana se extendió por el mundo con la película, los telespectadores podían formar su propia opinión del grupo. Obviamente los músicos de Santana estaban tocando simplemente, no tenían intención de cambiar el mundo pero al mismo tiempo no podían controlar lo que la gente pensaba de ellos. La naturaleza multirracial de Santana tuvo un gran impacto en el mundo y el hecho de que el guitarrista fuese mexicano llamaba la atención en Latinoamérica. Era el momento cumbre de los héroes de guitarra, Jimi Hendrix, Eric Clapton y el resto eran superestrellas mundiales, así que naturalmente los medios de comunicación centraron su atención en Carlos, aunque Santana fuese un colectivo. Latinoamérica tenía su primera estrella de rock y su historia como superviviente callejero aumentaba la imagen de heroísmo. Chepito Areas inmediatamente se convirtió en un héroe en su Nicaragua natal y no tardó en ser votado como la tercera persona más popular en el país, después del presidente y Bianca Jagger. Santana atraía a todo tipo de gente: había una cara con la que se podían identificar ya fueran negros, blancos o chicanos. Después de la publicación de *Woodstock* en película, Santana se convirtió en un símbolo de integración racial y un éxito del tercer mundo, lo que explica el estatus que el grupo consiguió en Latinoamérica, Asia y África.

En medio de la fiebre de Woodstock, la gira de Santana por Estados Unidos en septiembre y octubre fue todo un triunfo, culminando con un triple encabezamiento de cartel en Tanglewood, Massachusets, en compañía de Miles Davis y el grupo de soul The Voices of East Harlem, con un gran bajista, Doug Rauch. Miles Davis admiraba la música de Santana y no tardó en introducir la percusión en su grupo. Posteriormente, Davis no faltó ni una de las noches en que Santana tocó en el auditorio Fillmore East de Bill Graham en la ciudad de Nueva York. *Abraxas* ya había cautivado el oído del trompetista, en concreto la combinación de los elementos de rock y la exquisitez de «Incident At Neshabur». Davis estaba grabando una música muy parecida y Carlos Santana se acomodó en el backstage con uno de los auténticos de la música moderna. En retrospectiva, la dirección de Santana hacia la flexión de jazz de 1972 pudo haber sido pronosticada desde *Abraxas,* ya que muchos músicos de jazz se identificaban con ella.

La fecha escogida para la película de Woodstock supuso un sueño hecho realidad para Columbia Records; pavimentaba el camino para *Abraxas* con una campaña internacional publicitaria que costó millones. Cuando finalmente el álbum apareció en octubre, se situó en la cima de *Billboard* durante seis semanas y se mantuvo en la lista durante más de un año y medio. El álbum tuvo el mismo éxito mundial y en poco tiempo se vendieron millones de copias. En algunos países «Samba Pa Ti» era el single y en otros «Black Magic Woman», situando a Santana en el cuarto puesto de la lista de singles de *Billboard.*

Después de la gira el grupo se tomó un merecido descanso reflexionando sobre su éxito y sus nuevas riquezas. Podían comprar todo aquello que quisiesen y los clichés del estilo de vida del rock'n'roll tomaron vida. Pero no pasó mucho tiempo antes de que viesen cómo el éxito del grupo les causaba su propia ruina. Santana había vivido en comunidad durante muchos años. Esto había creado vínculos muy fuertes dentro del grupo y ahora cada uno tenía dinero para comprarse sus propias propiedades; inevitablemente se rompió la ética del grupo. No obstante confiaban en sus propias habilidades y esta arrogancia les llevó a un gran error. Un poco después del concierto en Tanglewood, Stan Marcum llamó a Bill Graham y le dijo que Santana ya no necesitaba su ayuda, podían arreglárselas ellos solos de ahora en adelante. Obviamente los componentes del grupo y Marcum pensaban que formaban una unidad, pero la verdad era que se estaban convirtiendo en un grupo de individuos, de tal forma que estaban pensando en aumentar la formación incluyendo a un segundo guitarrista. Ya tenían a alguien, un joven de San Mateo llamado Neal Schon, que había estado en algunas sesiones de *Abraxas*. Era un fanático de Hendrix y Clapton e incluso añadió un solo de guitarra al final de «Hope You're Feeling Better», un debut que se puede escuchar en la confusa versión del elepé. A finales de noviembre, Santana Band y Neal Schon estaban ensayando en el estudio de Wally Heider y Eric Clapton había llegado a la ciudad para actuar en Fillmore el día 18 y 19 con su nueva formación Derek and The Dominoes. Bill Graham concertó un encuentro entre Clapton y Santana que terminó con Clapton y sus hombres dirigiéndose a Wally Heider para una jam session. Santana tenía una nueva canción, «Everything's Coming Our Way», que Clapton adornó con unos cuantos licks de guitarra.

El estilo de vida que Carlos llevaba estaba arruinando grandes encuentros como ése y Carlos Santana comenzó a cansarse; «La primera vez que nos vimos fue en Wally Heider. Entré y Eric y Neal Schon estaban improvisando. Me sentí fatal porque quería tocar pero estaba demasiado ido. Me había tomado un LSD. Solía tomar muchos LSD en aquella época»[1]. Clapton quedó impresionado con el talento de Schon, y Santana rápidamente le ofreció al muchacho de quince años un lugar en el grupo para que así no tuviera que marcharse a Inglaterra. Schon debutó con Santana en una típica actuación de Nochevieja en Hawaii. Esto fue el comienzo de lo que Carlos Santana recuerda como el peor año de su vida.

---

[1] *Guitar World,* agosto de 1999.

1971 comenzó con alguna promesa. En enero el grupo utilizó el tiempo de estudio que les dieron en Columbia Studios en San Francisco, grabando un par de temas para el disco siguiente. Tenían programado un viaje a África para marzo. Ghana había conseguido la independencia del gobierno británico y para celebrarlo se planeaba un gran concierto de estrellas de soul negras americanas. Carlos Santana estaba encantado con la idea de aparecer en cartel junto a Ike y Tina Turner, Roberta Flack, Wilson Pickett y los antiguos amigos del grupo de Nueva York, The Voices of East Harlem. Pero antes del viaje Santana recibió el primer golpe de una serie de sucesos que iban a acontecer en 1971: un día de febrero Chepito Areas no apareció para ensayar. Cuando el grupo entró en la casa se lo encontraron tumbado en una piscina de sangre, tenía aneurisma y estaba al borde de la muerte; no podía viajar a África. El grupo se había comprometido a ir a Ghana, pero para algunos no estaba bien marcharse sin Areas, y comenzó la tensión. Santana era una combinación poco probable de diferentes clases sociales y el hecho de que todos fueran hombres les hacía llevar un estilo de vida machista. Los sentimientos negativos, alimentados por los excesos de «la vida del rock» nunca quedaron muy lejos de la superficie. Michael Carabello no estaba contento con la idea de viajar sin Chepito: «Tuvimos una reunión, ya que Carlos estaba impaciente esperando. Quería dar un concierto y yo le dije: «"No creo que debamos tocar porque Chepito es un componente del grupo como todos. Creo que no deberíamos contratar a otra persona para que ocupe su lugar y salir ante el público y decir: aquí está Santana, porque no es verdad." Y le dije: "si vas a contratar a alguien, dímelo, pues yo prefiero dejar el grupo que salir sin Chepito"»[2]. Para Carabello era un caso de lealtad al grupo pero para Carlos Santana la música era mucho más importante que el hecho de pertenecer a un grupo.

---

[2] *Rolling Stone,* 7 de diciembre de 1972.

Parte del problema era la presión a la que estaban siendo sometidos, los promotores mantenían trabajando al grupo constantemente y se dice que uno de los principales protagonistas presumía de que podía conseguir contratar a Santana en cualquier parte del mundo con 24 horas de antelación y a menudo lo conseguía. Esta presión se añadió a la naturaleza frágil del grupo. Aun así, con todos estos problemas se fueron a Ghana y ofrecieron un buen repertorio. En el último momento se cruzaron con Willie Bobo y fue él quien reemplazó a Chepito. Bobo estaba más acostumbrado al jazz de Cal Tjader que a la doble guitarra de rock que Santana había comenzado a saborear; claramente no era la persona adecuada ni para una sustitución temporal. Cuando llegaron a Dinamarca para comenzar otra gira europea ya habían encontrado a otra persona, Michael «Coke» Escovedo, un timbalero que se dio a conocer tocando con el mismo Cal Tjader al igual que Willie Bobo. Escovedo tenía fama de ser muy agradable y de tener mucha fuerza de voluntad. Las actuaciones en Europa estuvieron bien musicalmente y la influencia de Escovedo pronto se dejó ver en los arreglos, añadieron un riff que él había tocado con Tjader como introducción a «Evil Ways». Algunos del grupo comentarían posteriormente que Escovedo y Carlos Santana se unieron contra ellos; Escovedo le dijo al guitarrista que era el auténtico líder y que se debía alejar de algunas fuerzas negativas del grupo. El productor David Rubinson culpó de todos los problemas al nuevo timbalero: «Toda esta mierda comenzó con Carlos y Coke, que se hicieron íntimos, y uno se puso en contra del otro y al final terminaron con una reunión en la que Coke quería echar a Marcum y contratar a un par de tipos que estaban de su parte. Coke dio muchos problemas. Creo que podría haber conseguido todo lo que quería, pues era una persona muy fuerte»[3]. Escovedo seguía sin el menor arrepentimiento: «De alguna manera yo era el responsable.

3 *Rolling Stone,* 7 de diciembre de 1972.

Pero estoy contento. Si consigo salvar a dos buenos músicos de un grupo de seis músicos malos, estoy contento»[4]. Carlos Santana estaba cansado de la vida de rock'n'-roll y lo que sintió como una actitud arrogante de ciertos miembros del grupo encajaba con lo que consideraba una falta de respeto hacia las mujeres. Los otros le llamaron embaucador e hipócrita. Tal era el estado de confusión de Carlos en aquel momento que estaba de acuerdo con ellos: «Sé que piensan que estoy loco porque suelo contradecirme mucho. Exijo una cosa y al momento dudo, soy peor que ellos»[5]. La tensión aumentaba y Michael Carabello parecía ser la persona con la que Santana no estaba contenta; como recuerda el conguero: «La tenía tomada conmigo, no sé, todo el tiempo, lo que yo hacía, con la gente que iba, cómo llevaba mi vida»[6].

La violencia parecía estar rodeando a Santana en 1971. El ataque del segundo guitarrista y la percusión hacía que aumentase la testosterona de algunos miembros del público. Peleas entre la policía y el público en un concierto en París, disturbios en Milán y una recepción más controlada pero inestable en Londres. Las cosas se les estaban yendo de las manos y mientras el grupo estaba en Europa en abril se estaban viniendo abajo. Hubo discusiones y rupturas. Algunos miembros se sentían incluidos, a otros se les dejaba de lado sin nadie con quien pasar el tiempo. Hubo discusiones coléricas, juegos de poder, actitudes malhumoradas y enfrentamientos de personalidades. Cuando llegaron a Montreux, Santana era un grupo de individuos que tocaban juntos, no eran un grupo. Después del concierto, Rolie declaró a *New Musical Express:* «Hay mucho amor de hermano en este grupo»[7], pero no había evidencia de ello a las orillas del lago de Ginebra. Carlos Santana co-

---

[4] *Rolling Stone,* 7 de diciembre de 1972.
[5] *Rolling Stone,* 7 de diciembre de 1972.
[6] *Rolling Stone,* 7 de diciembre de 1972.
[7] *New Musical Express,* 8 de mayo de 1971.

menzó a pensar en seguir su camino musicalmente en solitario, en verdad el grupo Santana estaba muerto.

Cuando volvieron a San Francisco fueron directamente a los estudios Columbia para intentar sacar juntos un nuevo álbum de las interminables sesiones de jam. Solamente tenían dos canciones para la sesión de enero. Una era una versión, esta vez del saxofonista de jazz Gene Ammons, la canción «Jungle Strut». La otra era un tema original latino de Chepito y David Brown llamado «Guajira». Hubo enfrentamientos en el estudio, millas de cinta mal gastada y una desintegración general; una nueva canción de Carabello y Rolie, «No One To Depend On», parecía ser la causante de los problemas. Se rumoreaba que el dinero estaba desapareciendo. Coke Escovedo aún se encontraba por allí, a pesar de la aparición de Chepito, y no tardó en criticar la incompetencia de la dirección del grupo.

La grabación del nuevo álbum duró hasta junio y cuando lo terminaron el grupo no era capaz de ponerle un nombre, así que lo llamaron simplemente *Santana* y la gente le añadió posteriormente *III*. La música de este álbum es más frenética que cualquier otra cosa que haya hecho Santana antes o después; en algunos momentos suena como si fueran a explotar los altavoces con una masiva colisión de percusión, guitarras y órgano. Como una declaración de la fuerza del macho puro, supera cualquier cosa que el grupo haya hecho antes y el sonido no se parece nada a *Abraxas*. Sin embargo, la nueva música parece estar basada en jams sueltos en torno a riffs de guitarras. Santana podía hacer una canción partiendo de cualquier cosa, cualquier fragmento de un tema, un par de notas, cualquier cosa. El tema con el que empieza el nuevo álbum, «Batuka», surgió de un jam que el grupo realizó sobre una canción del conocido director Leonard Bernstein, que habían aprendido de su presentación en la televisión junto a Los Angeles Philharmonic. El tema comienza con la conga, cencerro y batería, a los que se les une la artillería de riffs de guitarra y bajo, lo que da paso a un ataque de dos guitarras.

Inmediatamente se aprecia la pesadez que caracteriza el álbum, subrayada por la entrada de Neal Schon con un wah-wah de guitarra que sitúa a la música en el camino del rock. «Batuka» da paso al tema conflictivo, «No One To Depend On», que tiene algo en común con el antiguo logro de Willie Bobo («Spanish Grease»). Es más de lo mismo, riffs pesados, un ritmo amenazante, guitarra machacona y solos de órgano; suena como una fórmula pero desprende un entusiasmo estruendoso. Los dos guitarristas hacen que el termómetro suba uno o dos grados; Santana lleva su amplificador al punto máximo mientras que el precoz Schon favorece un enfoque más rápido. Su estilo también domina en «Taboo», donde el solo del joven cerrando el tema amenaza con derretir el pavimento.

Ya que no estaban muy inspirados para componer canciones, el grupo de nuevo empezó a realizar versiones; comenzaron con una divertida versión de un tema antiguo, «Karate» de un viejo grupo, The Emperors. Santana le dio una nueva letra, le añadió una percusión estruendosa, otro solo de Schon, la sección de vientos de «Tower Of Power» y la llamaron «Everybody's Everything». Era un gran tema de baile impulsado por un arreglo de percusión y el enloquecido órgano funky de Rolie. Era la primera vez que Santana realmente se había entregado en alma para grabar, pero era obvio que los mejores temas de Santana tendían a ser versiones. Otra versión, un tema antiguo de Tito Puente, «Para Los Rumberos», el cual hace estremecer a Tito en comparación con el gentil masaje de «Oye Como Va». De nuevo es la forma tan espectacular de tocar la percusión lo que destaca, así como la trompeta mariachi de Luis Gasca. Otra versión, «Jungle Strut», le da un aire agradable al montaje de dos guitarras convirtiendo el funky, soul-jazz de Gene Ammon en algo así como un acelerado funk. Pura excitación sensual es el producto de un brebaje de percusión burbujeante, solos de guitarras batiéndose en duelo y el indomable Hammond de Rolie. Un ambiente más ligero lo encontramos en la primera composición vocal en solitario que Carlos Santana realiza en esta grabación, la comprometida balada «Everything's Coming Our Way». Está cargada del romanticismo melódico innato del guitarrista y su propia voz ligera lleva la melodía cadenciosa a un estribillo ingenioso, animado por un solo comprensivo del organista. Fue un pequeño momento de optimismo en un disco duro.

Los dos mejores temas del álbum eran «Guajira» y «Toussaint L'Overture»; los dos añadían al grupo algo de su estilo, a diferencia del esfuerzo formulístico del resto del disco. «Guajira» tiene un auténtico sabor latino gracias al piano de María Ochoa y a la voz realista de Rico Reyes que nos trasmite la melodía pegadiza, pero Chepito Areas es la estrella principal: comienza con su introducción de bajo y alcanza el punto culminante con un increíble solo de viento. Santana realiza sus mejores solos latinos en el álbum, dejándose llevar por la melodía, antes de despegar hacia un punto donde la canción se convierte en otro himno latino al igual que «Oye Como Va». Hay algo honesto y muy sincero en «Guajira» que la convierte en uno de los mayores placeres de un álbum bastante agresivo. Presenta al público el ritmo clásico latino del cha-cha-cha y la letra está en español para que la gente hispana de todo el mundo se sienta identificada aún más con el grupo. La identidad latina queda reflejada en «Toussaint L'Overture», que es probablemente el mejor ejemplo del estilo latino-rock de Santana. Basada en un acorde de la antigua guitarra española, el tema está formado por una serie de estremecedores clímax, sustentados por una percusión sobresaliente. El tema tiene un auténtico sentido latino proporcionado por la percusión, pero es fácil de pasar por alto la importancia del excelente trabajo de Michael Shrieve que comienza solo con el timbal. Se mantiene en un groove bajo el percusionista, sin invadir su territorio, pero sustentando a todo el conjunto. Unido a los acordes españoles, el grupo por primera vez emplea una línea de bajo tradicional de salsa arropada en el solo de órgano salvaje, mientras el tema se introduce en una emocionante sección de percusión. La música gana una cualidad majestuosa cuando las guitarras de Santana comienzan a intensificarse hacia el final con una serie de solos de Rolie, Schon y luego Santana. Cada uno intenta llevar la intensidad un poco más alto y el resultado es una explosión de pasión primitiva. Es un clásico de Santana.

Santana III es un disco emocionante a pesar de todas las peleas, vicios y malos sentimientos; aun así podían realizar un buen álbum, incluso si se alejaba del clásico *Abraxas*. Los temas del álbum son buenos, la mayoría proyecta un ambiente sexual agresivo. Todos los músicos tocan con gran destreza, pero se dudaba que, dejando a un lado «Toussaint L'Overture» y «Guajira», la fuente de las nuevas canciones que se podían sacar de las sesiones interminables se estuviese convirtiendo en una fuente dimensional. Riffs, solos, percusión, se repetían según las necesidades. El disco es un festín de percusión y solos, pero representaba una retirada hacia un estilo de rock después de los arreglos innovadores de *Abraxas*. Un álbum siempre estimulante y agradable, que suponía claramente el final del rock latino de Santana. El grupo Santana era una colección de jóvenes peleando por la supremacía en una lucha musical a muerte reflejada en el ambiente agresivo del disco. Las discusiones bramaban y las blasfemias circulaban por el estudio hasta el último momento antes de que la cinta comenzase a girar y la música a sonar. Cuando tocaban canalizaban su agresividad; cuando no tocaban se peleaban entre ellos. Cuando los grupos se desintegran siempre hay uno que sale a flote y toma las riendas. No faltaría mucho para que esto ocurriese con Carlos Santana.

Con el álbum terminado, el grupo realizó una de sus últimas apariciones el 4 de julio en el Fillmore Auditorium de Bill Graham; el final de la era Fillmore suponía un espejo nítido de la desintegración de Santana. El grupo al completo, con Coke Escovedo, tocó un repertorio candente de los temas favoritos y de la nueva música, «Batuka», «Gumbo» y «Jungle Strut». Curiosamente también incluyeron una versión de un tema del álbum de Miles Davis, «In A Silent Way». La música de Miles era principalmente jazz-rock impresionista, acordes de guitarra duros de John McLaughlin dando paso a solos minimalísticos sobre un par de riffs de rock simples pero pegadizos. Santana lo acortó a siete minutos y le añadió percusión y fuerza. Obviamente los músicos de Santana contaban con nuevas influencias. Sin embargo, la mezcla de gustos musicales del grupo que había sido tan positiva en el pasado comenzaba ahora a dividirlos. Como Nel Schon declaró en Dinamarca unos meses antes: «A cada uno del grupo le gusta un tipo de música. Carlos siempre está flipando y necesita que alguien le ponga los pies en la tierra. Es un tipo realmente complicado»[8]. Obviamente el guitarrista tenía sus propios planes para el grupo y fue en aquella época cuando Shrieve y Santana tuvieron una conversación sobre el futuro de Santana, durante la cual el guitarrista expuso sus ideas. Shrieve quedó sorprendido con la idea de Santana, el grupo era un colectivo, no había un líder, no era el grupo de un mexicano. La respuesta lo dijo todo. «Aún no.»

Con *Santana III* bajo el brazo y el Fillmore cerrado, el grupo podía tomarse algún tiempo libre para relajarse antes de comenzar la siguiente gira por Estados Unidos en septiembre. La influencia del jazz iba en aumento y en agosto la mayoría de los componentes de Santana se reunieron en los estudios Columbia para grabar *For Those Who Chant* con el trompetista latino Luis Gasca, que había tocado en el nuevo álbum Santana. Fue una cita con el jazz, con músicos consumados como Joe Henderson, George Cables y Stanley Clarke: también conocieron a otros músicos de Bay Area, el pianista Richard Kermode, el batería Lenny White y el conguero Víctor Pantoja. La música era latin-jazz con armonías de rock como se podía observar en el riff de guitarra de «Oye Como Va» con el que comienza el admirable «Street Dude» —una serie de improvisaciones suspendidas en

---

[8] *Danish Radio Interview,* mayo de 1971.

un mar de percusión; es una pista que nos lleva al trabajo de «La fuente del ritmo»—. No se escuchan mucho las guitarras de Santana, pero hay un pasaje importante de cantos afrocubanos dirigidos por Víctor Pantoja, realzando una autenticidad cuya dirección tomaría Santana durante los años siguientes. El otro tema destacado era «Spanish Gypsy», más libre de forma, sostenido por el bajo de Stanley Clarke y el piano de George Cables, un sonido que posteriormente Santana reproduciría con Tom Coster y Richard Kermode, que se encontraba en la sesión. *For Those Who Chant* de Easca es una pieza clave entre el antiguo Santana y el nuevo, la época es también muy significante. En agosto de 1971 se terminó *Santana III,* pero las grietas aún no habían aparecido. Carlos Santana y Michael Shrieve estaban ya desarrollando unos intereses musicales más allá de Sly Stone, The Beatles y el blues; estaban explorando a Miles Davis y John Coltrane. Esto parecía ser más interesante para Shrieve y Santana que *Santana III* e hizo que se disparase el ansia del guitarrista por un cambio. Otro elemento catalizador que provocó el cambio fue cuando Carlos conoció la labor filosófica del profesor espiritual hindú Paramahansa Yogananda en una tienda de libros en Sausalito; este encuentro le animó a realizar meditación, cosa que cambiaría su vida.

Las buenas vibraciones de las sesiones de Gasca pronto se irían apagando según se avecinaba la gira de Santana por Estados Unidos. Mientras habían estado ensayando para la gira, el grupo no se había relacionado mucho con Carlos Santana y antes de partir para la primera fecha en Spokane Coliseum el 16 de septiembre, Carlos le dio a sus compañeros un ultimátum: o Michael Carabello dejaba el grupo o lo haría él mismo. Esta era la auténtica prueba, ¿podía Santana continuar sin el guitarrista que le había dado al grupo su nombre? ¿Era Santana un grupo o Carlos Santana? El grupo se marchó sin el mexicano y se las arregló hasta que llegaron a Nueva York con tres fechas en Felt Forum; en aquellos momentos Neal Schon perdió sus nervios cuando el público comenzó a gritar el nombre de Carlos. Michael Carabello se rindió y dejó la gira. El guitarrista fue reclutado desde San Francisco, y cuando llegó se encontró con que Stan Marcum se había marchado llevándose a Carabello y Chepito Areas: no había percusión exceptuando a Michael Shrieve. Los que quedaban culparon a Carlos y la gira comenzó a tambalearse por unas malas vibraciones no conocidas anteriormente. Santana, el grupo, era un auténtico caos, tocaron en una de las fechas de Nueva York sin percusionistas. ¿Qué ocurriría ahora? Antes de la siguiente actuación un joven conguero se acercó al road manager de Santana, Herbie Herbert, y le ofreció ayuda con la percusión; sabía que Santana había sufrido un contratiempo. Herbert le dio unos cuantos dólares para que cogiese un taxi y fuese a su apartamento a por la batería. James Mingo Lewis tocó y salvó a Santana. Michael Shrieve se encontró con el dilema siguiente: por un lado desaprobaba la acción de Santana y por otro deseaba compartir el avance musical con el guitarrista: «Fui a Nueva York porque teníamos compromisos; no estaba de acuerdo con lo que Carlos hizo pero si él pensaba que tenía que hacerlo, debía hacerlo»[9].

Santana III se editó ante un mundo expectante en octubre; rápidamente llegó a ser número uno en *Billboard*. No se realizó ninguna promoción por parte del grupo excepto la pequeña y complicada gira por Estados Unidos; no hubo promoción porque no había grupo para promocionar. El álbum se publicó el mismo mes en el que el grupo se encontraba en plena confusión, pero aún no había terminado todo. Un pequeño problema casi se convierte en un auténtico desastre cuando estaban improvisando la nueva formación para cumplir con las fechas en Puerto Rico y Perú. David Brown fue sustituido por un viejo colega de la escuela de música de Shrieve, el bajista Tom Rutley. Compartían la percusión Mingo

9 *Rolling Stone,* 7 de diciembre de 1972.

Lewis, Víctor Pantoja y Coke Escovedo, quien trajo como ayudante a su hermano Pete. Los detalles de lo que le ocurrió de verdad en Lima, Perú, el 11 de diciembre quizás nunca los sepamos; obviamente hubo un brote de violencia, o por parte de los estudiantes de «izquierdas» o por los militares. Al grupo le confiscaron el equipo valorado en 400.000 dólares y lo echaron del país. Algunos periodistas dicen que se marcharon de Lima a punta de pistola. Unos meses más tarde, Herbie Herbert viajó a Perú para recuperar el equipo. Lima fue el Altamont de Santana, una dramática patada en los cojones para despertar de su estupor provocado por la droga. Los sucesos de Lima marcaron profundamente a Santana, quien estaba decidido a terminar con la locura de Santana Band.

Capítulo 8

Santana

A finales de 1971 Carlos Santana se encontraba en un punto muerto, musicalmente, espiritualmente y físicamente. La música aún estaba allí, pero ¿hasta donde podría llegar el concepto latino-rock? Según Carlos había podido comprobar, la respuesta no se encontraba en ningún lugar. No era solo Santana quien estaba a pique en 1971, en general el mundo del rock no se encontraba en buena forma; Hendrix se había muerto atragantándose con su propio vómito, Janis Joplin estaba muerta, Jim Morrison estaba muerto, The Beatles ya no existían, parecía que el «sueño» también había muerto.

La principal motivación de Carlos era sobrevivir aunque eso significase tomar el control del grupo. Había trabajado mucho para salir de los garitos de strip-tease de Tijuana y había llegado muy lejos para dejar que el éxito que finalmente estaba disfrutando desapareciese por culpa de los excesos del rock'n'roll. No tenía nada más, era su única forma de supervivencia y aún más, la única forma con la que podía mantener a su familia, una responsabilidad que él se asignó. Podía haber aceptado la idea de Gregg Rolie de olvidar la música durante un año o dos y abrir un restaurante, pero la música era todo lo que Santana sabía hacer. Al igual que un boxeador del gueto, esta era su única salida y estaba preparado para luchar y mantenerla. Su orgullo innato y una nueva espiritualidad le proporcionarían la base para aplicar la disciplina en su vida. Estas fueron las claves por las que Carlos Santana no se convirtió en la siguiente víctima a causa del consumo de ácidos.

En cuanto al negocio de la música, Santana aún era un nombre potente y a finales de 1971, a pesar de que se encontraba en plena crisis musical y personal, Carlos Santana fue inducido a formar un «supergrupo» junto a Buddy Miles para un jam en directo en un festival de música en Hawaii en Nochevieja. Miles acababa de ser contratado por Columbia y era muy conocido por su trabajo al lado de Hendrix en Band of Gypsies. Un grupo de músicos se reunió en la casa de Miles durante dos o tres días para ensayar antes del festival y la formación era una mezcla entre los componentes del grupo de Miles, más unos cuantos nuevos amigos de Carlos como Gregg Errico (el batería de Sly Stone), Luis Gasca y Hadley Caliman. No estaban ni Rolie, ni Shrieve, ni Carabello, ni Brown, ni Areas, solamente Santana y Schon. El jam de Santana-Miles se mantuvo en secreto, un secreto que se reveló ante las 70.000 personas reunidas en el cráter del volcán inactivo, pero a pesar del enclave el flojo conjunto generó poco calor. La actuación se organizó al estilo de Fillmore, solos de riff e improvisaciones de calidad diferente y el álbum resultante, *Carlos Santana and Buddy Miles! Live!,* es un álbum con pocos defensores. Es realmente un álbum pobre, dominado por el funky opresivo y los gorgoritos de Miles y destaca por la ausencia casi total de la guitarra de Santana. Neal Schon realiza la mayoría de los solos con su estilo tradicional de fusión. Una casi formidable sección de percusión, compuesta por Coke Escovedo y Víctor Pantoja, se convierte en una actuación razonable, pero el equipo igualmente aceptable de Luis Gasca y Hadley Caliman suenan fuera de contexto. Aun así, la elección del material es bastante interesante y refleja nuevos horizontes. Ahí está el tema «Marbles», de John MacLaughlin, procedente de un álbum que éste grabó con Miles, y un intermedio de gospel «Faith Interlude», el cual nos insinúa el sonido espiritual que Santana estaba dispuesto a abrazar en 1972. El resto queda difuso: una improvisación extensa que ocupa una cara entera del vinilo, que lleva el título tan adecuado de «Freeform Funkafide Filth». Este tema era tan suelto que casi desaparece del todo. Tenía un estilo vagamente similar al estilo free-jazz del álbum *For Those Who Chant* de Gasca, repleto de acordes vagos, riffs monocordes y solos de una calidad extremadamente cambiante. Aumentando su desenfoque, el tema incluía un pasaje que citaba un tema del vocalista de jazz asentado en Nueva York, Leon Thomas («Um, Um, Um»); esto indicaba que Santana ya estaba desarrollando un interés por nuevas formas radicales de jazz. Concluyendo, en el tema y en el álbum el guitarrista parece falto de dirección, casi como si se hubiera quedado estancado entre los antiguos blues y la búsqueda de una nueva identidad. La improvisación era demasiado difusa para atraer mucho interés, pero era una muestra de cómo Santana componía música; debería de haber habido un riff de guitarra o una melodía que hubiera dado paso a una modesta canción de cinco minutos, pero ahí estaba todo el material en su forma más cruda. Al final quedó como algo simplemente muy aburrido.

A pesar de su básica falta de calidad, el disco fue un éxito, alcanzando ventas de más de un millón de copias, pero la verdad es que era un álbum de transición, con Santana a medio camino entre el rock latino de *Santana III* y la fusión latina-jazz de *Caravanserai*. A pesar de todas sus deficiencias artísticas, la sesión de Hawaii con Buddy Miles fue una buena terapia para los principales protagonistas. Miles se estaba reponiendo de la muerte de su amigo Jimi Hendrix y Santana tenía que afrontar la desaparición total de su grupo. Cuando el guitarrista volvió a Mill Valley para descansar, una cosa quedó clara, el grupo Santana no existía de momento.

El guitarrista volvió a San Francisco para exorcizar a sus demonios personales y musicales y planear su siguiente movimiento. Estaba asimilando nuevas influencias musicales con la misma voracidad con la que había consumido el blues en su juventud. Sin embargo esta vez no se encontraba solo en su búsqueda, contaba con Michael Shrieve. Después de todo, Shrieve era en el fondo un batería de jazz que tocaba rock.

La gente suponía que el grupo Santana había dejado de existir, pero los dos componentes de Santana estaban unidos como hermanos, forjando una nueva identidad musical para el grupo. Mike Shrieve y Carlos Santana pasaron días interminables escuchando los discos de jazz, o visitando los clubes de música de Bay Area para oír a Gabor Szabo o Elvin Jones. Durante sus viajes por el mundo musical de San Francisco, Carlos conoció a su futura esposa en un concierto en Loading Zone en el Marin Civic Center. También vio a un pianista impresionante, Tom Coster, que tocaba con Szabo. También observaba de cerca al grupo que tenía su hermano Jorge; se llamaban Malo y tenían un buen teclista llamado Richard Kermode, un experto en los estilos del piano latino.

Carlos ya tenía una inclinación hacia la guitarra de jazz por su interés en Szabo y la época de Chico Hamilton. Shrieve le amplió el panorama: «Cuando estaba viviendo en Army Street, Michael me traía toda clase de discos, Miles Davis y John Coltrane, y yo le decía: "Tráeme algo de Albert King". Cuando escuché *In A Silent Way* pensé que era interesante y cuando Michael me trajo *Miles In The Sky* se acabó todo»[1]. Shrieve era un batería meditabundo, sus primeros héroes fueron los maestros de jazz, Max Roach y Roy Haynes.

Entre sus amigos más íntimos se encontraba el batería Lenny White y el músico de jazz Hadley Caliman. Había tocado en grupos de jazz en el instituto, pero optó por el rock cuando se dio cuenta de que no había otra cosa en San Francisco. Durante el verano Carlos conoció el amplio mundo del jazz más allá de Szabo y Chico Hamilton y lo abrazó con su típico entusiasmo, lo que significaba una dedicación exclusiva. En muy poco tiempo contaba con un nuevo grupo de héroes musicales: John Coltrane, Miles Davis, Pharoah Sanders, Alice Coltrane, Archie Shepp, Leon Thomas y Freddie Hubbard.

---

[1] *Musician's Industry,* julio de 1980.

Tom Coster. (Foto: SSL.)

Davis y Coltrane fueron su principal influencia, Davis por su belleza estética suprema al tocar y Coltrane por su espiritualidad intensa. La visión de una espiritualidad universal de Coltrane adornó el pensamiento de Shrieve y Santana. «En su visión de Dios, él (Coltrane) veía una unidad de la gente y de todas las cosas. Todos los caminos que llevaban a lo Absoluto eran igualmente válidos. Pensaba que la Humanidad, su música, el mundo material y Dios eran uno solo y ese sentimiento de unidad gobernaba su vida. Pensaba que el descubrimiento de esta unidad era la mejor esperanza del hombre»[2]. Coltrane entregaba su vida para expresar su visión y publicaba un sorprendente álbum tras otro. Clásicos como *A Love Supreme* y *Meditation* transportaban la confusión interior y el éxtasis de la relación directa de Coltrane con Dios a la casa del oyente.

Compartiendo la misma visión espiritual y musical, Santana y Shrieve comenzaron a reorganizar el grupo, pero era una tarea difícil y pudo no haber ocurrido nunca. Hubo momentos en que parecía que el guitarrista se iba a marchar para colaborar con Gabor Szabo. El húngaro se alojaba en su casa y hablaron de hacer algo juntos, pero al final no ocurrió nada. Carlos se dio cuenta de que estaba unido a Santana. El grupo se reunió de nuevo en junio para los ensayos y aparecieron nuevas caras. David Brown y Michael Carabello se habían marchado, sustituidos por Tom Rutley y Mingo Lewis; pero puntualmente llegó otro bajista, Doug Rauch, al que conocían del concierto en Ghana con Voices of East Harlem. Rauch se trasladó a Bay Area, vivió con Shrieve durante un tiempo y consiguió un bolo con Loading Zone, junto a la esposa del batería, Wendy Haas, y Tom Coster. Gregg Rolie estaba por allí sin dejarse ver y Wendy se puso al teclado, pero Shrieve y Santana buscaban una cara nueva. Consideraron la posibilidad de hablar con Larry

[2] Eric Nisenson, *Ascension-John Coltrane and His Quest,* Da Capo Press, 1995.

Young, músico zurdo de Hammond B3 que trabajó en Lifetime de Tony Williams, pero pensaron que no le interesaría tocar en un grupo de rock. Luego intentaron trabajar con el teclista de Boz Scaggs, Joachim Young. Young se quedó por un tiempo y compusieron algo juntos, «Castillos De Arena», pero al final no funcionó. Santana fue detrás de Rolie y Wendy Haas de nuevo.

El ambiente en Columbia Studios, donde Santana aún contaba con mucho tiempo para ensayar, se llenó de entusiasmo, emoción, tensión y exuberancia musical. Las sesiones se realizaron sin contar con la presencia de Gregg Rolie, ni Chepito Areas ni Neal Schon y solamente uno se puede imaginar la reacción de Rolie ante el nuevo pianista. Consideraba que Santana era por lo menos la mitad de su grupo, y ahora su grupo se estaba alejando de él poco a poco. Santana y Shrieve estaban viviendo sus fantasías musicales, encontraban tiempo para ensayar durante horas y horas con un simple riff-funky de Doug Rauch, experimentaban añadiéndole capas de percusión. En aquel momento la batería de Shrieve sonaba heavy, como el batería de Coltrane Elvin Jones. Los dos discutían con un entusiasmo infantil sobre las diferentes capas de percusión del maestro brasileño a la batería Airto Moreira, que había destacado hacía poco. El ambiente eufórico de los dos protagonistas principales no podía ser reprimido, los dos estaban colocados con la música. Trabajaban con ideas claramente inspiradas del álbum *Sketches of Spain* de Miles Davis, o riffs que posteriormente darían lugar a «Give And Take» o «Spanish Rose». Doug Rauch era sin duda una cara nueva en el grupo con sus auténticos cortes de funky que añadían un nuevo sabor a la esencia de Santana.

La tensión era grande, quizás tanto como en las sesiones de *Santana III* pero de índole diferente, esta vez los bandos quedaron claramente definidos, como lo describe Neal Schon: «David se había marchado, Carabello se había marchado, había nuevos componentes en el grupo y así fue como el sonido comenzó a cambiar. Ya no era Santana, y Carlos quería llevar al grupo en una dirección en concreto, todos teníamos diferentes opiniones sobre el camino que debería tomar el grupo. Así que como no estábamos de acuerdo con él, nos teníamos que ir. Michael Shrieve y Carlos se unieron y nosotros éramos el enemigo. Carlos y Michael querían producir el álbum, no querían que nadie más lo hiciese»[3]. Todos parecían estar instalando su equipo musical, disputándose las posiciones, averiguando qué era lo que querían hacer. Los arquitectos principales se pusieron nerviosos y hubo un momento en el que Shrieve casi se rinde y deja el grupo: «Estábamos todos ensayando. Pensé que debería estar en una situación musical diferente, donde quizás pudiese tocar de forma más ligera, pues el grupo era muy fuerte»[4]. El batería volvió, cargado de energía por unos conciertos sabáticos que había realizado con Luis Gasca, y finalmente el desintegrado Santana se puso a trabajar duro hasta el amanecer durante muchas noches. Tres hombres se encargaron de la dirección: Santana, Shrieve y Doug Rauch, quien añadió una gran dosis de funk y un toque para el nuevo éxito del año, The Mahavishnu Orchestra. Rauch también trajo a un viejo amigo suyo de Nueva York, Doug Rodríguez, para añadir partes de guitarra de auténtico funk, y Shrieve alistó al veterano saxofonista Hadley Caliman. Aunque su visión musical había cambiado, la forma de trabajar del grupo era la misma, se construía la música partiendo de jams, fragmentos de canciones, solos de elepés o cintas de actuaciones en directo. Cuando viajaban, Santana y Shrieve llevaban una grabadora con la que solían grabar los conciertos de los clubes por donde iban. Después escuchaban la cinta una y otra vez para encontrar ideas en un fragmento de la melodía. Shrieve comenzó a inspirarse rítmicamente del compositor ruso Igor Stravinsky y el guitarrista estaba inmerso en Coltrane y la música clásica india. Había un sentido de complicidad en la pa-

[3] *Zig zag,* 1977.
[4] *Melody Maker,* 2 de diciembre de 1972.

reja, estaban realizando un viaje y la nueva música iba más allá de los ritmos estándar. Al viaje le dieron el nombre de *Caravanserai* y cogieron a más autoestopistas por el camino.

La música en *Caravanserai* refleja las tensiones que había entre los músicos durante la grabación, es una convincente mezcla de insistentes acordes de fusión de jazz y algunos grooves de funky. Es probablemente el mejor y con certeza el álbum más complejo emocionalmente y puro de Santana. La cara A del disco está hecha como una suite donde cada pieza se fusiona con la siguiente, como una cohesiva declaración. El primer sonido es el saxofón progresivo de Hadley Caliman, que al ser grabado marcha atrás crea un tono hindú apropiado que encaja con el ambiente general de meditación. A medida que «Eternal Caravan of Reincarnation» toma cuerpo con los sonidos del doble bajo, guitarras sincronizadas y piano de jazz, el oyente se acuerda inevitablemente de «Astral Travelling», de Pharoah Sanders, y de su propio tema «Singing Winds, Crying Beasts». Mahavishnu influenció «Waves Within», donde comienza la acción emocional, con un simple concepto de dos acordes, cambios extraordinarios y una intensa percusión. Destaca más el sonido y la actuación de la guitarra de Santana que golpea al oyente con mayor pasión, un claro avance en el control técnico, menos base de blues y más tono de viento. El álbum continúa con un segmento latino-funky-rock, «Look Up (To See What's Coming Down)», lo que nos hace recordar la influencia de Sly Stone, War and Tower of Power, pero es más denso, alimentado por un salvaje wah-wah de guitarras, Hammond y los timbales candentes de Chepito. El primer tema vocal del disco es el simple pero atmosférico «Just In Time To See The Sun», un tema dirigido por los percusionistas y una magnífica guitarra, que da lugar a un virtuoso clímax. Le sigue una exuberante transición que da paso a «Song Of The Wind», una de las mejores grabaciones de Santana. El dúo de guitarra de Santana y Schon crea un estilo de música y una forma de tocar no conocida con anterioridad, excepto quizás por el trabajo de Gabor Szabo. Sobre una suntuosa nube de Hammond, la batería sensitiva y maravillosa de Shrieve y la conga de Mingo Lewis, los dos guitarristas tejen largas melodías; cada una podría haber sido el comienzo de una nueva composición. En algunos aspectos es una versión más refinada de la sección samba de «Samba Pa Ti» y definitivamente es primo hermano de la última parte de «Incident At Neshabur». No hay trastes histriónicos, solamente garbo y expresión, que nos hacen pensar en los solos de Miles Davis o Freddie Hubbard; Schon no abandonó este sentimiento hasta que grabó «Szabo» para Abraxas Pool al año siguiente. «Song Of The Wind» se convirtió en la plantilla del estilo de Santana durante los años siguientes. El batería Shrieve se llevó la maqueta a su casa para grabar sus partes de batería de nuevo; un gran riesgo como queda reflejado en el tema final. Después de seis minutos o más comienza el tema más lento «All The Love Of The Universe», una mezcla muy inteligente de flamenco, es el tema más latin-rock del álbum, el cual da a Rolie y Schon la oportunidad de realizar solos abrasadores.

La llegada de los discos compactos en los años ochenta no influyó de forma positiva en álbumes como *Caravanserai,* ya que se desdibujaba la clara distinción entre los dos lados de un disco, los cuales estaban programados para su efecto. Los productores pensaban que debía de haber un natural descanso entre «All The Love Of The Universe» y «Future Primitive» ya que eran totalmente diferentes. Con este último tema comenzaba la experimental segunda cara del álbum, que es una yuxtaposición alarmante de los sonidos del piano eléctrico de New Age y una de las más candentes percusiones que jamás se haya grabado. Este volcánico interludio aleja cualquier duda de las habilidades de Mingo Lewis y reafirma la inventiva y virtuosidad de Chepito Areas. «Future Primitive» es una visión clara de Michael Shrieve y ofrece una pista sobre su posterior carrera como solista. Sobre todo crea una tensión entre lo meditabundo y lo físico como ocurría en todo el álbum. Shrieve y Santana compartían la música durante este periodo y el batería fue una pieza clave para dar a conocer al guitarrista nuevos sonidos. Entre estos nuevos sonidos se encontraba la música de Brasil, donde se fusionaba la sensibilidad africana, la indígena y la romántica europea con el jazz para crear una forma musical única. La pareja estaba entusiasmada y «Stone Flower», un trabajo rítmico del legendario compositor brasileño Antonio Carlos Jobim, se grabó y se añadió al nuevo sonido Santana. Por cierto, el ritmo es el rasgo principal de «Stone Flower» de Santana, en la que se introduce la cuica, un instrumento de percusión brasileño que crea un sonido risueño y castañeteante. Los oyentes pueden haber detectado otros tonos interesantes como el bajo acústico de Tom Rutley y las voces de Santana-Shrieve, en la que es una de las pocas canciones animadas del álbum.

Tan pronto como James Mingo se unió a Santana demostró ser adecuado para el papel y puso de manifiesto su talento en el excelente «La Fuente Del Ritmo». Tiene la estructura de un jam cubano o «descarga», con su cautivador piano sobre el que se pueden escuchar algunas de las mejores improvisaciones de Santana. Se presentaron dos teclistas, Armando Peraza y Tom Coster: los dos mantendrían una relación crítica con Carlos y ambos estarán cambiando el grupo permanentemente. Mingo Lewis fue el que dio pie a la llegada de Peraza. Cuando Mingo se dio cuenta de que iba a volver a San Francisco como parte de Santana, comunicó a los otros su intención de buscar a un maestro de conga cubano que vivía allí, Armando Peraza. Carlos Santana recientemente se había encontrado con Peraza en una feria de arte en Mission e invitó al maestro al estudio de grabación. Coster fue invitado una tarde junto a Doug Rauch y grabó su solo sin haber escuchado la música antes. Muy pronto sintió las tensiones: «El ambiente del grupo era hostil porque se realizaban muchos cambios de personal y no todo el mundo estaba de acuerdo. A mí, por ejemplo, en un principio, me hicieron sentirme como si no fuese querido por el grupo y no sabía si iba a tocar o no. Uno de los que luchó realmente para que yo estuviese en el grupo fue Carlos y por eso me quedé.» Con «La Fuente Del Ritmo» queda instaurada la formación latin-jazz de Santana, solos increíbles de Santana, Coster y Peraza. Los bongos de Peraza dominan todo el tema, poniendo de manifiesto un nivel asombroso de virtuosidad y expresión, mientras que la pauta de Coster es simplemente magnífica.

El disco entero parece que se dirige hacia un clímax que se consigue con «Every Step Of The Way», que cierra el álbum e incluye una orquestación de viento de Tom Harrell que recuerda a «Las Vegas Tango» de Gil Evans y su orquestaciones para *Sketches of Spain* de Miles Davis. La música era tensa, un análisis a fondo de la relación entre la oscuridad y la luz. La oscuridad se presenta con una amenazante sección donde las guitarras y la percusión evocan un estado de tensión persuasivo mientras que la luz aparece en una segunda parte jubilosa que presenta una percusión estremecedora y unos solos excepcionales de Santana y el flautista Hadley Caliman. Era una música excepcional que contenía un nivel de exposición emocional asociado con el jazz junto a una fuerte intensidad espiritual.

Santana y Shrieve habían realizado una producción magistral consiguiendo la mayor concentración de percusión de cualquier álbum de Santana. Sobre todo, es el impacto emocional de *Caravanserai* lo que lo hace destacar de cualquier canon de Santana y lo ratifica como una de las grabaciones más importantes de principios de los setenta. El álbum se mantuvo por sí solo junto a las publicaciones contemporáneas de Miles Davis, The Mahavishnu Orchestra, Weather Report y todos los otros músicos que encabezaban la fusión de jazz. Esto se consiguió gracias a la maestría de músicos como Caliman, Coster, Rauch y Peraza, que tocaban jazz para ganarse la vida. Aparte de esto es el cambio en la forma de tocar de Santana lo que más llama la atención. Ya había hecho todas las cosas que un guitarrista de rock podía hacer y más, estaba trabajando solos que transmitían emociones complejas de la misma forma que lo haría un músico de jazz. Es probable que esto se debiera a la forma en que le cautivaron los improvisadores de jazz como Coltrane, junto a su determinación de llegar a ser un músico mejor. Fue su lucha por conseguir unos niveles más elevados lo que cautivó al oyente de *Caravanserai*. Aunque Columbia Records se preocupó de que la música no fuese comercial, Santana y Shrieve hubieran perdido de forma consciente el público para satisfacer sus necesidades emocionales de grabar esta música. Shrieve reveló el candor inocente de la pareja: «Pensamos que era atractivo, para el oído y para el alma. Me hacía sentir bien interiormente. Hay una especie de pureza en la música que la gente parece reconocer si presta atención»[5]. Inocente o no, millones de personas se conmovieron ante el increíble alegato musical y emocional.

Sin embargo, no todos estaban contentos. Rolie y Schon estaban hartos y se marcharon. Rolie se retiró del mundo de la música y se fue con su padre a dirigir un restaurante. Sin embargo, sus contribuciones al álbum dejaron huella y el sonido de su Hammond es una de las claves del éxito del álbum. Schon colaboró en el primer álbum de Azteca, un grupo que formó Coke Escovedo con muchos alumnos de Santana. Más tarde se unió a Michael Carabello en el estudio para el álbum en solitario del batería de conga que se editó años más tarde con el nombre de *Giants*.

Cuando *Caravanserai* se publicó en noviembre de 1972, Santana comenzó una gira por Estados Unidos, dando a conocer una nueva formación que mantenía a Rauch y Mingo Lewis y presentaba al pianista Richard Kermode. Richard llamó la atención del guitarrista durante una grabación de Luis Gasca en el verano de 1971: «Richard era un pianista muy campechano. Cuando Mi-

[5] *Melody Maker,* 2 de diciembre de 1972.

chael Shrieve y yo cambiamos todo, en 1972, con *Cara-vanserai* trabajamos con Tom pero pensamos que ne-cesitábamos a otra persona para los "guacheos" y "los tumbaos": Chick Corea, una especie de acompañante al piano de Eddie Palmieri, porque él conocía todo ello des-de dentro. Tenía un ritmo cadencioso, muy natural y be-llo y no le importaba no realizar solos para simplemen-te acompañar.» Armando Peraza y Tom Coster habían sido invitados para unirse y su llegada hizo que el grupo estuviese continuamente cambiando. Peraza ya era una figura legendaria en la percusión latina y el improvisa-dor de congas más dotado de entre los más grandes con-gueros. Escuchar a Peraza era lo más parecido a escu-char a Allah Rakah, el gran maestro de los tambores clásicos de tabla de la India. Era y sigue siendo el per-cusionista latino equivalente a un pianista de concierto; con Peraza en la formación, a Santana se le tomaría en serio en los círculos de la música latina. Tom Coster era un músico de jazz con una herencia mediterránea que encontró su vía de escape en un sentido melódico muy elegante. Su técnica e imaginación musical lo situaban entre los grandes; Chick Corea admiraba su trabajo. So-bre el ambiente de Santana en 1972 nos cuenta: «Las personas que se encargaban de la dirección de New San-tana Band eran Carlos, Michael y Doug Rauch, sin duda sabían como querían que sonase el grupo. Carlos siem-pre me pareció frío conmigo; tenía un aura especial que imponía respeto, cuando tenía una visión trabajaba sin descanso para hacerla realidad. Con el tiempo, Michael Shrieve se convirtió en mi mejor amigo en el grupo; también era una figura con autoridad, pero de una forma más gentil y amable. Mike trabajó duro para que el grupo triunfase.» Coster era una pieza clave para Santana, su forma de tocar era magnífica y era capaz de interpretar las ideas musicales más complejas. También le interesaba la meditación y entendía a John Coltrane y Miles Davis. Musicalmente, se convirtió en el amigo íntimo de Carlos durante los seis años si-guientes.

Cuando el nuevo grupo se dio a conocer ante el público americano se quedaron literalmente asombrados con la nueva música. Algunos se marcharon cuando se dieron cuenta de que «Evil Ways» no estaba en el menú, pero el repertorio incluía «Welcome» y «La Fuente Del Ritmo». El grupo fue acogido con grandes ovaciones y cuando llegaron a Europa con un mes de actuaciones (desde noviembre a diciembre) fueron recibidos como héroes. Siempre propensa a la exageración, la prensa de música británica tomó la palabra como si ellos fuesen los «descubridores» del nuevo Santana.

La música que se seleccionó en esta gira de 1972 fue principalmente escogida de *Caravanserai*, su embriagador brebaje fue capturado con estremecedora intensidad en el anfiteatro; Carlos tocó como un hombre nuevo y la pareja de teclistas formada por Tom Coster y Richard Kermode dejó al público anonadado. Aún más impresionante fue la magnética percusión del equipo formado por tres hombres: Chepito, Peraza y Mingo Lewis, tocando temas clásicos que daban paso a las nuevas sensibilidades de jazz del grupo. «Samba Pa Ti» e «Incident At Neshabur» en particular eran perfectos para el nuevo acercamiento. No hubo voces en esta gira, aparte de las ocasionales incursiones del guitarrista al micrófono en «Just In Time To See The Sun» y casi no hubo ninguna concesión ante las peticiones del público. De hecho, los músicos parecían ignorar a la audiencia, inmersos en su creación musical. Fue un planteamiento que funcionó.

Capítulo 9

Santana

Al finales de octubre de 1972 concluyó la gira por Estados Unidos y Carlos Santana fue a Nueva York para unos encuentros que cambiarían definitivamente su vida. Primero se reunió con el guitarrista inglés John McLaughlin para una sesión en directo. McLaughlin era de Yorkshire, al norte de Inglaterra, pero después de un tiempo en Londres y en Alemanía, se marchó a Nueva York y se vio inmerso en las sesiones del álbum clásico *In A Silent Way* de Miles Davis. Después de haber tocado en varios álbumes de Davis, formó su propio grupo, The Mahavishnu Orchestra, que tocaba con una intensidad tan virtuosa que el público quedaba asombrado. Carlos Santana era uno más entre el público y siempre que podía iba a verlos tocar en directo. Como siempre, como cualquier pasión nueva de Santana, no había término medio. El segundo encuentro fue con el guía espiritual de McLaughlin, Sri Chinmoy. Durante 1972 lo que Carlos necesitaba con urgencia era disciplina en su vida y tomar conciencia de que ser el último éxito en el superficial y efímero mundo de la música del rock no garantizaba nada excepto unos cuantos de millones en el banco. Sri Chinmoy era exactamente lo que Carlos estaba buscando en ese momento, una figura paternal que lo guiase lejos de los excesos de la vida del rock hacia la búsqueda de una satisfacción interior y una paz espiritual. En su búsqueda espiritual había pasado por Jesús, Yogananda y finalmente llegó a Sri Chinmoy: «Desde que era un niño siempre entendí a Jesús. Sri Chinmoy predica que Jesús es una ventana como Buda y Mahoma, pero la luz que entra viene de El Supremo»[1]. De este modo, Carlos fue aceptado como discípulo de Sri Chinmoy, dio el último paso de renuncia a la cultura de Woodstock y se cortó el pelo. Realmente no faltaba disciplina en su estilo de vida: «En esos momentos por nuestra relación con Sri Chinmoy, pensamos que eso era lo que necesitábamos hacer, aprender a meditar, levantarnos a las cinco de la mañana y meditar, no comer pescado, ni pollo ni nada. Era como la academia militar de West Point»[2]. Como siempre, Carlos se entregó de lleno a su nueva obsesión con un 150% de compromiso y durante los diez años siguientes fue un importante seguidor del místico bengalí. Se entregó por completo a su gurú, su compromiso fue total y en marzo su principal objetivo era «abrir un centro espiritual en San Francisco. Sí, es verdad, puedo ser un enlace para muchas personas de habla hispana que nunca han oído hablar al maestro». Es obvio que este entusiasmo puso muy contento al gurú: «Hace una semana llamé a Sri Chinmoy. Dijo que se sentía orgulloso de John y de mí, lo estábamos acercando a la gente.» Sin embargo, se diga lo que se diga sobre esta época, queda claro que Carlos iba totalmente en serio con su búsqueda espiritual y esto le llevó a crear una música excepcional.

Parecía inevitable que McLaughlin y Santana tuvieran que grabar juntos y eso fue lo que hicieron entre gira y gira, comenzaron en noviembre de 1972 y terminaron en mayo de 1973. El álbum fue literalmente un regalo de Dios para Columbia y rápidamente se dirigieron a los altos cargos de la organización para sugerir este emparejamiento, como John McLaughlin recuerda: «Estaba en California con Mahavishnu Orchestra; Carlos nos seguía por todas partes porque le encantaba el grupo. Luego volví a Nueva York y soñé que hacía un disco con él. Al día siguiente Clive Davis habló con mi manager y le dijo:

---

[1] *Melody Maker,* 10 de marzo de 1973.
[2] *Seconds,* marzo de 1995.

"¿Por qué no hace John un disco con Carlos Santana?" Es increíble cómo ocurren las cosas. Así que lo llamé y se trasladó a Nueva York. Cuando terminamos ya se había convertido en un discípulo de Sri Chinmoy.» El álbum se publicó en junio de 1973 e incluía colaboraciones de Armando Peraza, Doug Rauch, Don Alias, el batería de Mahavishnu Billy Cobham y el organista Larry Young. Las instrucciones de Carlos Santana para el disco fueron: «Principalmente quería aproximarme a Sri Chinmoy y hacer que todo el mundo conociese a Mahavishnu Orchestra»³. El disco del dúo fue una explosión de emoción pura. Algunas veces es como si la pareja quisiera expresar tanta pasión y tantas palabras musicales que parecen estar a punto de reventar. Y reventar es lo que *Love, Devotion, Surrender* consigue en la conciencia del oyente con grandes manifestaciones de creencia desesperada. La música que eligen refleja el viaje de descubrimiento que Carlos Santana había comenzado. Hay una ambiciosa versión de la obra maestra de John Coltrane «A Love Supreme», una lectura acústica de su tema «Naima» y un trabajo afrocubano del gospel espiritual «Let Us Go Into The House Of The Lord» (basado en la versión de Pharoah Sanders de su elepé *Deaf, Dumb, Blind)*. Todos los temas presentan largas improvisaciones de guitarra, alternándolas con notas devastadoras de éxtasis de McLaughlin y el estilo más lírico, ahora fusionado de Santana. Armando Peraza añade sus clásicas improvisaciones de conga y Larry Young sus etéreos interludios de órgano. Doug Rauch parece sentirse en casa con ese conjunto al ser un gran fan de Mahavishnu Orchestra. De hecho, Santana pensó que hubiera encajado bien con el grupo de McLaughlin: «Si se hubiera unido a Mahavishnu probablemente hubieran estado juntos por más tiempo, él y Billy Cobham se llevaban muy bien»⁴.

Era un álbum atrevido, comercialmente muy exitoso; pronto consiguió el disco de oro por todo el mundo. No

³ *Guitar Greats,* BBC, 1982.
⁴ *Seconds,* marzo de 1995.

es un disco muy cómodo de escuchar y «disfrutarlo» parece una expectativa excesiva para algo que es un alegato más que un producto de diversión. «Compelling» resume todo esto añadiendo «belleza» los interludios acústicos. La portada en la cual aparece McLaughlin, Santana y un radiante Sri Chinmoy, contento como si hubiese ganado la lotería, provocó algunas risitas. Al guitarrista no le importaba. Esta era su nueva pasión y nadie le pararía. Los dos eran como hermanos, pero parecía que McLaughlin actuaba como el hermano mayor de su nuevo amigo, dirigiendo la nueva vida de disciplina y complejidad musical; en un comienzo Santana estaba dispuesto a aceptarlo, tan abrumado se encontraba por el entusiasmo que le había provocado su camino espiritual: «John está más avanzado que yo. Yo soy un aspirante.» Estaban planeando una gira pero Carlos la canceló cuando comenzaron a entusiasmarse con la idea: «Íbamos a dejar nuestros grupos y formar un grupo juntos, John y yo. Estábamos organizando una gira pero no salió por culpa de todos esos tipos interesados en el dinero, que no piensan con el corazón. Pero necesitábamos gente así para llevar el negocio»[5]. Finalmente se organizó una pequeña gira para promocionar el álbum, que estaba ascendiendo en las listas, en un apretado programa durante el cual se entrecruzaron los caminos de los guitarristas durante dos semanas de agosto. Se llevaron a la formación básica: Peraza, Young, Rauch y Cobham comenzaron una gira intensa con largos solos y un gran avance de la técnica de Santana. El batería Billy Cobham era ya una figura legendaria en su técnica súper-rápida; se hizo amigo durante esta gira del infatigable Armando Peraza, que estaba encantado cuando Cobham le dijo que nadie podía igualarle. Naturalmente el maestro cubano demostró estar equivocado.

El repertorio básico del grupo incluía improvisaciones de «Flame-Sky», «Let Us Go Into The House Of The Lord»,

---

[5] *Melody Maker*, 10 de marzo de 1973.

«The Life Divine» y «A Love Supreme»; trajeron nuevas composiciones de Larry Young («I'm Aware Of You») y Billy Cobham («Taurian Matador»), junto a momentos más ligeros con «Meditation» y «Naima». Con uno de estos dos temas comenzaba la actuación, un momento de reflexión antes de comenzar «las tres horas de funk», como lo describió un ejecutivo de Columbia. De hecho, el ardor de la música en directo aumentó los termómetros uno o dos grados más en comparación con el trabajo en el estudio y se escuchaba más el órgano de Larry Young, dándole la oportunidad al público de oír el Hammond como si fuera un lienzo en el que John Coltrane dibujaba capas de sonido.

No hay duda de que Carlos Santana se sentía intimidado por el extravagante McLaughlin, posiblemente el guitarrista más consumado del siglo, pero se dio cuenta de que su voz tenía su propio valor intrínseco: «Durante la gira pensé: "¿Qué voy a hacer? Debería sacarle brillo a sus zapatos." Luego me di cuenta de que quizás no tocaba tanta notas, o no sabía tanto como él, pero si colocas tres notas en la posición correcta son igual de impactantes»[6].

Con la publicación del elepé y la gira en marcha, los dos guitarristas se convirtieron en objeto de acusaciones de hipocresía ridiculizando sus visiones espirituales. Santana recibió las críticas más duras. No encajaba con la vida del rock. Carlos sabía que si hubiera sido un músico de jazz con fuertes creencias espirituales como Pharoah Sanders o Yusef Lateef, nunca hubiera tenido que dar explicaciones, pero al ser «una estrella de rock», un papel con el que él no se identificaba, todos esperaban que desempeñase un cierto rol. No se trataba de la disciplina espiritual. Los críticos de la música eran reacios a la devoción ingenua de Carlos hacia el gurú subrayando que el rock'n'roll no es así. Eran difíciles de aceptar las ropas blancas, los gurús, el pelo corto; Carlos San-

---

[6] *Guitar Player,* agosto de 1999.

tana se enfrenta a esa desconfianza desde entonces. La verdad era que el mexicano había dejado el papel de «guitarrista estrella de rock» del mundo de la música. Rechazando la imagen rebelde de una estrella de rock, Santana se garantizaba el desprecio del mundo del rock.

Pensasen lo que pensasen de él, Carlos Santana estaba alcanzando niveles súper-humanos. Entre octubre de 1972 y los últimos días de diciembre de 1973 cumplió con un horario de grabación y conciertos que debería probablemente haber terminado con su vida. Durante esa época casi no tuvo un día libre y cuando terminó la gira europea comenzó con las sesiones de McLaughlin, luego la gira por Estados Unidos y luego Japón. El mexicano era un hombre con una visión espiritual que rayaba en lo mesiánico y su urgencia por llevar su nueva música al mundo no encajaba con un horario normal.

Por aquel entonces, el grupo de Santana estaba formado sobre un núcleo de componentes: Carlos, Mike Shrieve, Tom Coster y Armando Peraza. Chepito iba por el dinero y las chicas, mientras que Richard Kermode y Doug Rauch eran unos buenos músicos pero tenían problemas con su estilo de vida. Mike Shrieve adoptó una posición muy crítica con toda la historia; era el más cercano a Carlos en cuanto a la visión musical y Carlos confiaba en el apoyo del batería y en algunos aspectos en su dirección.

Antes de comenzar la gira, Carlos dio otro golpe maestro asegurándose la presencia en la gira del legendario vocalista neoyorquino de soul-jazz, León Thomas, quien había colaborado durante mucho tiempo con Pharoah Sanders y era una figura importante en el jazz. Thomas era un vocalista excelente e innovador. Mezclaba el estilo callejero, la fuerza negra con un fuerte sentido de lo espiritual. Aunque Carlos siempre había sido un gran fan de la movida de «soul-jazz» de Nueva York, fue un espontáneo flash de inspiración lo que le llevó a invitar a Thomas: «Estaba en un restaurante en Nueva York con mi esposa», explicó, «me acerqué a la máquina tocadiscos y tenían el disco de León Thomas. Fue cuando decidí llamarlo y ver si quería unirse a nosotros. Cuando lo llamé me dijo que había soñado conmigo. Le dije que nos íbamos de gira a Japón y me dijo que él siempre había querido ir a Japón, así que se vino con nosotros». Nació una alianza breve pero mágica, no fue todo de color rosa como cuenta Tom Coster: «No me interesé por Leon Thomas, definitivamente era una persona con talento pero alguien muy difícil para ir de gira. Nunca estaba contento y siempre estaba pidiendo cosas al grupo, nunca pensaba en lo que podía él hacer por el grupo.»

A finales de enero de 1973, Santana comenzó su primera gira mundial. La excursión de 312 conciertos le llevaría a cada esquina del globo terráqueo en un horario que hubiera acabado con cualquier otro grupo. En medio de esta gira, el 20 de abril, Carlos Santana se casó con Deborah King, la hija del guitarrista de blues Saunders King que había tocado con Billie Holiday. King fue una de las primeras estrellas del blues durante la segunda guerra mundial y tuvo una gran influencia musical en Santana.

La gira comenzó con un gran recorrido por Estados Unidos, interrumpido por la grabación de su siguiente álbum, *Welcome*. Luego continuó con paradas en Japón y el Extremo Oriente, Australia, Nueva Zelanda, para terminar con otra vuelta por Estados Unidos. El nuevo compromiso espiritual de Santana le llevaba a pedir al público un minuto de silencio meditativo antes de cada actuación, algo que, a veces, no era muy bien recibido. El repertorio de Santana contenía un embriagador brebaje de una corriente musical que probaba con el gospel neo-clásico («Going Home»), con algo de funk («A-1 Funk», «Free Angela»), daba un enfoque del jazz brasileño (una toma de «Xibaba» de Airto y el recientemente escuchado «Promise Of A Fisherman»), mostraba las nuevas amistades («Castillos De Arena», una colaboración con Chick Corea), un repaso musical a Michel Colombier («Wings») y lanzaba los temas favoritos de rock de Santana como épicas de jazz-fusión («Se A Cabo», «Incident At Neshabur»). Se presentaba nuevo material de *Welcome* y algunos temas clásicos de León Thomas fueron incluidos en el repertorio, «The Creator Has A Master Plan», «Um, Um, Um» y un arreglo vocal de Thomas de «Japan» de Pharoah Sanders.

A pesar de los nuevos logros, el sabor afrocubano aún seguía ahí y la asociación Peraza-Areas estableció nuevos estándares para la percusión latina mundial; estaban inspirados y esto se reflejaba en temas como «Batucada», «Bambele» y «Savor». Otros músicos como Tom Coster quedaron embelesados por la pareja: «Armando y Chepito eran dos de los mejores percusionistas con los que yo he actuado, eran unos monstruos y cuando realizaba un solo los dos me seguían. Ambos escuchaban cuidadosamente lo que yo estaba tocando y complementaban cada línea musical que yo tocaba. Juntos alcanzaríamos metas musicales increíbles». El grupo estaba actuando como un grupo de jazz; cuando Santana o uno de los pianistas hacía un solo, los tambores reproducían el ritmo instantáneamente en sus tambores, creando una conversación musical. Era como si los músicos se estuvieran comunicando por telepatía.

Santana, en 1973, consistentemente evocaba un brebaje similar a aquel de Miles Davis. El grupo a menudo tocaba un repertorio de dos horas, que se realizaba casi sin interrupción, unido por inventivas partes musicales. En un año, la forma de tocar la guitarra de Santana había alcanzado un gran nivel de control y expresividad. Tenía un nuevo tono más completo que expresaba la fuerza de las pasiones espirituales, el sonido era más parecido a un saxofón tenor, la herramienta más grande de los solos de jazz. Su habilidad técnica parecía haber dado un paso hacia delante y las notas desafinadas desaparecieron sustituidas con un estilo controlado de bop. Aparte de esto, había comenzado a imitar el mecanismo de un músico de jazz incorporando citas musicales de otras canciones de músicos en sus solos y de esta forma, en esta gira, los solos de Santana estaban car-

gados con pequeños extractos de Coltrane («My Favou-
rite Things» y «Afro Blue»), Jimi Hendrix («3rd Stone From
the Sun»), Freddie Hubbard («First Light»), Airto Moreira
(«Jive Talking»), The Beatles («Within You Without You»
y «Fool On The Hill») y Weather Report («Boogie Woo-
gie Waltz»). Se convertiría en un rasgo característico del
estilo de guitarra de Santana.

En los escenarios del mundo, New Santana Band continuaba presentando la vieja dualidad; Carlos Santana
vestido completamente de blanco a un lado del escenario, mirando al cielo en busca de inspiración, y al otro
lado del escenario Chepito Areas mirando lascivamente
a las mujeres del público y con sus insinuaciones fálicas.
Sin embargo, el avance musical de Areas fue increíble y
junto a la relación de teclado Coster-Kermode, el guitarrista había encontrado dos estilos diferentes pero que
conectaban muy bien. León Thomas y Armando Peraza
eran genuinos innovadores de jazz, Doug Rauch, un maestro de funk y Mike Shrieve finalmente había encontrado un hogar para su maravilloso jazz-rock de batería.
Toda esta masiva energía del grupo se encuentra en el
clásico *Lotus,* un álbum en directo que presenta el material de un par de conciertos en Osaka. Dio la vuelta al
mundo como un producto de importación. *Lotus* dividió
a los fans de Santana, entre aquellos que estaban encantados con la nueva dirección y los que la odiaban.
Aun así, a pesar de la preferencias personales de cada
uno, el disco es sin duda un documento de un grupo de
músicos que trabajan juntos en un momento de máxima creatividad.

La parte más significante de la gira se realizó durante
los meses de septiembre y octubre por Latinoamérica. Era
un importante regreso de un grupo que tenía a tres famosos componentes latinos, Carlos Santana, Chepito
Areas, y Armando Peraza. También sería una de las giras
más estresantes e importantes de la historia de Santana.

La larga gira de un mes llevó a Santana a México,
Guatemala, El Salvador, Costa Rica, Panamá y Nicaragua, luego a Sudamérica con fechas en Venezuela, Co-

lombia, Argentina y Brasil. Era un territorio desconocido para el grupo y el ambiente estaba cargado de tensión. Mientras que la política de México y Costa Rica había permanecido estable durante medio siglo, el resto de la región se encontraba en plena agitación; Guatemala se encontraba bajo un gobierno militar desde 1954 y una guerra civil de baja intensidad ardía desde entonces. El Salvador tenía igualmente un gobierno militar, Nicaragua se rebelaba ante una dinastía de gobiernos de generales apoyados por Estados Unidos. El continente Sudamericano aún era peor, Chile acababa de sufrir un golpe militar que había causado miles de muertos y el país no se podía visitar. Brasil estaba resurgiendo económicamente, pero el precio que se estaba pagando era el de un gobierno militar y una brutal represión de los «izquierdistas». Mientras tanto, Argentina estaba resquebrajada por los conflictos militares y las facciones peronistas. Parece increíble que se planificase esta gira, especialmente después de las experiencias de 1971 en Lima, una ciudad que no estaba dentro del itinerario de la gira. Aún así, a pesar de todos los conflictos políticos de la región, los conciertos fueron recibidos con gran histerismo; se realizaron en los estadios de fútbol, que albergaron a 30.000, 40.000 o 50.000 personas.

Cuando el grupo llegó a Managua, Nicaragua, se encontró rodeado de prensa, un grupo de Mariachi y una masa humana merodeando alrededor. La vuelta de Chepito Areas a su país natal fue el centro de atención, los fans rodeaban al pequeño percusionista contándole historias y pidiéndole entradas, autógrafos y cualquier cosa. Los músicos alcanzaron la seguridad relativa del autobús y se adentraron en la capital. Los fans seguían allí, montados en motos, inclinados sobre el autobús y pasando pequeños trozos de papel para autógrafos. Dentro del estadio, la multitud pedía el renacimiento de un momento de Woodstock. Gritaban «sacrificio, sacrificio, sacrificio», la muchedumbre iba y venía como si se tratase del público de un partido de fútbol. La mayoría eran hombre jóvenes; un hombre se abrió camino entre la multitud arrojando un banco de madera de casi dos metros de largo por encima de su cabeza.

El concierto comenzó con unas palabras de Carlos al público. Pidió el habitual minuto de silencio, explicó que la música es como un mango que Dios les había dado, no un mango común, sino uno lleno de energía muy significativa y espiritual. Los otros componentes del grupo lo miraron asombrados mientras juntaba sus manos en señal de oración y parecía bendecir a la muchedumbre. Mientras tanto, en el hirviente estadio, sacaban a los fans semi-conscientes de entre el tumulto. La yuxtaposición de lo etéreo y de la realidad económica brutal estaba ante los ojos del mexicano. «Samba Pa Ti» provocó una reacción salvaje, los fans apretujados contra la barrera de madera que había entre ellos y el escenario, un mar de carne enloquecida que el guitarrista sentado parecía no notar. El clímax del concierto fue con «Toussaint L'Overture», cuando Coster y Santana exteriorizaron cada ultima gota de pasión. Aquellos que podían bailaban, el resto permanecía como sardinas en lata. Dicen que algunos murieron entre el tumulto.

Mientras Michael Shrieve y Carlos Santana expresaban su deseo de que la música ayudase a cada miembro de la audiencia a darse cuenta de su propio «ser espiritual», comenzaban las batallas entre la policía, los militares y los fans durante algunos conciertos. El grupo se encontraba en medio de una agitación política. En Nicaragua hubo rumores de manifestaciones por el precio de las entradas, la gente de los *barrios* no podía pagar esa cantidad. Santana y Shrieve no podían ponerse en el lugar de la gente o cambiar sus circunstancias económicas. Eran simplemente músicos. Estarían de vuelta en California en un mes y Latinoamérica volvería a otras dos décadas de violencia y tormento. Todo el pesar fue capturado en una extraordinaria película, *Santana En Colores*.

Cuando el grupo finalmente volvió a Bay Area, estaban agotados emocionalmente y más tarde admitieron que habían pensado en abandonar la gira por tanta presión. Tom Coster se mostró profundamente afectado por la experiencia: «Siempre recordaré la gira por Latinoamérica, algunas cosas buenas y otras no tan buenas. La música era genial al igual que muchas otras experiencias, pero la locura de la gente de algunos países tan emocionados por ver y escuchar al grupo era un peligro. Algunos perdían la vida intentando entrar en los estadios y quedaban apretujados hasta morir en el intento de acercarse al grupo. Estas son experiencias que me gustaría olvidar.» Era obvio que la intensidad de la gira de 1973 no podía continuar y después de otra visita a Europa en noviembre y diciembre, el año y el nuevo grupo Santana terminaron en The Winterland en San Francisco.

No se puede exagerar el éxito de esta encarnación del grupo Santana. En 18 meses habían llegado a rivalizar con el grupo de Miles Davis y con Weather Report como uno de los grupos de fusión más innovadores y consumados. Nadie tocaba latin-jazz-fusión tan bien como Santana. El grupo contaba con numerosos músicos virtuosos: Peraza, Chepito, Shrieve, Coster y Thomas; todos eran líderes en sus campos y Carlos Santana había surgido, después de su contacto con McLaughlin, como uno de los más exquisitos guitarristas e instrumentalistas. Su técnica quedaba muy lejos del tipo que grabó «Waiting». Sus enemigos, y había muchos, pueden que se burlasen, pero se trataba del mismo chicano que habían conocido en la zona de Bay Area tocando blues, quien ahora estaba en compañía de Chick Corea, John McLaughlin y Miles Davis.

Si había una habilidad que había ayudado a Carlos a alcanzar el nivel más alto de jazz, fue su habilidad innata para transmitir una canción heredada de su padre. Joe Zawinul de Weather Report, uno de los mejores músicos de la época, dijo que esto era uno de los mejores dones de Santana: «Siempre he sido un fan de Santana. La razón principal es que sabe tocar una melodía y hace que cada nota sea significativa, y por eso lo considero mi guitarrista favorito. Hay muchos, muchos guitarristas en el mundo probablemente mejor que él en cuanto a la pureza en la técnica, pero eso no es música.» Ser capaz de mantener una melodía es la primera habilidad que necesita un músico de jazz, seguida por un fuerte sentimiento hacia el blues y luego una técnica afianzada. Carlos contaba con los dos primeros requisitos y rápidamente estaba consiguiendo el tercero. Su apoteosis estaba completándose.

Aunque el nuevo grupo Santana no era un colectivo como el primero, no dejaba de ser un grupo. Todos los músicos contribuyeron enormemente para el arreglo de la música y sin duda no eran un simple grupo que acompañaba al guitarrista. Este era el espíritu que caracterizó el siguiente elepé, grabado durante tres semanas en mayo y junio entre las numerosas actuaciones en directo de aquella época. Tenían nuevas composiciones de Tom Coster, Richard Kermode, Doug Rauch y Chepito Areas, así como de Santana y Shrieve. El disco contenía un vertiginoso espectro de estilos musicales en una serie de actuaciones cohesivas. Carlos, que había aceptado el nombre espiritual de Devadip, realizaba unos sorprendentes solos de guitarra. Puede que esta mezcla de estilos fuese un reflejo de una repentina deficiencia de su actuación causada por su contacto cercano con los virtuosos del jazz como McLaughlin, Corea y Alice Coltrane. Otra característica de *Welcome* es que la ligera producción crea una cálida atmósfera muy agradable de escuchar. Realmente carece de la pureza emocional de *Caravanserai*, reflejo de una situación más estable; sin embargo evoca un ambiente apacible que hace que su título sea muy apropiado. Gran parte del crédito se debe al ingeniero Glen Kolotkin, quien maneja de forma magistral la compleja instrumentación.

La música comienza con «Going Home», inspirado en un espiritual afroamericano. La versión de Santana está basada en una grabación hecha por Alice Coltrane en su álbum de 1972 *Lord Of Lords* en un contexto clásico, reflejando la publicación de la canción como el segundo movimiento de la famosa «Sinfonía del Nuevo Mundo» de Dvorak. En el álbum de Santana las cuerdas son sustituidas por majestuosos órganos y una percusión serpenteante, creando un ambiente de ensueño de gran belleza. «Going Home» es un cálido abrazo musical. El álbum continúa con un nuevo tipo de latin-pop con el tema típicamente sencillo de Santana «Love, Devotion and Surrender», que comienza con un increíble pasaje de guitarra y que abre paso a tres vocalistas, Santana, Wendy Haas y León Thomas, quienes realizan una actuación estrambótica. Un rasgo de esta canción y del álbum es el colorido constante obtenido gracias a los teclistas que se complementan el uno al otro sin cruzarse, como hacen en el groove de salsa de Chepito Areas «Samba De Sausalito», un tema que surgió en un jam de estudio que el grupo hizo con el batería Tony Smith. Aquí destaca Tom Coster en su solo de piano eléctrico. La primera oportunidad para oír a León Thomas llega con el tema ligero «When I Look Into Your Eyes»; el público de Santana es deleitado con su voz africana, los retumbantes bongos de Peraza y una curiosa coda funk. Uno de los triunfos de *Welcome* es «Yours In The Light» con influencia de la bossa-nova brasileña, una increíble composición de Richard Kermode con una rica melodía realizada por la incomparable cantante brasileña Flora Purim, que había destacado últimamente por su trabajo con Chick Corea. El solo de guitarra de Carlos Santana en este tema es uno de los mejores de su carrera; está construido con gran perfección, altamente expresivo y rico en melodía, mientras que Kermode demuestra por qué es considerado uno de los mejores exponentes del piano latino.

La cara B de lo que ya era un buen disco es más compleja, comienza con «Mother Africa», una exhibición de percusión durante la cual Peraza, Areas y Shrieve se sitúan como los líderes de este campo. El uso de la marimba y de la flauta con sintetizador evoca el espíritu del continente, antes de escuchar el persuasivo saxo soprano sobre los acordes de piano de Tom Coster, que recuerdan el espíritu de «Deaf, Dumb, Blind» de Pharoah Sanders. El saxofón lo tocaban Jules Broussard, un antiguo colega de jazz de Coster en Bay Area, que comenzó a relacionarse con el grupo. Coster demuestra su habilidad como arreglista con el resonante tema de soul «Light Of Life», que contiene un eco maravilloso al igual que la moderada pero rica voz de León Thomas. La exhibición instrumental del álbum llega con «Flame-Sky», al estilo de Mahavishnu Orchestra. Comienza con Carlos y Shrieve a dúo, ambos tocando con pasión e inventiva antes de que una de las notas sostenidas del legendario guitarrista llevase el tema hacia una sección más contundente de teclado. La guitarra de Santana se acelera, antes de que comience el solo de John McLaughlin en una especie de «Infierno» de Dante, y la música llega a alcanzar un escalofriante clímax. Después de la pasión viene la meditación y el álbum se cierra con una lectura apacible de un clásico de John Coltrane, «Welcome», una actuación llena de sensibilidad en la que Santana demuestra su habilidad para expresar una melodía en una versión menos estridente que el tema original de Coltrane.

Santana Band estaba en la cima de sus destrezas musicales. Una relación musical creativa de un alto nivel y con una empatía entre los músicos normalmente reservada para el jazz. A pesar de esto el mejor lugar para escuchar al grupo era en directo; este álbum da una pista de su estilo con una gran muestra. Todos los elementos claves están aquí. El romanticismo de Santana, la expresividad en la guitarra; la exuberancia del bajo de Rauch; la singular asociación en el teclado entre Coster y Kermode dando textura e interés a cada acorde; la singular voz de Thomas y la sección de percusión más lograda del momento con Peraza, Areas y Shrieve. *Welcome* sigue siendo uno de los mejores momentos de Santana, con su casi tangible aire de paz.

Capítulo 10

Santana

A finales de 1973 Santana había llegado al mundo de la fusión-jazz y se lo iban a tomar muy en serio. Cuando Carlos se convirtió en discípulo de Sri Chinmoy, le pareció haber completado el círculo, ya que John Coltrane y Pharoah Sanders también habían sido buscadores de la «verdad» espiritual. Ahora que Carlos se había situado como un exquisito instrumentalista, estaba preparado para trabajar con una figura de jazz importante, la esposa de John Coltrane. Alice Coltrane había sido la pareja espiritual del legendario saxofonista y había continuado con su legado, grabando una serie de álbumes sorprendentes que transportaban el elemento espiritual del jazz al hogar del oyente. Sus álbumes oscilaban entre embriagadoras sesiones de libre-jazz en grupo *(Journey In Satchidananda* y *Ptah The ElDaoud)* y expresiones orquestales densas *(Lord Of Lords);* ella disfrutaba de todo el respeto que merecía tener la viuda de John Coltrane pero también era un músico excelente e innovador. De nuevo, fue Sri Chinmoy el elemento conector entre Santana y Alice Coltrane: se unieron para colaborar en «Going Home». Junto a sus dos hermanos musicales del momento, Tom Coster y Armando Peraza, y cargado de energía espiritual, Santana y Alice Coltrane: entraron en el estudio en la primavera de 1974, habiendo tocado un par de veces juntos en Estados Unidos en marzo junto a John McLaughlin. Una de estas actuaciones en Nueva York dejó a Frank Rose del Village Voice casi sin habla de admiración: «Santana, McLaughlin y sus esposas se unieron a Alice Coltrane en "A Love Supreme". La experiencia fue inolvidable. Después del homenaje presentado por McLaughlin a John Coltrane, los músicos de forma gradual van apareciendo mientras Mahalakshami y Urmila comienzan a cantar. La guitarra eléctrica de Santana rápidamente toma su curso quedando los otros atrás antes de volver a su posición»[1].

La colaboración Santana-Coltrane se tituló *Illuminations*. Con su publicación en septiembre de 1974 se ponía de manifiesto lo lejos que había llegado Santana, en un álbum comparable con los propios discos de Alice Coltrane y otros muchos de Pharoah Sanders. La mayoría del material fue compuesto por Santana y Tom Coster, exponiendo el nivel de profundidad y empatía de la pareja para las composiciones que iba más allá de lo que cada uno de ellos había logrado hasta entonces. Cristalizaba la relación entre los dos; Coster tenía una base en la teoría de la música que ayudaba a poner en práctica las ideas de Santana. Alice Coltrane añadió una composición, «Bliss: The Eternal Now», tocaba el arpa y añadió arreglos de cuerda que recordaban a sus propios álbumes clásicos. Su orquestación tendía hacia el dramatismo y la grandiosidad, sus puntos de referencia eran el trabajo del moderno compositor americano, Alan Hovhaness, que había desarrollado capas de sonido sinfónico que reflejaban la majestuosidad de la naturaleza de las formas musicales. La flauta dramática de Jules Broussard es el primer instrumento que se escucha en «Angel Of Air», antes de que sea arrastrado al cálido encuentro del bajo de Dave Holland y los enriquecedores arreglos orquestales. La melodía de Carlos en su guitarra nos hace recordar «Astral Traveling», aunque aquí toca de forma más fuerte e inventiva. La parte del bajo tiene sus raíces en la música latina, pero los giros culminantes de la música dejan mucho espacio para que los solistas demuestren su dinámica. El trabajo de Jules Broussard es increíble, mientras que la presencia de Ali-

---

[1] *Village Voice,* 14 de marzo de 1974.

ce Coltrane se deja notar con las notas ocasionales de arpa. Es una música desafiante, difícil y sofisticada. En un principio volvieron a aparecer las deficiencias de jazz del mexicano, hasta que la pianista le animó a tocar más de lo que él había pensado: «Había compuesto la mayoría de las canciones para este álbum con anotaciones para que otra gente las tocase en el momento adecuado. Yo no tocaba mucho. Ella dijo: "Ese no es el problema. Tienes que tocar porque tu presencia es necesaria".»

El tema de Alice, «Bliss: The Eternal Now», tiene unos arreglos de orquesta abiertos, transportando la música a los reinos de compositores modernos como Stravinsky. Este tema también tiene un oscuro sentido de premonición, quizás desvelándole la otra cara espiritual de la moneda, la lucha por la consecución.

La otra parte de la música comienza con «Angel Of Sunlight», un tema sorprendente empapado de raga, latin-jazz, con Santana, Alice Coltrane y Jules Broussard tocando improvisaciones intensas contra el atronador y persuasivo telón de fondo de los tambores de Jack De Johnette, las congas furiosas de Peraza y la tabla de Phil Ford, junto a un bajo obstinado. La profundidad de este tema captura algo del espíritu de John Coltrane, Carlos realiza un solo extraordinario en una escala empapada con notas negras hindú. Alice Coltrane lleva su Wurlitzer Organ con un tono mundano hacia un estado de trance. La increíble sección de ritmo de Jack de Johnette, Dave Holland y Armando Peraza encaja con la intensidad de los solistas, creando un subtexto musical dentro del mismo tema. Broussard se sentía como un hombre saltando de un avión, sin saber si el paracaídas se iba a abrir o no. *«Illuminations* fue un reto porque nunca había hecho nada así, siempre fue divertido aunque intenso. Alice Coltrane me ayudó, yo le daba la lata todo el tiempo, tenía una grabadora en su teclado y tocaba cualquier cosa, no sé si todo el mundo se da cuenta de lo bien que toca. En ese álbum toqué más allá de mis limitaciones, nunca me consideré un flautista pero me enseñaron a creer. Se trataba de eso, de creer.» La forma de tocar de Broussard en este tema le sitúa como una fuerza mayor en el mundo del saxofón de jazz, y «Angel Of Sunlight» se encuentra entre las grabaciones más importantes de Santana. Tom Coster también se sintió conmovido con las sesiones de *Illuminations*: «La experiencia de trabajar con Alice Coltrane fue sorprendente, me encantaba hablar con ella sobre su último marido, John Coltrane, en quien siempre me había inspirado musicalmente y como persona. Alice tenía un aura especial cuando hablaba de John y eso me cautivaba, siempre quería saber más de él y no podía aguantar las ganas de hablar con ella de John. También me encantaba la forma que tenía de tocar el órgano, su concepto era único y su sentimiento hacia el instrumento era algo sorprendente. Grabamos la sección de cuerda en Los Ángeles, fue emocionante escuchar sus arreglos.»

El álbum termina con una vuelta a la serenidad con el tema libre en sus formas rítmicas «Illuminations», que establece una rica pero oblicua melodía Santana-Coster sobre una sección de cuerda de igual exuberancia, plasmando una desafiante serie de contrapuntos; al principio parece enfrentarse armónicamente pero en conjunto crea un sentido de serenidad espiritual.

Illuminations es una grabación notable para Carlos Santana, al mezclar como lo hizo su sensibilidad lírica por la guitarra con las melodías sobre las que trabajaron él y Tom. Es comparable a la mayoría del jazz de la época. Parecía que Carlos y Coster finalmente habían despegado hacia el reino espiritual de la música, pero poco comercial. Era obvio que Columbia quería obtener en breve una compensación. Los álbumes del grupo Santana cubrían los gastos de los proyectos como *Illuminations* y otros, cuando el grupo se reagrupó para grabar su siguiente álbum, el cual se llamaría *Borboletta,* estaban obligados a conseguir ventas con el vinilo. Esto se enfatizó por la publicación en agosto del primer *Greatest Hits* de Santana, que contenía todo el material de los tres primeros álbumes de Santana Band y que rápidamente se convirtió en disco de oro.

Carlos Santana se estaba acostumbrando a la presión, pero había cosas más importantes que el elepé: un nuevo grupo, pues el problema era que no había grupo. De hecho parecía que estaba acabado: «En realidad, el grupo para mí [1973] no existe. Todo mi ser demanda algo diferente. El año pasado pasó, y fue muy bueno, realmente bueno. La energía aún estaba allí, la energía aún está allí pero creo que Chepito y Michael están cogiendo caminos diferentes al mío. Los dos están trabajando en álbumes suyos.» Con Shrieve y Chepito destinados a seguir sus propios caminos, los lazos finales con el auténtico Santana quedaban rotos, Carlos estaba al mando de todo. Sin embargo, el guitarrista todavía no podía abandonar Santana Band y en mayo juntó un grupo para grabar algunos nuevos temas. La formación incluía a David Brown, Chepito, Shrieve, Coster y Peraza, y se añadió un vocalista al estilo de Larry Graham, León Patillo. El sonido de la música era de Stevie Wonder mezclado con Sly Stone y gospel. El cantante Patillo fue un gran hallazgo, había crecido con Sly Stone y se estaba adentrando en la tradición del gospel negro: «La música gospel siempre ha sido parte de mis raíces», explicó Patillo. «Solía tocar el órgano en la iglesia a la que iban mis padres en San Francisco, Carlos y yo hablamos sobre la música gospel, él es un hombre muy espiritual, lo que queda reflejado en su generosidad con su grupo.» León Patillo también dominaba el piano eléctrico, el sonido dominante de los recientes álbumes de Stevie Wonder, *Talking Book* y *Innervisions*. La publicación en otoño de *Borboletta* de Santana presentaría el piano eléctrico de Patillo en la mezcla. Más que soul, los ingredientes claves de *Borboletta* serían el jazz y elementos brasileños, dos conjuntos de músicos fueron seleccionados para trabajar estos aspectos. Entre ellos estaba el batería Ndugu León Chancler y el notable equipo formado por el matrimonio brasileño, Airto Moreira y Flora Purim. El saxofonista Jules Broussard se quedó. Parecía que Carlos estaba intentando igualarse al grupo Return to Forever de Chick Corea.

A pesar de la congestión en el estudio, el álbum resultante fluye muy bien y es sin duda uno de los mejores. Entre lo más destacado se incluyen dos improvisaciones brasileñas, un saludo a «Superstition» de Wonder en «Give And Take», y algunos momentos climáticos de gospel en «Life Is Anew» y «Practice What You Preach», que presenta un pasaje clásico de blues de guitarra de Santana. En general, la forma de tocar del guitarrista en este álbum queda lejos de sorprender. Tom Coster destaca en un sorprendente viaje por los trópicos («Canto De Los Flores») y el sorprendente «Aspirations», un modo de free-jazz que captura algunas de las mejores formas de tocar de Jules Broussard en un lienzo etéreo de sonidos naturales, órgano, conga y bongos.

Sin embargo, el logro real del álbum fue un segmento de una música experimental, una de las mejores secuencias que se pueden encontrar en la discografía Santana. Comienza con «Here and Now», una serie de ecos de Alice Coltrane, McCoy Tyner y The Mahavishnu Orchestra, con una mezcla de riffs esotéricos, piano abstracto y pesados tambores. En algunos aspectos es una introducción al excepcional «Flor De Canela», un resto de la gira de 1973, con Armando Peraza y Airto Moreira llevando la música de Santana a un nuevo territorio. El telón de fondo del teclado del órgano y el piano eléctrico sostiene una bella, enigmática melodía de la cual emana una interacción entre la guitarra y el órgano. El clímax de *Borboletta* se encuentra en «Promise Of A Fisherman», una devocional aventura brasileña que llegaba de manos de Dorival Caymmi, que cautivó el oído del guitarrista mientras se encontraba de vacaciones en Hawaii el año anterior. En una actuación casi posesa Carlos, Coster, Armando, Stanley Clarke, Airto y Flora crean un clásico éxtasis, etéreo. La mezcla de la voz etérea de Flora, la percusión de Peraza y Airto, junto al solo de órgano urbano, funky, de Coster hubiera sido una pincelada suficiente, pero Carlos le añade uno de sus mejores y más intensos pasajes. El impacto emocional y espiritual de esta improvisación no puede ser exagerado, supera muchos de los encuentros espirituales de *Love, Devotion, Surrender;* a veces parece salvaje y fuera de control. Si esta era la apuesta de Santana sobre Return To Forever en su propio juego era una buena baza, otro gran avance para el grupo.

Muy poco de *Borboletta* tenía que ver con la música rock. Los músicos en la sesión sabían que el guitarrista estaba creando algo especial, como Airto Moreira recuerda: «Hicimos "Spring Manifestations" y "Borboletta" libres en el estudio, música libre; lo hice como presentación y luego Carlos trabajó con ello y lo mezcló bien, añadiéndole algunas cosas. Le dio su toque personal y sonaba mucho mejor, mucho mejor que cuando lo acabó. Cuando lo grabé sólo eran improvisaciones, las convertía en canciones y me daba los créditos».

El álbum no consiguió el oro con rapidez en Estados Unidos y provocó algunas preocupaciones en las oficinas de Columbia. Por consiguiente se ha pasado por alto muy a menudo debido a las escasas ventas en Estados Unidos. En el resto del mundo fue un gran éxito alcanzando la cima de las listas en Yugoslavia, Australia, Nueva Zelanda e Italia, donde fue número uno durante catorce semanas.

No obstante, el éxito internacional del álbum no podía cubrir sus escasas ventas americanas y surgirían más problemas con una gira por Estados Unidos programada para agosto de 1974. Santana comenzaría a actuar en directo de nuevo después de nueve meses de descanso. Dos días antes del primer concierto surgió el primer problema cuando Mike Shrieve dejó el grupo. «Estuve pensando en dejar al grupo por algún tiempo y realizar mis proyectos en solitario», explicó Shrieve, «pero iba a esperar a que terminase la gira antes de marcharme. Pero una semana antes de la gira comencé a sentir dolores, me llevaron al hospital y descubrieron que tenía piedras en el riñón. La gira comenzó mientras yo me estaba recuperando, luego todo se me ocurrió de golpe en la cama del hospital. Comencé a pensar en todas las razones por las que dejaría al grupo y los llamé dos días antes de la gira y les dije que aparte de no poder realizar la gira iba a dejarlo».

La marcha de Shrieve fue un gran golpe para Santana, había sido su gran compañero y su guía en el mundo del jazz. Aunque Carlos siempre parecía ser el líder frente al público, Shrieve había colaborado mucho en la dirección de *Caravanserai* y *Welcome* y el éxito de la gira de 1973 fue tanto un triunfo suyo como del guitarrista. Sin embargo, fundamentalmente, Michael Shrieve (y Gregg Rolie) no tenían una pasión innata por la percusión latina o por la música afrocubana, así que no tenían una razón concreta para seguir el concepto musical de Santana. Carlos Santana, por otro lado, se había convertido en un aficionado del legado afrocubano y pensaba que el papel del grupo Santana era difundir este legado por todo el mundo. Incluso olvidando el nombre del grupo, el guitarrista era el único miembro de Santana que no podía dejar al grupo sin que este dejase de ser Santana. Estaba atrapado y ahora tenía que dirigirlo solo.

Comenzó la búsqueda frenética de un nuevo batería y, como Bernard Purdie no podía, buscaron a Ndugu León Chancler. Quizás era la elección obvia ya que había tocado en algunos temas exploratorios que encontraron su camino en *Borboletta*. Su expediente como batería de Miles Davis en 1971, habiendo completado *Tale Spinnin'* con Weather Report, le hacían contar con las credenciales que Carlos estaba buscado. Ndugu iba a ser un elemento de gran importancia en Santana durante los dos años siguientes, la nueva formación emprendió la gira en agosto de 1974 por Estados Unidos, una gira que terminaría a finales de octubre; luego una gira por Japón durante los meses de noviembre y diciembre. La formación incluía para la gira a Armando, Tom Coster, Ndugu y sorprendentemente Chepito Areas, que acababa de publicar su álbum en solitario. Quizás la gira Santana fue una buena forma de promocionar el álbum y, de hecho, la publicidad de la gira en Japón presentaba la portada del álbum. León Patillo se unió a la gira con las voces y segundo teclado; era un cantante más de gospel y soul y su versatilidad en el teclado le ayudaba a compensar la pérdida de Richard Kermode. Jules Broussard fue invitado a la gira dándole mucho espacio para que manifestase lo que hacía a la perfección, añadiendo una nueva chispa al grupo. El bajista original David Brown fue sustituido por Doug Rauch. Es extraño que gran parte de la gira por Estados Unidos se hiciese antes de la publicación de *Borboletta,* que apareció en octubre, así que la gira promocionaba *Greatest Hits* que ya se había publicado. El repertorio en directo consistía en los clásicos de Santana y algunos temas seleccionados de *Borboletta,* y parecía que la presentación de nuevos tonos como los saxofones y la flauta de Broussard, era una forma de enmascarar el hecho de la que música era esencialmente la misma que la de un año anterior. Aun así, mientras progresaba la gira era obvio que la sección de percusión de Peraza y Chepito estaba de nuevo en alza y la forma propia de tocar de Santana junto con la de Tom Coster y Broussard mejoraba con el tiempo. Los músicos de lengüeta tenían buenos recuerdos de la gira y no eran todos recuerdos musicales: «Ir de gira con Santana era diferente de lo que había hecho con Ray Charles, pagaban más, viajábamos en primera clase y todo estaba cubierto. Fue maravilloso, especialmente el viaje a Japón, nos trataron muy bien, incluso nos pusieron una alfombra roja desde el avión a la terminal y nos dieron rosas.» Para el cantante León Patillo, trabajar con Santana fue una casualidad: «Estaba en Los Ángeles tocando con Creation cuando recibí una llamada de Bill Graham pidiéndome que cantase en *Borboletta*. Me sentí contento y emocionado. Era el destino.»

Cuando terminó el año, las escasas ventas de *Borboletta* en Estados Unidos hicieron que Columbia presionase a Santana para reavivar su estatus en las listas. La consecutiva edición de tres álbumes sin grandes ventas en Estados Unidos no importaba a Carlos Santana, ya que estaba satisfaciendo su visión musical. De hecho la mercancía global de Santana estaba llegando a su cima, al mismo tiempo que su potencia comercial en Estados

Unidos se encontraba en su nivel más bajo. En el resto del mundo Santana sobresalía como una de las más grandes formaciones musicales, aunque esto no significaba nada para la compañía. Tom Coster lo resumió así, «Siempre me sentí presionado comercialmente todo el tiempo que estuve con Santana, desde el primer día que estuve con el grupo hasta el último. Cuando un grupo toma la decisión de aventurarse en una música nueva para ampliar sus horizontes musicales, generalmente pierde algo de público. Esto por supuesto afecta la venta de discos, lo que hace que la compañía presione al grupo. Columbia Records estaba constantemente detrás de nosotros para que volviésemos a nuestras "raíces". Las compañías de discos no estaban interesadas en un proyecto creativo pero sí en uno que vendiese mucho. En palabras de Bill Graham, "Se trata de dinero"». Era obvio que en 1975 a Santana se le exigiría editar algo gustoso para el mercado. La luna de miel creativa había acabado.

Capítulo 11

Santana

La presión fue el tema clave de la vida de Carlos Santana durante 1975, un año en el que se cuestionarían sus conceptos musicales y se pondría en duda su liderato. Ya fuera cierto o no, se le consideraba el principal causante del alejamiento de Santana de su potencia comercial de rock-latino. *Greatest Hits* había superado con creces las ventas de *Borboletta*. Quizás Carlos estaba equivocado y cuando su contrato discográfico con Columbia debía de ser renovado, comenzaron a plantearse serias dudas sobre las ventas americanas del grupo. Sin embargo, para empezar, el guitarrista necesitaba un descanso. Estaba agotado, el ritmo de grabar y salir de gira que había mantenido desde la publicación de *Caravanserai* había sido agotador y, a finales de 1974, se tomó tres meses libres. Aún disfrutaba tocando música para la causa de Sri Chinmoy. Participó en un concierto junto a John McLaughlin en Central Park, Nueva York, para la celebración de Chinmoy conocida como Jharna Kala. Se llevó a cabo un dúo entre los dos guitarristas subidos en una carroza mientras la tropa de los discípulos de Chinmoy desfilaba por las calles del centro de Nueva York, Madison Avenue. Cuando llegaron a Central Park, tocaron «A Love Supreme», «Naima» y «House Of The Lord» solamente los dos guitarristas. Parecía que disfrutaban tocando gratis, y el compromiso de los guitarristas hacia Sri Chinmoy fue fuerte durante los cinco años siguientes. Carlos se reunía con el gurú siempre que podía, quizás después de una actuación, o después de un viaje especial, y siguió tocando gratis en los centros de Sri Chinmoy.

Santana, el grupo, volvió en abril sin Chepito Areas, para realizar una gira por California y las principales ciudades del este acompañados por Journey. Participaron en un concierto benéfico SNACK de Bill Graham en el Kezar Stadium de San Francisco. Fue un concierto que mejoró las relaciones con el empresario y clave para el futuro con el encuentro del maestro de timbales neoyorquino, Orestes Vilató. Carlos intentó que Vilató se les uniese a tiempo completo, pero pasaría un tiempo antes de que esto ocurriese. Más tarde ese año el grupo salió de gira teloneando a Eric Clapton. Era la primera vez que el grupo no encabezaba el cartel desde 1969, algo que probablemente impactó a Carlos. Las realidades comerciales eran muy simples: Clapton había vendido más discos recientemente que Santana en Estados Unidos. La gira duró dos meses y medio durante el verano y su repertorio fue reducido a una hora de duración; tocaban los grandes éxitos como «Give And Take» y un par de nuevas canciones. Una era una versión de «Let The Music Set You Free» (que se llamaba en aquel momento «Brown In London») y un blues que nunca se publicó, «Time Waits For No-One». Cada noche, durante la gira, Carlos, Armando y Ndugu se unían a Clapton en el escenario para realizar jams, en una ocasión también apareció John McLaughlin. Quizás, sólo digo quizás, Carlos estaba comenzando a disfrutar tocando con otro músico de rock.

Después de esta gira, en agosto, Carlos y Armando Peraza se tomaron algún tiempo libre para colaborar en *Eternity,* un nuevo elepé de Alice Coltrane, uno de los últimos que haría antes de retirarse a una vida de enseñanza y contemplación espiritual. No había guitarra en el disco pero Santana tocó los timbales y la percusión; apareció bajo el seudónimo de «un amigo», una más de sus numerosas actuaciones como artista invitado. Se extendían los rumores sobre los nuevos planes del mexicano y los periodistas también barajaban la posibilidad de que grabase con el pianista Chick Corea. Los dos habían colaborado en composiciones y se llevaron bien cuando el guitarrista tocó con el grupo Return To Forever de Corea en 1974. Nunca se realizó esta grabación como Carlos lamentaba posteriormente, «por causa de nuestros horarios tan ajustados. No tenía un grupo y estaba intentando formar *Amigos.*»

El álbum anual del grupo Santana tenía que aparecer en breve. El grupo tenía algunas nuevas canciones y la presión era intensa. Llegó el momento de que Carlos buscase ayuda del exterior. Desde 1973 el volátil Bill Graham había sido un punto de apoyo en los asuntos de Santana ya que unos de sus socios, Barry Imhoff era el manager del grupo. En el verano de 1975, el guitarrista estaba buscando de nuevo un manager, ya que se había separado de Imhoff. Primero le ofreció el puesto al road manager Ray Etzler; Etzler rechazó la oferta y le aconsejó dirigirse a Graham. Carlos y Bill no habían hablado mucho desde 1970, cuando el grupo Santana dejó de utilizar los servicios de Graham, pero después de cuatro años de frialdad, Santana y Graham se encontraron de nuevo y enterraron el hacha de guerra. Columbia necesitaba hacer algo con Santana para mantener la atención del mundo. En ese momento el sello tenía un nuevo fichaje que querían hacer llegar a Europa, un entusiasta grupo de gran talento de funk-soul llamado Earth, Wind & Fire, que habían publicado su primer álbum que llegó a la cima de las listas americanas, *That's The Way Of The World.* Comenzaron como una simple formación de funk; pasaron por muchas reencarnaciones antes de llegar a una mezcla muy comercial de soul y funk.

A Carlos Santana le gustaba Earth, Wind & Fire, siempre le había encantado el soul. Stevie Wonder, Aretha Franklin, Bobby Womack y Dionne Warwick eran sus mayores héroes e influencias. Earth, Wind & Fire contaban con la habilidad, sinceridad y destreza necesaria para componer y Carlos se fijó en ellos; tenían un guitarrista que claramente destacaba por ser un pretendiente de Santana. Con Bill Graham de vuelta tomando el mando, parecía que una gira por Europa con Earth, Wind & Fire sería todo un triunfo. La gira durante los meses de septiembre y octubre, se convirtió en una leyenda. La situación era la siguiente: la actuación de funk podía ensombrecer a Santana en el escenario cuando ellos quisiesen. Con solamente cinco miembros, Santana se encontraba entre la espada y la pared, entre seguir con los grandes éxitos o buscar nuevo material y nueva dirección. El repertorio tan corto no permitía el acercamiento expansivo de la época de *Lotus* y los viajes de Ndugu hacia el frente del escenario con su Roto-Toms portátil no eran una respuesta a la actuación teatral de Earth, Wind & Fire.

A pesar de todo, la gira tuvo sus puntos culminantes, un jam con Eric Clapton en Londres y una parada en la antigua Yugoslavia, pero la aventura en general hizo que Carlos se diera cuenta de la necesidad de un cambio. Santana parecía haber perdido su conexión umbilical con «la gente» y «la calle». Necesitaban volver a la gente y cuando Eric Clapton lo llevó a un club nocturno de Londres quedó vigorizado con la reacción del público ante «Jingo». Le hizo considerar la fuerza de su original grupo Santana, especialmente cuando los miembros actuales del grupo estaban comenzando a expresar su disconformidad. El batería Ndugu tenía una personalidad fuerte, no se sentía intimidado por Santana; al fin y al cabo había tocado con Miles Davis. No tuvo ningún problema en decirle a Santana lo que pensaba y, por primera vez desde 1972, Carlos abiertamente cuestionaba la dirección del grupo. Tom Coster sintió las tensiones que surgían: «Personalmente me gustaba mucho Ndugu, tocaba bien todas las noches, trabajaba mucho y aportó mucho al grupo. Lo que no hizo fue estar de acuerdo con todo lo que Carlos decía o quería y esto no era una práctica muy común, lo que provocó tensiones entre Carlos y Ndugu. Pensé que ya que Ndugu había roto la barrera y había manifestado sus sentimientos otros miembros del grupo harían lo mismo.» León Patillo cree que la confusión fue provocada por la determinación del guitarrista de conseguir un éxito: «Carlos es un gran trabajador. Si algo no funciona, sigue trabajando hasta que lo consigue.»

Greg Walker. (Foto: Garry Clarke.)

De vuelta a San Francisco a mediados de octubre, Santana inmediatamente se reunió con Graham. Durante este encuentro el empresario le dijo a Carlos que debía bajar de las nubes y comenzar a tocar música latina como había hecho el grupo original Santana. También le aconsejó que llamase a David Rubinson para la producción y dirección. El guitarrista no tenía buenos recuerdos de su trabajo con Rubinson durante las primeras sesiones, pero llegaron a un acuerdo. En este periodo Carlos permitió que la dirección de su grupo la realizasen Graham, Rubinson, Tom Coster y, de alguna forma, Ndugu León Chancler. Santana no sabía qué camino tomar; en 1972 su necesidad por un guía le había llevado a Sri Chinmoy, ahora se iba a dejar dirigir por otros. Las cosas comenzaron a cambiar; León Patillo había recibido una oferta para continuar su carrera con la música gospel y en su lugar vino un amigo de Ndugu de Los Ángeles, un joven cantante de soul llamado Greg Walker, conocido en Los Ángeles donde cantaba con un grupo llamado A Taste Of Honey. Para Walker, la audición fue desalentadora, «Era a finales de 1975, recibí una llamada de Ndugu y me preguntó si quería hacer una audición para cantar con Santana; le contesté: "claro que sí". Me dijo que me tenía que aprender dos canciones, "Give and Take" y "Black Magic Woman". Viajé a Los Ángeles, me recogieron, me llevaron a S. I. R. en Folson Street, entré en el estudio y allí estaban. Por supuesto que estaba nervioso, muy nervioso. Carlos fue muy amable, me imagino que se dio cuenta de que estaba asustado, me presentó a todo el mundo y comenzaron a tocar las canciones. Después me dijeron que me marchase de la habitación y pasados diez o quince minutos me dijeron que entrase y el manager me dijo que me llamarían. Al día siguiente me pidieron que cogiese todas las cosas para volver a San Francisco para pasar unas semanas, estaban a punto de grabar el elepé *Amigos* y yo iba a cantar.»

Santana había compuesto nuevo material en Europa y a comienzos de noviembre se pusieron a ensayar y a grabarlo con Rubinson. El álbum resultante fue casi un álbum Santana con Carlos Santana como guitarrista invitado. Rubinson, Tom Coster y Ndugu llevaron las riendas e hicieron la producción del material para que encajase en el nuevo nacimiento de Santana, reflejando el estilo latino y captando la onda musical del momento, el funk. Un suceso clave aconteció un poco antes de 1974, cuando Herbie Hancok publicó el álbum de enormes ventas *Head Hunters,* un álbum de improvisaciones de jazz tocadas sobre temas y ritmos pegadizos de funk, el productor fue David Rubinson. El mundo del jazz dio un giro y vio en esta «aberración» una de sus estrellas más brillantes, pero Hancock correctamente reflejaba que nunca se había considerado a sí mismo como un «músico de jazz» y que el soul y el funk siempre habían sido una parte de su vida musical. Ante los ojos de Carlos, si el funk era lo suficientemente bueno para Herbie Hancock, uno de sus héroes, era bastante bueno para él.

Al principio llamaron al nuevo álbum *Transcendance-The Dance Of Life;* con el nombre no tan espiritual de *Amigos* fue publicado en marzo de 1976 y rápidamente consiguió llegar a la cima de las listas mundiales. Así que ¿cuál era el resultado de todos los planes y cálculos? *Amigos* suena como un álbum calculado, hay un trozo de música latina («Dance Sister Dance»), una repetición de «Neshabur» («Take Me With You»), una versión del riff de Hancock de «Chameleon» del álbum *Head Hunters* («Let Me»), dos sesiones de soul-funky («Tell Me Are You Tired» y el pobre «Let It Shine») y una recomposición de la fórmula «Samba Pa Ti» («Europa»). Junto al terrenal tema latin-folk «Gitano» de Peraza, el álbum debería de haber llegado a todo el mundo y casi lo consiguió. Dejando a un lado los cálculos y el cinismo, *Amigos* es un buen álbum. «Dance Sister Dance» tenía un auténtico espíritu y una sublime sección. «Take Me With You» funcionó bien, inducía a una pasión real con su agradable sonido y «Let Me» también generaba algún estímulo y se demostraba que Carlos podía hacer funk. «Gitano» y «Europa» en concreto eran grandes temas, destacando la habilidad de Peraza y Santana. Para aquellos que entendían español, la historia de la vida de Peraza como músico ambulante y sus encuentros con mujeres bellas era algo encantador, alimentado por su excelente forma de tocar. «Europa» iba a rebasar a «Samba Pa Ti» como una de las baladas de guitarra de Santana favoritas de los fans, llevando la lírica de Carlos a nuevos niveles; mostraba su habilidad para evocar maravillosas melodías que recordaban al alma de sus heroínas, Aretha y Dionne. A menudo no se tiene en cuenta que «Europa» fue compuesto por Santana y Tom Coster; es un ejemplo fascinante de lo que ocurre cuando dos músicos se adentran en las sensibilidades melódicas de la cultura de sus padres. Los padres de Coster eran de Malta y esto influyó enormemente en su acercamiento general a la música: «Creo firmemente que la melodía está en todas partes, sin melodía no hay mucho más; mi forma melódica de tocar se debe a mi educación mediterránea, la música con la que crecí tenía fuertes cualidades melódicas. Creo que Carlos es un músico melódico y que su mayor fuerza cuando toca la guitarra es su habilidad para tocar melódicamente junto a sus solos líricos. Las mejores experiencias componiendo con Carlos dieron lugar a las mejores canciones, "Europa" entre ellas; Carlos y yo compusimos esa canción juntos sin esfuerzo y el producto final refleja exactamente eso.»

Sin embargo, Carlos no estaba totalmente convencido con la nueva dirección y los problemas comenzaron a surgir a finales de los setenta. Refiriéndose a «Europa», su tema favorito del álbum, dijo: «Sólo sé que me ha llegado mucho más que cualquier otra canción del álbum. Me gusta tocar funk pero me tengo que esforzar más para ser tan sincero en funk como en las baladas»[1]. En realidad, los dos músicos prominentes en *Amigos* eran Tom Coster y Armando Peraza. El teclado de Coster do-

---

[1] *Bay Area Magazine,* febrero de 1978.

mina el disco, desde los adornados sintetizadores casi sinfónicos de «Dance Sister Dance» hasta el solo de órgano de jazz de «Take Me With You» y el fluido piano eléctrico de «Tell Me Are You Tired». También destaca el trabajo de Peraza. La riqueza de su conga y bongos proporciona muchos de los momentos culminantes del elepé, sin olvidar su increíble textura en «Dance Sister Dance», los ritmos de merengue dominicano de «Let Me» y una maravillosa actuación en su propio tema «Gitano». Sin duda, comercialmente, el disco supuso un gran avance, el guitarrista fue premiado por Columbia con el mayor contrato que daban a un artista. Afortunadamente el contrato permitía a Carlos la publicación de tres álbumes en solitario con los que él podía explorar su visión musical personal.

Obviamente el siguiente paso era la gira para promocionar el álbum y de nuevo se presentaba un nuevo grupo en San Francisco en Winterland en noviembre. Le siguió una gira corta por California, durante la cual adoptaron la posición atípica de no tocar nada del nuevo material de *Amigos*. Sin embargo seguían manteniendo su fuerza y en febrero de 1976 se marcharon a Nueva Zelanda, Australia y a Japón, donde tenían 20 fechas y donde Santana estaba llegando a ser muy popular. *Amigos* fue el álbum del año en Japón.

Cuando acabaron la gira David Brown dejó Santana, así que necesitaban a un nuevo bajista para los conciertos de primavera y verano en Estados Unidos. La influencia de Ndugu surtió efecto de nuevo, el nuevo bajista era otro amigo suyo, Byron Miller, quien había tocado con Roy Ayers. Cuando Carlos intentó traer a un nuevo percusionista del estilo de Francisco Aguabella surgieron las tensiones. Desde que Chepito se había marchado, Ndugu se había encargado de los tambores y timbales, pero el resultado no era satisfactorio. Al igual que los fans, Santana quería escuchar un timbalero auténtico. Obviamente esto no le sentó muy bien a Ndugu y Aguabella solamente tocó algunos conciertos más con Santana. No había un ambiente armónico.

Parecía que el grupo Santana se iba a dividir en dos, la mitad de Carlos y la mitad de Ndugu. El sonido del grupo también estaba cambiando hacia el soul-funk y como a Carlos le gustaba mucho esa música se estaba convirtiendo en algo demasiado dominante en el puchero de Santana, que siempre había tenido su propia identidad y había absorbido las influencias sin abrumarles. La situación era tensa e infantil, Ndugu, Miller y Greg Walker parecían haber formado una cuadrilla y se burlaban de la visión espiritual de Santana y Coster. Greg Walker intentó calmar la situación declarando a un periodista: «Puede que nos burlemos un poco unos de otros, pero tienes que entender que no es con mala idea», pero obviamente no era una situación que se pudiese tolerar. A finales de julio, Santana se desintegró de nuevo. A Carlos nadie le iba a seguir diciendo lo que tenía que hacer y nadie se iba a reír de él, sabía que necesitaba a Coster y Peraza más que a los otros. Bill Graham hizo el resto. Durante el verano Santana buscó inspiración a través de sus conexiones con Sri Chinmoy. El guitarrista asistió a conferencias dirigidas por el gurú y tocó una música devocional para ellos. Comenzó a entablar amistad con un joven guitarrista que era también un devoto de Chinmoy, Narada Michael Walden. Como sustituto de Billy Cobham en The Mahavishnu Orchestra, Walden había adquirido una tarea de gran responsabilidad, pero milagrosamente triunfó. Ahora, estaba trabajando en un álbum en solitario que se llamaría *Garden of Love Light*. Habiendo conocido a Walden por un tiempo, Carlos le propuso trabajar en una balada, «First Love», que muestra la forma más sensible de tocar del guitarrista.

Narada se había asegurado un contrato con Atlantic Records y la publicación de su álbum parecía que se iba a demorar. Daba la impresión de que Carlos no tendría tanta suerte y en el verano de 1976 el grupo estaba de nuevo en crisis. En aquel momento el grupo sólo tenía dos componentes, Carlos y Tom Coster, que habían obligado a Peraza a dejar el grupo por problemas de salud. Carlos y Coster decidieron salir en busca de caras nuevas y los grupos de San Francisco salieron a rescatarlos. El hermano de Carlos, Jorge, tenía un buen grupo llamado Malo, que se habían separado recientemente después de la publicación de su cuarto álbum *Ascensión.* Entre sus viejos componentes se encontraba un joven conguero de 22 años, Raul Rekow, y el bajista Pablo Téllez. Raul Rekow cuenta cómo fue su presentación ante Santana: «Recibí una llamada de la dirección de Santana en 1976, me dijeron que era posible que me quisiesen para grabar una o dos canciones de un nuevo álbum. Me pidieron que fuese para hacerme una prueba y ver cómo sonaba, fui al estudio y sólo estaban Carlos y Tom Coster. Nos dijeron a mí y a Leo Rosales que entráramos, Leo y yo comenzamos y quedaron encantados, querían que los dos nos uniésemos al grupo. Leo estaba enganchado con algún culto religioso y no podía dejar la ciudad. Así que rechazó la oferta, de lo que se arrepintió posteriormente.»

Rekow y Téllez fueron los nuevos primeros fichajes y, en el último momento, volvió el cantante León Patillo; se podía confiar en él para cantar, componer algunas nuevas canciones y no fastidiar. Lo mismo se podía decir de Gaylord Birch, un batería conocido por David Rubinson por su relación con Pointer Sisters. Profesional consumado de soul, Birch podía adaptarse al sonido latino y no insistiría en abrirse su propio futuro. Y, una coincidencia final, Chepito Areas estaba de vuelta, su carrera en solitario nunca comenzó. Él y Carlos se juntaron de nuevo después de encontrarse por la calle. Se realizaron las sesiones en septiembre y octubre de 1976 en el típico estado de cambio y el objetivo era continuar el exitoso énfasis latino de *Amigos* y mezclar algunos grooves instrumentales y de soul. El título del álbum señala la intención, *Festival.* Fue pensado como música de fiesta y era un sonido basado más en la salsa con una profunda influencia brasileña. El comentarista de música John Storm Roberts señaló la importancia de *Festival,* destacando: «"Carnaval", un tema sacado directamente de la música de carnaval de Río con un acento cubano. Otro tema, "Verão Vermelho", usa una guitarra acústica clásica con un sentimiento brasileño en las voces.» El arraigado sentimiento de salsa se encuentra también en «Let The Children Play» (una composición reanimada de Santana/Patillo de 1975), y uno de los mejores momentos del álbum, el maravilloso «María Caracoles». Era una versión de una canción cubana basada en un singular ritmo, «el mozambique», inventado por un gran músico cubano, Pello El Afrokan. Santana creó un auténtico ambiente cubano con la voz incansable de Pablo Téllez, la fuerza de Chepito Areas y Raul Rekow y el intenso trabajo de Santana y Coster. La fusión se dejó ver en la forma del humeante «Jugando», el funk fue representado por «Let The Music Set You Free» (recordando a Sly Stone y War), el tema «Reach Up» y «Try A Little Harder Now» de Patillo. Patillo realiza un agradable tema de soul («Give Me Love»), también había un excelente tema de gospel («The River», de nuevo con una fuerte voz y letra de Patillo) y una exhibición de guitarra, el inquietante «Revelations». Era un álbum divertido, unido a un material de no tan alta calidad. Aun así situó a Santana de nuevo con gran fuerza en la música latina, principalmente con el aterrador vigor de Raul Rekow y Chepito, particularmente en «María Caracoles». El álbum supuso también un éxito masivo y Carlos se mostró muy satisfecho: «Para mí, *Festival,* es el mejor de todos los álbumes, un nuevo fuego y una nueva energía. No diría que se trata de una nueva dirección... es la mejor de todas las direcciones que he tomado. En otros álbumes me gustaban algunas canciones más que otras pero en este me gustan todas.»

Fue casi otro milagro que la nueva formación Santana consiguiese editar un nuevo álbum. Patillo y Gaylord Birch no estaban interesados en la gira así que la búsqueda de un nuevo batería y cantante comenzó de nuevo y tenían que conseguirlo rápidamente. El grupo iba a tocar en Central Park en Nueva York en octubre. La formación básica eran Carlos, Tom Coster, Raul Rekow y Pablo Téllez, a los que rápidamente se unieron el vocalista de estudio Tom Croucher y el batería David Prater, que solamente había tocado en un grupo de cabaret en Bay Area. Era algo desesperante. Naturalmente que no consiguieron llegar a Central Park y fueron sustituidos por Average White Band. La siguiente crisis llegó con la gira europea de dos meses con Journey; tenían que comenzar en Londres a principios de noviembre. Consiguieron una nueva formación solamente diez días antes de subirse al avión con un joven batería de Gino Vanelli, Graham Lear, y un cantante de soul-funk llamado Luther Rabb, que había estado con una formación que deleitaba con el nombre de Ballin'Jack. Uno de los roadies, Joel Badie, que había realizado algunas voces en *Festival,* hacía doblete como percusionista y animador. Se estima que el tiempo que tuvieron para ensayar antes de subir al avión fuese de entre tres a siete días. Pudo haber sido un desastre pero en realidad no lo fue y el grupo alcanzó una nueva cima de popularidad. Apenas un año después de que saliera de Europa con la experiencia de Earth, Wind & Fire aún resonando en sus oídos, Santana volvió con un grupo que no llevó al público a las calles sino al mismo Río para un carnaval. Parecían haber encontrado una nueva energía, mucho se debía a las caras nuevas de Raul Rekow y el dinámico Graham Lear. El material nuevo encajaba bien con los antiguos temas favoritos y el grupo sonaba a la perfección, exceptuando la voz de Luther Rabb, que no funcionaba y la cual no duraría mucho más tiempo. Santana y Tom Coster debieron haberse sentido muy aliviados después de tanta presión. No solamente necesitaban encontrar un nuevo grupo y grabar un álbum en dos meses, sino que también tenían que salir de gira y dar grandes conciertos que iban a ser filmados y grabados para un álbum en directo y quizás una película.

El grupo fue filmado por Columbia en París y de forma más espectacular por la BBC en Hammersmith Odeon el 15 de diciembre en Londres. Sonaban bien. Comenzaron con «Carnaval»; la nueva formación tenía intención de tocar más rápido, con énfasis en el ritmo y la percusión. No tuvieron tiempo de darse cuenta si el grupo estaba siendo grabado o no, pero allí estaban creando una música de fiesta irresistible. Obviamente había problemas con la voz, aunque muchas de las canciones eran en español. Por otro lado, la percusión era abrasadora, Chepito Areas tocó mejor que nunca mientras que el nuevo hombre, Raul Rekow, generaba un gran entusiasmo por su velocidad en las congas. Graham Lear era un consumado batería de rock que parecía no tener mucha dificultad para adaptarse y tocar siguiendo la percusión latina.

En las actuaciones se podía ver a Santana animando constantemente a los percusionistas para producir un mayor entusiasmo y lo conseguía, en concreto en «Dance Sister Dance», con no menos de cuatro percusionistas: Rekow al bongo, Areas y Santana a las congas y el roadie Joel Badie a los timbales. De la misma manera que en «María Caracoles», uno de los temas más puros afrocubanos de Santana, Santana y el bajista Pablo Téllez aparecen de forma genuina disfrutando ellos mismos, el guitarrista bailando alrededor del escenario. No tenía nada que ver con la seriedad de la gira de *Lotus*. El repertorio abreviado terminaba con «Soul Sacrifice», seguido de una atmósfera muy desenfadada, los miembros del grupo eran maltratados por los roadies vestidos de monos, gorilas y leones, sin duda una idea de Bill Graham. El primer concierto de radio y televisión que se emitía simultáneamente terminaba con la escena de Chepito Areas y Graham atrapados en una red selvática, revolcándose de un lado a otro mientras el pequeño nicaragüense entonaba su frase favorita «¡Hey, gringos!». La actuación hizo que el año terminase con una pincelada divertida, pero también con un Santana atrapado entre lo nuevo y lo antiguo. Aunque estaba emocionado con la nueva dirección de salsa, esto no quería decir que se pudiese ofrecer algo genuinamente innovador. Era el mismo paquete que antes con un ligero énfasis diferente; en los temas antiguos Santana y Coster se basaban en nuevos arreglos más que en nuevas ideas. Tom Coster piensa que la velocidad y fuerza de su grupo podía haber sido una tapadera para reducir la calidad: «Eran tiempos difíciles ya que Carlos y yo sabíamos que teníamos que organizarlo todo, el grupo estaba débil musicalmente pero nos habíamos comprometido a la gira y teníamos que hacerla. Eran momentos difíciles en la historia de Santana y yo estaba contento de saber que se acababan.»

La realidad fue que el grupo dependía completamente de la guitarra de su líder y del teclado de Coster. La forma de tocar del guitarrista fue especialmente buena en esta gira. Su nueva Yamaha producía uno de sus tonos clásicos —completo, fluido, de jazz con una retumbante perseverancia y su técnica era rápida, llena de confianza y expresión—. Aún podía emitir una melodía con pasión como era evidente en el nuevo tema, «Revelations», que crea un formidable cambio climático entre la guitarra y el sintetizador.

La gira recogió buenas críticas, pero después de la actuación habitual de Nochevieja en San Francisco, Santana se marchó de nuevo y Rabb y Badie se quedaron con sus propios recursos. Por aquel entonces *Festival* había sido editado consiguiendo grandes ventas, pero las críticas eran variadas; algunas lo describían como un ejemplo comercial. Dejando a un lado lo que pensasen los críticos, Santana comenzó otra gira que le llevaría a otro renacer como estrella mundial.

Capítulo 12

Santana

Sin duda la vuelta de Bill Graham y el trabajo de David Rubinson, habían obligado a Santana a editar un material de ámbito comercial y después de los trastornos de 1976, parecía que el grupo había vuelto a tierra firme. Comenzaron el año con una gira promocionando *Festival,* con unas cuantas actuaciones en Norteamérica que incluían la presencia del cantante Greg Walker. Cuando la gira terminó en abril, Chepito Areas dejó de nuevo el grupo y después de descansar unas semanas, Santana y Coster consiguieron una nueva formación que entró en el estudio en junio. La formación incluía al timbalero Pete Escovedo y al joven bajista David Margen. El grupo tenía suficiente material en directo de los conciertos realizados en Europa el año anterior para completar un álbum, suprimieron la voz de Luther Rabb y doblaron la de Greg Walker, contaban con un amplio repertorio de temas para elegir. A Santana siempre se le había conocido y se le conocerá principalmente por sus actuaciones en directo; el único álbum en directo en este momento era *Lotus,* que fuera de Japón solo se podía conseguir como un producto importado a un elevado precio. Quizás por eso decidieron publicar un doble álbum a un precio especial, en el que se mezclarían las grabaciones en directo con el nuevo material de estudio. Santana y Coster eligieron el material junto a Bill Graham y Ray Etzler. Demostraron haber hecho una buena selección. El resultado fue el álbum más exitoso de Santana desde *Abraxas, Moonflower.*

Los temas en directo del álbum nos dan una visión de los éxitos nuevos y antiguos de Santana; temas más nuevos de *Festival* y *Amigos* se mezclaron junto a éxitos más antiguos de *Abraxas,* más dos viejos guerreros del primer álbum. Todos los temas en directo se centraron en los elementos entusiastas de soul y funk.

De hecho «Black Magic Woman» casi había perdido por completo su ambientación latin-blues, tomando un giro brusco hacia el funk. Había exhibiciones en solitario de Coster, Rekow y Lear que encajaban en el contexto ajustado del álbum. Lear y Rekow demuestran lo bien que pueden grabar en su especial actuación con ejercicios melódicos divertidos. La forma de Santana de tocar la guitarra sonaba más sincera que nunca y el álbum representa uno de sus mejores repertorios de guitarra. Lo más destacado fue un maravilloso homenaje de «Europa» que une una melodía típicamente romántica mexicana (sombras de «Y Volveré») con el clásico pop-soul antes de comenzar una sección latina más rápida basada en notas sostenidas. «Europa» es una melodía simple de llamada y respuesta de soul, terminando con una actuación emocional impresionante que es probablemente el tema de guitarra por excelencia de Santana. Todo lo que hace que Carlos Santana sea quien sea lo encontramos en «Europa»; el sentimiento auténtico de la música mexicana; las florituras de blues y gospel; su parlante «soul» de guitarra; su amor por Jimi Hendrix y Gabor Szabo y por último su pasión por el jazz, una técnica que se fue formando durante los años. Por sus orígenes multifacéticos, «Europa» se ha convertido casi en una melodía de folk universal, tan querida en Japón como en Caracas.

Aparte de estos temas en directo, *Moonflower* incluye el repertorio más fuerte de estudio de Santana desde *Borboletta* reflejando todas las paradas en el viaje musical de Santana y ofreciendo algo a la mayoría de sus fans, los nuevos y los antiguos. Hay otra excepcional balada de guitarra, «Flor D'Luna», una de las mejores composiciones de Tom Coster, realizada con gran elegancia por Santana, y una convincente fusión afrocubana en «Zulú», que muestra los timbales de soul y el corazón de

Pete Escovedo. Coster también destaca en «Go Within», poniendo al día el sonido de su piano eléctrico en «Canto De Los Flores» para participar en el nuevo ambiente de soul. El tema «El Morocco» recuerda a los oyentes que Santana no se había olvidado de seguir el paso de los leones del jazz-fusion con sus extravagantes solos y convincentes ritmos funky mientras que el soul se puede palpar en «I'll Be Waiting» y «Transcendance»; el último es un manifiesto musical de Carlos Santana de 1977, con un estilo flamenco en la voz, guitarra y teclado. El cantante Greg Walker manifestó que «parecía como si estuviese volando mientras cantaba. Cuando entraba de nuevo para cantar ya era el momento de despedirnos, sentía la guitarra salir de mi voz. Ya sabes cómo Carlos sostiene una nota y cómo esa nota te puede agujerear el corazón y hacerte temblar. Así me sentía cuando cantaba "Transcendance". Sentía como si estuviese haciendo lo que el título de la canción indica... transcendiendo...» Fue lo que hizo que el *Moonflower* de Santana se distinguiese de las posteriores reencarnaciones del grupo, en este álbum lo estaban haciendo de corazón.

En medio de estos espirituales orgasmos musicales curiosamente había una canción, una versión de un éxito inglés pop de los años sesenta, «She's Not There», con la que en muchos países Santana consiguió el mayor éxito en single. Mientras que los compradores italianos hicieron que el exquisito «Flor D'luna» llegase al número uno, sus compañeros los británicos impulsaban esta versión latina soul-rock de una canción de Zombies al número 11, una posición sin precedentes para Santana. Al igual que les sugirió tocar «Evil Ways» en 1969, Bill Graham fue el que llamó a Carlos Santana a medianoche para que pensase en la posibilidad de grabar esa canción. Una vez que se superó el rechazo inicial, la fórmula del éxito de las versiones del antiguo Santana triunfó de nuevo. La voz suave de Walker, breves pero apasionados solos del guitarrista y un par de viejos riffs de Cal Tjader ayudaron a que el grupo consiguiese llegar a la cima de la popularidad por todo el mundo de una forma que nunca superarían. *Moonflower* consiguió millones de nuevos oyentes por todo el mundo y representaba el tercer nacimiento del grupo. El álbum alcanzó el número 10 en Estados Unidos, vendiéndose el mismo número de copias que de *Santana,* y número 7 en Gran Bretaña, igualando la posición de *Abraxas.* También era el álbum Bay Area del año y se consiguieron grandes ventas en Japón, Australia, Latinoamérica y Europa. Compensaba a Columbia Records por su fe en el logro comercial del grupo. Tal era la popularidad de Santana por todo el mundo que ya habían vendido 10 millones de discos cuando se editó *Moonflower.*

Como siempre ocurría con Santana el enorme éxito del álbum quedó matizado con amargura, ya que marcó el final del viaje para Tom Coster quien, a pesar de su privilegiado papel como arreglista, director y compositor probablemente creía que, al final de la era del héroe de guitarra, nunca conseguiría el prestigio que merecía en un grupo como Santana. *Moonflower* había demostrado que su forma de tocar y sus solos instrumentales podían ser tocados con un nuevo tipo de teclado llamado mini moog, que le permitía moldear las notas y añadir vibración al igual que lo hacía un guitarrista. Su sonido en el álbum era tan parecido al sonido de la guitarra de Carlos que casi parecían ser dos aspectos de la misma personalidad musical. Aunque puede que Coster fuese el que hiciese los arreglos en la música, fue Carlos el que se llevó los aplausos; después de todo era su nombre el que aparecía en la portada del álbum. Esto, unido al éxito de su composición «Flor D'Luna» y su idea de una carrera en solitario, hicieron que tomase esta decisión. No obstante, todo fue bien, Santana se preparaba para una serie de conciertos por todo el mundo y cuando el álbum quedó preparado para su publicación en septiembre el grupo se trasladó a Europa para dar unos conciertos en compañía de Chicago. Estas fechas fueron un éxito excepto por un desagradable incidente en Italia donde les arrojaron cócteles molotov. Carlos y sus

Concierto en el Cuartel del Conde Duque, Madrid,
julio de 1998. (Foto: Sofía Menéndez)

Madrid, julio de 1998. (Foto: Sofía Menéndez)

Madrid, julio de 1998. (Foto: Sofía Menéndez)

Rueda de prensa celebrada en el Hotel Palace
(Madrid, 2000). (Fotos: Sofía Menéndez)

Santana en el Estadio de la Peineta (Madrid, mayo de 2000). (Foto: Sofía Menéndez)

Estadio de la Peineta (Madrid, mayo de 2000).
(Foto: Sofía Menéndez)

Estadio de la Peineta (Madrid, mayo de 2000).
(Foto: Sofía Menéndez)

hombres abandonaron el escenario en llamas; no pisa-
ron Italia de nuevo hasta 1983. Una recepción menos
violenta les esperaba en Australia donde tocaron en
varios festivales al aire libre. En estas fechas, y las siguientes de la gira por Japón, con la vuelta de Armando Peraza, Carlos y Coster comenzaron a mostrar algo
de la nueva música espiritual que habían compuesto y
algo de eso quedó grabado en directo. Por otro lado, el
éxito de *Moonflower* les aseguraba una calurosísima recepción de «Transcendance», «She's Not There», «I'll Be
Waiting» y «Flor D'Luna». La demanda de Santana en Japón era increíblemente alta y la gira incluía no menos
de 25 fechas, una de las giras más grandes por el país.
Parecía que, internacionalmente, a Santana no le iba mal.

Pero internamente, todo no iba tan bien y la escisión
musical de Tom Coster se estaba avecinando. Coster estaba preparado para empezar su carrera en solitario, y
esto dejaba a Carlos en una incómoda situación. Nunca
había aprendido a leer música en el sentido convencio-
nal de estudiar la forma y la armonía, y siempre había
confiado en los preparados teclistas que le ayudaban en
el proceso de coger la música, plasmarla sobre papel y
hacer los arreglos para los otros músicos. Coster realizaba este papel en el grupo, como describió Pete Escovedo: «Tom es probablemente el elemento más importante del grupo porque es el máximo responsable de
mantener la unidad en el resultado final.» El pianista tenía un papel vital en Santana, una importante relación
musical, la cual valoraba profundamente: «Carlos y yo no
sólo éramos solistas compatibles, nos complementába-
mos musicalmente de una forma que no se ha repetido
desde mi marcha, según tengo entendido. Creo que ocurrió porque simplemente tenía que ocurrir, siempre pen-
saré que Carlos y yo estamos hechos para tocar juntos.
Puedes notarlo en la música, especialmente en las baladas, sin embargo sí creo que aunque procedemos de
mundos diferentes nos complementamos el uno al otro».

Todo esto le hacía aún más difícil dejar al grupo pero
Coster ya había tomado una decisión: «Estaba cansado»,

explica, «me sentía muy presionado, mucha gente dependía de mí día tras día para que mantuviese las cosas funcionando. También sentía que no estaba creciendo como músico, la compañía discográfica seguía presionando para "ser comercial" y eso realmente me agotaba. También estaba cansado de relacionarme con Sri Chinmoy, no es que tuviese pensamientos negativos hacia él pero pensaba que yo era una persona terrenal, y siempre he sido terrenal, y toda esa movida era una pérdida de tiempo. El problema era que no sabía cómo contarle todo esto a Carlos y no tuve cojones para contarle cómo me sentía porque sabía que le dolería. Así que opté por el camino más fácil y dejé el grupo». La pérdida de Tom Coster fue casi un trauma para el grupo Santana. Hasta que no se unieron Herbie Hancock y Chester Thompson durante los años ochenta, la ausencia de Coster dejó a Santana, a la persona y al grupo, sin timón.

Terminada la gira por Estados Unidos y con la marcha de Coster, a Santana se le exigía la grabación de un nuevo álbum. El éxito de *Moonflower* había demostrado ampliamente el triunfo mundial del grupo y estaban vendiendo millones de discos por todo el mundo. Sin embargo, las decisiones de Columbia Records no se tomaban en Tokio, Milán, Londres o incluso San Francisco, se tomaban en Nueva York y la perspectiva que tenían del mundo era una perspectiva americana. Las grandes ventas de Japón, Australia o los Países Bajos no contaban, estaban interesados en las ventas en Estados Unidos. Aunque *Moonflower* se había vendido bien en Estados Unidos, no era una garantía de que siguiese en el mercado en el futuro y la fórmula del álbum, la mitad grandes éxitos en directo y la otra mitad música nueva, no se podría volver a repetir. Como siempre los hombres de negocios querían que Santana encajase en las últimas corrientes musicales que hacían llenar los teatros y las cajas registradoras, se llamaban música disco y AOR. El problema de Carlos Santana era que no le gustaba el negocio americano, no estaba interesado en vender nada a nadie. Sí, había conseguido una fortuna tocando pero nunca fue su principal motivación, el altruismo de finales de los sesenta formaba gran parte de su pensamiento. A finales de los setenta la industria del rock se había convertido en tal monstruo que Santana difícilmente lo reconocía y sin lugar a dudas no le gustó lo que vio. A pesar de las ventas que eventualmente llegaron a los dos millones en Estados Unidos, Columbia se las arregló para convencerse a ellos mismos y a Santana que *Moonflower* no fue un éxito.

Toda esta presión hizo que Carlos se sintiese más inclinado a embarcarse en una carrera en solitario bajo el nombre de su ego espiritual «Devadip», usando el grupo Santana de forma comercial para sufragar su camino más artístico.

«En ese momento Devadip estaba en un lugar y Santana en otro», explicó, «en dos lugares diferentes. Tengo que hacer un álbum Santana en el que Columbia me dice lo que tengo que tocar y cuándo; de esta forma puedo ir al estudio como Devadip. Si Santana seguía teniendo éxito ante los ojos de Columbia y yo mantenía cierta integridad, llegando a toda la gente que venía a vernos en Europa y a los que nos venían a ver en América, teníamos que conseguir a alguien como Lambert y Potter, alguien que conociese *Billboard*. Esa gente conoce la radio y nos dieron otra perspectiva poniendo a Santana de vuelta en los auditorios. Lo hicimos de forma consciente»[1]. Esto les llevó al primer error musical en la carrera de Santana, *Inner Secrets*. Los antecedentes para este pobre álbum fueron una gran recesión económica en Estados Unidos, que alimentaba la visión conservadora del negocio musical y aumentaba la necesidad de volver a los temas ganadores. En este contexto los objetivos de *Inner Secrets* fueron la música disco y las modas AOR que estaban barriendo los Estados Uni-

---

[1] *Guitar Greats,* BBC, 1982.

dos en 1978. Para completar el álbum, el guitarrista tuvo que cambiar su forma de trabajar completamente como señaló el manager del grupo Ray Etzler: «Es la primera vez en la carrera de Carlos que deja que los productores trabajen abiertamente. Estaba abierto a aprender de ellos y del grupo. Por ejemplo, esta es la primera vez que Carlos solo grabó la base de los temas y luego los dobló; generalmente realizaba una grabación en directo en el estudio»[2].

Dos nuevas caras aparecieron en el elepé, al teclado Chris Rhyne y el guitarrista Chris Solberg, que venía de otro de los grupos de Bill Graham, Eddie Money. El triunfo de la doble guitarra no consiguió capturar el espíritu de *Santana III,* pero imitaba el riff de guitarra múltiple de grupos como The Eagles y Styx. El aspecto positivo de *Inner Secrets* es la voz de Greg Walker, el resto es insustancial, música pop artificial. Había temas en los cuales Santana sonaba como un grupo de disco («One Chain» y «Move On»), otros similares a los éxitos pop de George Benson («Stormy») y un par de temas donde este gran grupo fue presentado como Foreigner («Well All Right» y «Open Invitation»). Hubo un medio intento de realizar una exhibición de guitarra («Life Is A Lady») y un verdaderamente deprimente tema de Lambert y Potter, «The Facts Of Love», que no pasaba ni por las tarifas de cabaret. Había tres percusionistas con estilo en el disco pero no se les oía. Las actuaciones del guitarrista Santana eran aún atractivas, pero eso era todo. *Inner Secrets* es demasiado artificial, alejado de la visión musical de Santana que suena como si él hubiese entrado, grabado sus partes y se hubiese marchado, que por supuesto es lo que hizo. Después del triunfo artístico y comercial de *Moonflower* este último esfuerzo suponía una caída espectacular. La música sonaba mejor en directo, fue entonces cuando la prensa abandonó al grupo Santana. El hecho inevitable fue que aunque *Inner Secrets* se convir-

---

[2] *Circus Weekly,* 12 de diciembre de 1978.

tió en otro disco de oro y tuvo un éxito comercial relativo, había dañado seriamente la reputación de Santana.

Por aquel entonces la pasión musical real de Carlos se centraba en otra dirección, la música reflejaba su espiritualidad. Para conseguir esto creó un nuevo subconjunto de Santana Band conocido como The Devadip Orchestra (como Mahavishnu Orchestra) y mientras el grupo Santana componía canciones como churros para el tibio *Inner Secrets,* Carlos comenzó a pensar en un álbum en solitario, *Oneness.* Para subrayar la línea fundamental entre The Santana Band y Carlos Santana, The Devadip Orchestra fue el grupo telonero de la gira de Santana por Europa en 1978. The Orchestra consistía en Carlos, Chris Rhyne, David Margen, Graham Lear y el músico de lengüeta Russell Tubbs, otro discípulo de Chinmoy. Ante grandes audiencias esperando escuchar «Black Magic Woman» y «Dance Sister Dance», en los anfiteatros más grandes de Europa, Devadip Orchestra tocaba durante treinta y cinco minutos, un repertorio que contenía música que aparecería en *Oneness* y el álbum posterior *The Swing of Delight.* El público parecía un poco desconfiado, la mitad de ellos sin saber que se trataba de Carlos Santana, pero consiguieron ganarse al público por la pura relación entre los músicos. De hecho, la gira europea *Inner Secrets* epitomiza la dificultad que se había apoderado de la carrera del guitarrista desde 1972. ¿Qué hizo cuando en realidad quería tocar *Illuminations, Borboletta* y *Oneness* y la mayoría del público quería escuchar «Black Magic Woman»? En 1978 se dividió en dos y dirigía dos grupos con los mismos componentes.

Oneness fue en un principio concebido como un álbum doble con material que posteriormente aparecería en *The Swing Of Delight* y el siguiente *Havana Moon,* que eventualmente quedó reducido a un single. Una parte en directo fue grabada en Osaka, Japón en noviembre de 1977 bajo el seudónimo, «Prelude». Los elementos de estudio de *Oneness* se grabaron en febrero de 1979 con

Carlos en solitario. Este fue su primer álbum en solitario propiamente dicho, no estaba Buddy Miles, ni John
McLaughlin o Alice Coltrane. La música nos refleja el panorama personal interno de la visión privada de Carlos
Santana, no es una música concebida para propósitos
comerciales. La mayor parte se puede denominar jazz
fusión y es completamente diferente a cualquier cosa
que haya grabado con anterioridad. La grabación comienza con un mini-suite de temas donde se mezclan
los tonos dramáticos orquestales con ritmos de jazz sin-
copados, dando lugar a la estructura necesaria para improvisaciones muy logradas de Santana y Coster (esta
fue su última grabación con Santana). Los estilos de estos dos músicos parecen ser enlazados telepáticamen-
te. «Arise Awake» contiene una melodía inquietante y creciente que da paso a una ligera figura de bajo disonante
(«The Chosen Hour») antes de una versión del tema bop
de Chico Hamilton «Jim Jeanie» (del álbum de Hamilton
de 1966 *The Dealer)* con solos de guitarra y teclado. Es
una de las pocas veces que Santana graba un tema de
jazz y, en un buen solo, demuestra que sabe tocar bop.
Hay elementos clásicos en esta música, la mayoría una
adaptación exitosa de pasajes de la sinfonía moderna
americana de Alan Hovhaness «The Mysterious Mountain» (que Devadip llama «Transformation Day»); la pre-
ferencia natural de Santana por la melodía sobre armonía compleja le lleva a trabajar con Tom Coster para
seleccionar ciertos temas del trabajo de Hovhaness y enfatizar su contenido melódico. Coster crea una exuberante sección de cuerda sintetizada que sustenta la
armonía natural de la música, en vez de sugerir discor-
dancia y otros sonidos tonales abstractos.

Otras influencias clásicas se encuentran en un tema
dirigido por el bajo de David Margen, que con claridad
trae a la memoria un tema de «El pájaro de fuego», una
moderna, casi abstracta obra de Ígor Stravinsky. Hubo
muchos críticos que señalaron tales caprichos como algo
pretencioso, pero el motivo de estas aventuras se debe
a los experimentos orquestales de Alice Coltrane, en

particular de su álbum *Lord Of Lords,* que incluye una adaptación de «El pájaro de fuego». Sus propios arreglos de orquesta pueden ser escuchados en el álbum o en *Illuminations,* influenciados obviamente por el trabajo de Stravinsky y, quizás de Hovhaness, que trabaja con un estilo de dificultad similar. Los ambientes clásicos, en parte, fueron el resultado de la influencia de la esposa de Santana, Deborah (por aquel entonces se la conocía como Urmila), con quien compartía sus inclinaciones musicales y que tenía una buena formación en música clásica. A menudo acompañaba al guitarrista en los arreglos de la música devocional que él apoyaba en este momento. Parece que ella también le hizo conocer el trabajo de Hovhaness, que se encuentra muy alejado de la corriente principal de la música clásica.

El primer tema de música devocional va seguido de un tema del suegro de Santana, Saunders King, para quien el guitarrista y Tom Coster crearon una convincente imitación de una balada de jazz-blues de los años cuarenta («Silver Dreams, Golden Smiles»), que King realiza con aplomo.

La presencia de Narada Michael Walden se siente de forma agradable en *Oneness.* Él y Santana estaban muy unidos durante este periodo y a menudo aparecían juntos en conciertos de música meditativa. «Guru's Song» fue uno de los temas que tocaron en estas ocasiones privadas y reflejaba un logro simplicista, enfatizando la melodía con la expresiva guitarra de Santana y el dramático piano de Walden. El tono mayor de «Cry Of The Wilderness» es inusual para Santana, que casi siempre favorece tonos menores más románticos. El resultado es un tema lleno de fuerza que contiene un sentido de esfuerzo por conseguir el éxito. La segunda parte de *Oneness* es más directa, contiene elementos de funk, latinos y folk. El tema que lleva el título del álbum comienza con un ambiente meditativo con un pasaje emocional de guitarra; luego se encuentra con la maravillosa batería de Graham Lear alcanzando el clímax con el increíble solo de Tom Coster. Es un tema dramático y un buen recuerdo de las cualidades de Coster. «Life Is Just A Passing Parade» es un asunto más ligero, esencialmente la historia de la infancia de Santana contada con letra torpe, un ritmo de disco funk; presenta una actuación excelente de la voz de Greg Walker y más estruendos de guitarra.

La desafección del guitarrista por la música mexicana le había llevado virtualmente a la música acústica bypass pero «Golden Dawn», un tema de una sola voz y guitarra acústica, posee un lirismo simple que mezcla el estilo de la melodía mexicana con florituras de blues, por su simplicidad expresa un gran sentido de satisfacción con letra de Santana inspirada en Chinmoy. Más que esto, «Golden Dawn» pone de manifiesto algunas influencias de jazz muy concretas, la obra maestra de Gil Evans «Las Vegas Tango» y «Thoughts» de Chico Hamilton, un tema que había cautivado a Carlos a mediados de los sesenta. El único tema que contenía música latina del álbum es el feliz «Free As The Morning Sun» también consigue expresar un sentido de libertad espiritual usando principalmente instrumentos acústicos. Greg Walter de nuevo forja una voz excelente, mientras que el piano de Tom Coster proporciona movimiento y color bajo el manto orquestal y se añade la percusión virtuosa de Peraza y Rekow al placer de este tema agradable.

«I Am Free» parece de alguna manera auto-indulgente pero no minimiza el impacto del tema con el que se cierra el álbum, «Song For Devadip» de Narada Michael Walden. Esta maravillosa selección queda probablemente entre las mejores actuaciones de guitarra grabadas de Santana. Michael Walden le ayudó con las necesidades melódicas del guitarrista. La melodía con que empieza el álbum nos trae a la memoria la pasión del soul clásico, para pasar a una belleza sufrida que Santana enfatiza repitiendo las armonías agridulces de la guitarra que usó en «Samba Pa Ti». Su improvisación final en un tono como de voz es una sorprendente muestra que nos recuerda el impacto del soprano de Coltrane o el tenor de Pharoah Sanders. El músico deja al desnudo su alma a través de su instrumento; hay un tono implorante en alguno de los pasajes. Esto fue algo que reconoció también el guitarrista: «Mis mejores solos me recuerdan a mí mismo cuando mi madre solía regañarme: "Dit-doo-dup-dat-doo-doo-bah"»[3]. Debido a su desnudez emocional «Song For Devadip» es una majestuosa actuación que casi borra los horrores de *Inner Secrets*.

En retrospectiva *Oeness* se encuentra entre las grabaciones más atrevidas de Carlos Santana y lo entendemos como un intento por parte del músico para que le considerasen un arquitecto musical. Mientras que su asociación con el imperio de Sri Chinmoy dio como resultado temas como «I Am Free», el impacto del álbum es positivo. Habían pasado diez años desde la creación del grupo Santana, su propio estilo y técnica a la guitarra se había desarrollado hasta tal punto que casi era algo completamente nuevo. Sus habilidades probablemente estaban en la cima, próximas a alcanzar el nivel técnico del músico de jazz, y podía manejarse con las complejidades del bop. Sin embargo, los mismos fundamentos básicos de sus estilo apuntalan su nueva virtuosidad. Aún confiaba fundamentalmente en la melodía, aún contaba con la habilidad de animar al oyente con la fuerza de una sola nota y aún tallaba pasajes que tenían cualidades líricas de la música de soul de sus cantantes favoritos. Sobre todo, *Oneness* demostraba que había adquirido una madurez musical profunda y que podía trabajar con expresiones musicales distintas. Los grooves del disco contienen la mayor parte de las raíces musicales de Santana, el blues aún se escucha en sus licks de guitarra, pero también hay música devocional hindú, música clásica, jazz en bop fuertes y románticos, soul-funk, más una simple melodía acústica que reflejaba sus raíces mexicanas y una dosis vivaz de ritmos afrocubanos. De esta manera, *Oneness,* más que un álbum de guitarra, es la historia de un viaje musical.

_____

[3] *Guitar Player,* agosto de 1999.

La distancia entre *Oneness* e *Inner Secrets* era enorme y parecía simplemente que los dos no se podrían reconciliar. El grupo Santana se había convertido en un monstruo que Carlos no podía controlar y que apenas reflejaba sus intereses musicales. En 1979 el grupo era casi una entidad fuera de Carlos Santana, se sentía alejado y casi se había convertido en el guitarrista invitado de su propio grupo. Durante esta época podías encontrar al verdadero Santana en conciertos de meditación de Sri Chinmoy como «Devadip», acontecimientos para los discípulos de Chinmoy que se realizaban en colegios o universidades por todo Estados Unidos. Podían ser solamente actuaciones en las que estaba solo o con otros devotos como Narada Michael Walden o John McLaughlin. En otras ocasiones podía estar acompañado por un grupo de discípulos músicos llamados Sri Chinmoy Rainbow o simplemente acompañado por el saxofonista Russell Tubbs. Una actuación típica era Devadip solo con una guitarra y su propia voz cantando «Love, Devotion and Surrender», «Spartacus» o «Swapan Tari». La libertad en el escenario le daba al oyente la sensación de estar presente en una sesión privada de ensayo en la cual se podría incluir una interpretación de «Manha De Carnaval» de Luiz Bonfa, «Song For My Brother», «Hannibal», «Gardenia» o incluso «Samba Pa Ti» y «Europa» o un nuevo tema vocal llamado «Ángel Negro». No se ponía en duda su responsabilidad y la falta de un grupo parecía darle más libertad para explorar el instrumento sin la necesidad de usar amplificación. Las actuaciones en solitario duraban sólo una hora y el propósito de Santana aparecía en un flyer que se entregaba a los presentes: «Esta noche Devadip tocará algunas de sus canciones favoritas en solitario. Esta es una nueva aventura para él y es su deseo actuar gratuitamente para sus hermanos y hermanas y ofrecer su alma.» Fue durante estos recitales de Devadip cuando se trabajaron las interpretaciones de las composiciones de Sri Chinmoy, que habían sido «traducidas» del hindú por Carlos y su esposa. Se incluían muchos temas que aparecerían en *The*

Swing Of Delight y podría aparecer Devadip tocando junto al gurú, quien se acompañaba de un esraj, un instrumento como el violín de un tono suave. Una melodía tradicional tocada en el esraj con Devadip acompañando con acordes a la guitarra; eventualmente emerge el sonido reconocible de «Guru's Song», pero de una forma menos rítmica que la demandada por la música del oeste. En este contexto, «Guru's Song» revela su génesis como una melodía religiosa firmemente anclada en las tradiciones de la música devocional hindú. Algo de inocencia había en estas actuaciones gratuitas de Devadip, un cambio refrescante del indulgente y estresante mundo del rock. El discípulo de Chinmoy, Narada Michael, Walden habla de la inocencia del periodo: «Devadip siempre estuvo enamorado del gurú. Decía: "Vengo a ver al gurú con mi pala para poder excavar en el mundo y estar lleno de luz." Siempre estaba contento de venir a Queens, subía a mi habitación y saltaba en mi cama, me despertaba y pasábamos tiempo juntos componiendo canciones o paseando y hablando. Hay una canción llamada "Guru's Song", donde yo toco el piano, y él tocaba la guitarra de forma maravillosa. Esta canción apareció en uno de sus álbumes en solitario. Había unos cuantos temas como ese que tocábamos juntos, para meditar o para los desfiles o para los conciertos o si el gurú estaba fuera meditando en algún lugar nosotros tocábamos juntos.»

No cabe la menor duda de que en 1979, Carlos Santana consideró la idea de terminar con el grupo Santana y escapar del «Black Magic Woman» para siempre. En 1977 dijo que esperaba que la publicación de *Moonflower,* con su mezcla en directo de los éxitos, le permitiera «sellar el paquete y dejar de tocar las canciones antiguas. No estoy seguro de que la gente me lo vaya a permitir»[4]. Con este entusiasmo fue como San-

---

4 *Bay Area Magazine,* febrero de 1978.

tana entró en el estudio para componer y grabar el álbum anual: «Les dije a los componentes del grupo que si el grupo Santana iba a continuar, tendrían que mantenerme interesado, también se lo dije a la dirección y a todo el mundo»[5]. Necesitaban un nuevo cantante y un teclista, ya que Greg Walker se había marchado y Chris Ryhne había vuelto a sus obligaciones de sesión. Carlos había escuchado el trabajo del cantante escocés, Alex Ligertwood, en un álbum de David Sancious. Al escocés conocido también como compositor por su época con Brian Auger, le pidieron que se uniese al grupo, al igual que a Alan Pasqua, un talentoso pianista de jazz que había trabajado recientemente con Bob Dylan. No tenían nada pensado, así que el grupo se puso a componer el álbum por completo y el resultado fue uno de los dos únicos álbumes de Santana compuesto de material nuevo. Carlos adoptó su actitud pasiva de nuevo cuando Columbia eligió a Keith Olsen para producir el disco; Olsen era otro de los profesionales de Los Ángeles que había trabajado exitosamente con Fleetwood Mac y The Eagles, pero su método preferido quedaba muy lejos del objetivo de Santana de intentar conseguir un sentimiento en directo de la música, como Carlos reflexionó posteriormente: «Con Keith hicimos completamente lo opuesto. El centro eran los temas. Ganas mucho en el sonido pero pierdes en emoción. Yo prefiero el sentimiento con un doblaje mínimo.» Los presagios no eran buenos ,y algo del material nuevo tenía una calidad marginal, tendía hacia el rock heavy de guitarra popular de ese periodo.

Al álbum se le llamó finalmente *Marathon,* como el reciente objetivo de la esposa de Carlos de realizar el maratón de Nueva York, el nombre tiene un sentido de movimiento, al igual que una exhibición muy lograda del bajista en «Runnin». Sin embargo, el álbum defrauda por canciones tan débiles como «Love» y «Hard Times» y un intento banal de entrar en el mercado de AOR con «You

---

Know That I Love You»; «All I Ever Wanted» tenía un buen riff y unos potentes bongos, un par de baladas buenas como «Summer Lady» y otro de los esfuerzos al estilo Stevie Wonder de Santana, «Stay (Beside Me)». Este tema cantarín contenía una de las melodías más convincentes del álbum y un buen solo de Alan Pasqua. A pesar de todos los defectos, *Marathon* era mejor que *Inner Secrets* e incluía el sublime «Aqua Marine» y un tema fuerte de música latina-rock «Lightning In The Sky», una demostración de la cuarta octava vocal de Alex Ligertwood.

La publicación del elepé en septiembre coincidió con que el grupo se encontraba en medio de la mayor gira que habían hecho por Estados Unidos que incluía Madison Square Gardens en Nueva York, donde Sri Chinmoy pretendía dirigir una multitud de 20.000 personas para que hicieran meditación antes del concierto. Como siempre el repertorio fue una mezcla de temas antiguos favoritos y unos seleccionados del nuevo elepé de oro. Cuando el grupo se marchó a Japón y Australia en compañía de Eddie Money, su repertorio incluía una versión de The Beatles «I Want You (She's So Heavy)» y los músicos parecían estar cargados de energía. Algunos como Chris Solberg habían alcanzado la cima del éxito musical de su vida y lo sabían. Alan Pasqua era un consumado músico y cuando consiguió la oportunidad lo demostró, hizo una sección breve de percusión de Raul Rekow y Armando Peraza (el último ahora tocaba los timbales desde que se marchó Pete Escovedo y lo hacía con aplomo).

Marathon puede que no haya reflejado la visión real musical de Carlos Santana pero la ecuación era clara. Había álbumes como *Inner Secrets* y *Marathon* que pagaban por *Oneness*. Era un pacto que el guitarrista estaba dispuesto a hacer. La verdad era que Santana se había quedado sin timón desde que se fue Tom Coster y el guitarrista tenía que mirar más allá de los confines del grupo para encontrar una satisfacción musical. Santana y Devadip eran aún mundos diferentes, el grupo iba a celebrar su décimo aniversario en lo que parecía ser su estado normal de cambio.

Capítulo 13

Santana Un gran oportunidad llegó en el otoño de 1979. Después de la publicación de otro álbum, Carlos se encontraba en Los Ángeles con el grupo que lleva su nombre y recibió una llamada de la estrella de jazz Herbie Hancock. Hancock estaba a punto de grabar un nuevo álbum y una vez más David Rubinson sería el que los dirigiese. El disco iba a ser un álbum de R&B y Hancock tenía una composición a medias con Carlos Santana. Rubinson les sugirió que el cantante ideal sería Greg Walker, ex componente del grupo Santana. El resultado apareció en el álbum *Monster* en el divertido tema latino «Saturday Nite», animado considerablemente por la voz suave de Walker y la gran guitarra de Santana. Incluía un cambio de notas con Herbie Hancock, quien estaba tocando con el último sintetizador que imitaba la guitarra. Esta aventura y la nueva amistad entre Santana y Hancock pavimentó el camino para un nuevo proyecto, el siguiente a *Oneness,* que se llamaría *The Swing Of Delight.*

Una vez más, David Rubinson iba a tomar el timón en el estudio Automatt. Y Herbie Hancock llamó a tres antiguos compañeros suyos de la época de Miles Davis, Tony Williams, Ron Carter y Wayne Shorter. Carlos estaba entusiasmado, sólo el hecho de pensar que iba a grabar con todos menos un componente del legendario quinteto de los sesenta de Miles Davis le hacía rebosar de júbilo. Además de los músicos de Miles Davis, Carlos alistó a la incomparable sección de percusión de Santana más David Margen, Graham Lear y Russell Tubbs. El resultado fue una amenaza musical compuesta por una mezcla de temas originales de Santana, una composición soberbia de Wayne Shorter («Shere Khan The Tiger») y unas cuantas composiciones de Sri Chinmoy: «Jharna Kala», «Swapan Tari» y el sublime «Phuler Matan». Estas composiciones procedían de temas emocionales representados por Sri Chinmoy en conciertos de meditación. El guitarrista tomó los acordes básicos de cada tema de Chinmoy y los convirtió en composiciones explosivas. No fue un proceso fácil como él recuerda: «Tres veces al año mucha gente del centro de San Francisco de los discípulos de Chinmoy se iba a Nueva York a estudiar con el gurú y todas las chicas y chicos aprendían cincuenta canciones. Las canciones normalmente son pequeñas melodías y las cantan con una especie de acción meditativa. Algunas canciones son muy extrañas para mí, mi mente es muy del oeste y se me van de la cabeza. Pero otras son pegadizas, me engancha la melodía y salen de mí. Escucho a mi mujer cantar esas canciones y así es como consigo las melodías.»

Una vez que la melodía queda grabada en su cabeza, la gran habilidad de Carlos Santana es tomar una idea musical y convertirla en algo nuevo. Herbie Hancock y David Rubinson fueron también esenciales para los arreglos. Rubinson en particular formaba el puente entre Santana y los músicos de jazz; como él explicó, «Devadip no es un músico de estudio, Ron Carter por otro lado tiene mucha experiencia de grabación. Devadip es un músico instintivo, el flujo que corre desde sus sentimientos hasta sus dedos es directo, sus sentimientos se expresan maravillosamente con la música y muy rápido. Es muy creativo pero no es alguien que pueda encajar con "Ya veo, compás 55, el si$b$7, deberíamos tocar en mi$b$7 con un re en el bajo"; así, "Shere Khan The Tiger» estaba totalmente compuesto, llevando entre ocho y diez compases de 5/4 y un cambio a 6/4, pero el 6/4 era extraño ya que todos los acentos caían en el quinto ritmo. Tan buenos como son estos chicos (Hancock, Carter, etc.), todos estaban midiendo el tiempo. Ahora Devadip tenía que tocar esta canción y la tocaba maravillosamente, pero para hacerlo me tenía que sentar con la música y de vez en cuando asentir con la cabeza.» Carlos trabajó su enfoque: «Hago mis propios temas, aprendí a leer música cuando era niño pero lo dejé, sólo me acuerdo del fa, sol, la, do y ese tipo de cosas y escribo mis propios temas sobre eso. Lo que me falta es la estructura del compás, solamente escribo las notas y memorizo la primera nota de cada frase, es un decir.» El aprendizaje era mutuo y Herbie Hancock indicó que «en muy poco tiempo aprendí mucho de él (Carlos)».

La música en *The Swing Of Delight* refleja el enfoque de Santana al jazz, melodías simples, efectivas, expresadas en un contexto de jazz-funk, latino o brasileño. Había tres temas de un jazz más directo («Jharna Kala», «Gardenia» y «Shere Khan The Tiger»), el resto se aproximaba más al concepto estándar de Santana. Todos los músicos de Miles Davis que aparecían en el disco eran músicos con experiencia de fusión y blues, lo que les daba la base sobre la que podían encontrar al guitarrista que, por su propia admisión, no estaba preparado para convertirse en John McLaughlin y nos sorprende con una ráfaga de be-bop de gran avance técnico.

Carlos Santana llevaba relacionándose con Herbie Hancock menos de un año y nunca había trabajado con Tony Williams o Wayne Shorter. Teniendo en cuenta esto, la empatía musical es un claro testamento de cómo Carlos era altamente considerado por estos tres auténticos maestros del jazz. Había bellos pasajes en solitario de Santana y Shorter que fluían juntos en «Gardenia» y «Spartacus»; un persuasivo, potente enfoque en «Phuler Matan» y alguna telepatía hedonista entre el guitarrista y el batería en el emocionante «Swapan Tari» con el que empezaba el álbum. Sin embargo, la mayoría del trabajo fue el resultado de una relación musical cercana entre el guitarrista y Herbie Hancock, que trabajaban juntos en los arreglos. Revivieron los solos en tonos altos de «Saturday Nite» en el ligero «Golden Hours», mientras Hancock proporcionaba algunas notas de instrumento de viento al sintetizador en «Song For My Brother». Los mejores momentos llegaron con «Gardenia» y «Sparta-cus» con la Fender Rodnes del jefe de la tribu dando paso a la expresiva e exquisita guitarra de Santana, antes de comenzar el baile, demostrando sus propias exploraciones musicales.

Por supuesto, Santana les presentó a algunos amigos suyos. Armando Peraza puso al día su lista de contactos de jazz con actuaciones virtuosas de bongo, mientras que el músico de lengüeta Russell Tubbs comentaba que hubiera sido un gran aspirante si no hubiese elegido la vida de discípulo. Su solo en «Jharna Kala» es increíble. El equipo batería-bajo de Santana con Graham Lear y David Margen no es capaz de igualar a Tony Williams y Ron Carter, pero ¿quién podía alcanzar la increíble forma de tocar de Williams en «Gardenia»?

Como demuestra su forma de tocar, Carlos Santana mostró gran confianza en sus propias habilidades musicales durante esas sesiones. «Cuando grabé *Caravanse-rai* me sentía inseguro», explica Santana. «Me estaba metiendo en lo desconocido, no leía música. Estaba trabajando con músicos avanzados como Hadley Caliman y estaba intentando llegar más allá del rock'n'roll. Cuando grabé *Swing Of Delight* no me sentía tan inseguro porque ya había aprendido mucho con el paso de los años»[1]. Un rasgo de su madurez musical era su habilidad improvisando composiciones demostrándolo en «Song For My Brother», y en concreto en «Gardenia» ambas composiciones muy maduras. La última composición de Santana fue la canción folk mexicana «La Llave», que incluía una agradable parte de conga de Francisco Aguabella y la propia voz sin dirigir de Carlos.

Lo más destacado del álbum fue «Shere Khan, The Tiger» y el mejor tema, «Phuler Matan». «Shere Khan» de Wayne Shorter es una composición compleja trucada, muy adecuada para un buen álbum, muestra cómo el enfoque de Santana incluso en una música más vertigi-

---

[1] *Downbeat*, enero de 1981.

Carlos Santana. Después de los años 70 llegaron los años 80.
(Foto: Garry Clarke.)

nosa puede ser humanista. «Phuler Matan» es el primer tema, un sereno homenaje al tema básico de la guitarra española antes de convertirse en un tema feroz que nos recuerda la fuerza de «Mother Africa», no hay solos, pero todos los músicos tocan con una pasión excepcional, en concreto Tony Williams, que está inspirado. La música se desenvuelve en continuas olas de pasión colectiva y energía que se aproxima hacia un encuentro extático. La corriente lírica de la sesión se demuestra mejor en el encantador «Spartacus» que se ha convertido en un estándar de jazz con las interpretaciones de Bill Evans y el héroe de Carlos, Gabor Szabo. El enfoque musical de Santana influye a Hancock y Shorter, quien añade maravillosos pasajes propios al tema.

The Swing Of Delight es un disco importante, enfatiza la singular habilidad para entregar una melodía robando gran expresión a su instrumento. Hubiera sido imposible «fallar» en compañía de los maestros de jazz de esta estatura. El álbum también destaca su mejora como compositor y, el hecho de que recibiera cinco estrellas de la revista *Downbeat,* mostraba lo que podía hacer cuando le dejaban tomar sus propias decisiones.

En mayo, el guitarrista se unió a Hancock en un concierto en directo en Berkeley para una sesión con el pianista y un grupo en el que se encontraba Stanley Clarke y John McLaughlin. Obviamente Carlos pertenecía al mundo del jazz durante esta época, la pregunta se mantenía: ¿Dejaría el grupo Santana para continuar en solitario, o continuaría con su esquizofrénica vida musical?

En 1980 el negocio de la música era algo muy diferente al de los años setenta. A finales de los sesenta, y durante los setenta, fue la era de Santana y comenzando la nueva década, el guitarrista se las tenía que arreglar para que un grupo como Santana continuara siendo relevante. En relación al grupo Santana, 1980 fue un año decisivo para la existencia o desaparición del grupo y fue probablemente Jimmy Page quien lo salvó de que desapareciera con anterioridad. El grupo se encontraba en Frankfurt, Alemania, en medio de una gira por Europa, cuando invitaron al guitarrista de Led Zeppelin para tocar con ellos «Shake Your Moneymaker» al final de una de las actuaciones. Todo fue bien, pero después del concierto Page se mostró muy entusiasmado por el grupo y esto tuvo un importante efecto en el impulsivo guitarrista, Carlos. Solamente un par de años después de haber amenazado con dejarlo, Jimmy Page le convenció de que era «importante tocar rock'n'roll» y de pronto Carlos se encontró entusiasmado por revivir el grupo Santana como declaró a la BBC: «Me junté con Jimmy Page y me animó por algunas cosas que me dijo sobre Santana, a él le gustaba el grupo, vino y nos vio y le gustamos mucho. Ahora cuando tocamos en directo, están Santana y Devadip juntos en este grupo porque somos muy versátiles.»

El verdadero éxito de la gira de 1980 fue el nuevo fichaje del timbalero neoyorquino Oresters Vilató, completando así una de las sesiones de percusión más grandes de la historia del grupo. Vilató ya era una figura importante en la música latina cuando Carlos Santana le pidió que se uniese a su grupo en 1975, pero acababa de dejar a Ray Barretto para empezar con su propio grupo, Los Kimbos; Orestes tendría mucho que perder. En 1980 las complicaciones con los sellos discográficos incitaron a Vilató a realizar un cambio, así que se trasladó a Bay Area y se unió al grupo. Raul Rekow recordaba cómo ocurrió: «Pete Escovedo se fue después de no mucho tiempo y Carlos preguntó "¿Con qué timbalero os gustaría tocar?". Dijimos: "Orestes Vilató, él es el tipo." Carlos llamó a Orestes y le invitó a trasladarse a San Francisco para tocar con nosotros, yo me quedé alucinado. Sabes, fueron muy amables conmigo, yo sé que no estoy en el nivel musical de Armando u Orestes, los dos son innovadores, cambiaron el instrumento.»

Orestes es uno de los líderes más grandes de la música latina altamente reconocido por sus compañeros y su dinámica personalidad realza la reputación de Santana, uno de los grupos más entusiastas en directo. Su estilo es más «clásico» que el de Chepito Areas y se tomó muy en serio el hecho de que dentro del grupo Santana podía llevar la cultura de la música cubana por todo el mundo. Demostró ser una figura de gran influencia y fue el responsable de la introducción de canciones de la cultura Yoruba que empezó a impregnar la música del grupo desde 1981 en adelante. Estas canciones, derivadas de los rituales religiosos del oeste africano que llegaron a Cuba a través del comercio de esclavos, eran en su mayoría invocaciones espirituales. También se unió al grupo Richard Baker, un teclista canadiense que conocía a Graham Lear de sus días con Gino Vanelli. Baker era un buen músico, con el rock, con la música latina y el jazz.

Con los nuevos componentes a bordo, la gira avanzó lentamente por Europa, tocaron en grandes recintos con un repertorio que daba una amplia visión de la música de Santana, incluyendo algún material poco escuchado como «Just In Time To See The Sun» y «You Just Don't Care». A esto le siguió una pequeña gira por Estados Unidos en compañía de otro «héroe a la guitarra», Al di Meola. El año terminó con Santana renovado enérgicamente, preparándose para la búsqueda de nuevas canciones y completando las que esperaban que formase un gran álbum. El mexicano estaba bajo una gran presión para sacar un disco exitoso y eso significaba olvidarse de Devadip y componer algún material comercial, pero esta vez se reconcilió con el mercado: «Estamos a medias del próximo álbum de Santana. Tenemos casi quince canciones y solamente me gustan seis. Pero ya ves, me gusta el comercio, solamente cuando no es sincero es cuando me ofende»[2].

El futuro álbum tendría un accidentado curso. Se le dio vida bajo los títulos *Conquerors* y *X-Man* en sesiones con Alan Pasqua y Chris Solberg. Estas sesiones dieron lugar a canciones como «Searchin», «Tales of Kilimanja-

---

[2] *Musician's Industry,* septiembre de 1980.

ro», «Primera Invasión» y «Hannibal» (otro título para el álbum), así como temas que nunca aparecieron tales como «Diamond Heart» y «Drums Of Victory». El grupo incluso intentó realizar una versión de un antiguo éxito de Marvin Gaye de 1967, «You». Completado el álbum en el nuevo año, estuvo a punto de ser publicado bajo el nombre de *Papa Ré*. Los discos fueron impresos al igual que las portadas, pero el álbum fue editado en el último minuto ya que la búsqueda por parte de la compañía discográfica de éxitos estaba llegando a ser algo primordial. «Nunca había estado bajo este tipo de presión anteriormente», explicó Carlos en ese momento: «me sentí presionado por Columbia y por todo el mundo para conseguir que la gente escuchase al grupo de nuevo. No es tan difícil encontrar un público, queríamos un público nuevo. Quería llegar a más gente y tocar con grupos como The Police y no sonar a antiguo»[3].

Eligió no enfrentarse a la presión él solo y consideró la posibilidad de trabajar de nuevo con Coke Escovedo, con la antigua canción de Tito Puente «Azukiki». Desafortunadamente esto no dio su fruto. Tampoco logró que su hermano Jorge se uniese a Santana a tiempo completo como segundo guitarrista. Jorge acababa de terminar de promocionar su segundo disco en solitario, pero de nuevo, este plan no funcionó. Al final le dieron a Bill Graham la oportunidad de hacer lo que él siempre había querido hacer: producir un álbum Santana, incluso aunque lo considerasen como una co-producción. Su presencia se manifiesta por el sentimiento latino y una portentosa actuación, un antiguo tema de los años cuarenta de Tin Pan Alley, «I Love You Much Too Much». A Graham siempre le había gustado la música latina y el blues y las dos cosas se pueden escuchar en el álbum resultante, el cual realiza un mejor uso de la sección de percusión, que se puede escuchar después de su ausencia en la mitad del álbum *Marathon*.

---

[3] *Guitar Greats,* BBC, 1982.

Finalmente recibió el curioso nombre de *Zebop!;* el disco apareció en abril y el resultado de todos los esfuerzos es un álbum medio bueno y medio pobre. La mitad pobre estaba compuesta por canciones pop de AOR, que incluían auténticas porquerías como «Winning», «Over and Over» y «Changes». La parte buena representada por una percusión potente y emocionante, pero ronca, intervenciones de guitarra sobre temas afrocubanos, «É Papa Re», «American Gypsy» (un gran tema cubano de descarga), «Primera Invasión» y el excelente «Hannibal». «I Love You Much Too Much» era una balada movida e igualmente satisfactoria, una recopilación de mediados de los setenta de música latin-jazz en «Tales Of Kilimanjaro» («Astral Travelling» visitada de nuevo). El resto era regular. Sin duda, «Hannibal» suponía el mejor momento del álbum, casi una suma del rock afrocubano de los ochenta. Era una música animada, emocionante y apasionada que tranquilamente manifestaba un poco de la cultura afrocubana, la letra era un cántico cuyos orígenes se encuentran en la religión afrocubana, la santería.

La nueva sección de percusión era increíble y ya solo por la conga de Armando Peraza en «Hannibal» merecía la pena el precio que se tenía que pagar por el álbum. A pesar de la animación general y de la estruenda guitarra, no había nada nuevo que ofrecer. El álbum era fundamentalmente un refrito más entusiasta de la antigua fórmula, pero *Zebop!* consiguió el éxito que Columbia, Bill Graham y Carlos Santana estaban buscando, alcanzando el número 10 de *Billboard* y permaneciendo en las listas durante 21 semanas, con el horrible single «Winning» que de alguna forma consiguió el número 10 de la lista de singles. Santana, como Cliff Richard, estaba en un momento muy bajo. Hizo que algunos observadores se preguntasen si Carlos estaba realmente preparado para sacrificar su reputación como músico por las listas de éxitos. La cruda realidad de la supervivencia financiera probablemente le garantizaría una base de fans por otros diez años. La gloriosa invención musical de *Abra-*

Carlos Santana en la época de *Zebop!* (Foto: Garry Clarke.)

xas, Caravanserai, Lotus o *Borboletta* parecía muy distante y, cuando escuchó «Winning», Tom Coster debió de sentirse aliviado de haberlo dejado cuando lo hizo.

Mientras tanto, afortunadamente, como grupo en directo, Santana aún entregaba buen material y las actuaciones mejoraron considerablemente la mayoría del material *Zebop!* El éxito del álbum en Estados Unidos estuvo promocionado con una gira de sesenta fechas que duró desde febrero hasta julio. En este recorrido no sólo se vio a Santana de vuelta en los auditorios, sino también en los estadios. 46.000 fans los recibieron en Detroit, hubo una retransmisión especial a nivel nacional el «4 de julio» desde Cape Cod Coliseum, dos fechas en el Roberto Clemente Coliseum de Puerto Rico y un cálido jam con las estrellas de la música latina, Tito Puente y Eddie Palmieri, en Nueva York. Este concierto le ofreció a la sección de percusión de Santana la oportunidad de impresionar a los mejores de este campo. La combinación de Peraza, Vilató y Rekow estableció un consistente estándar, sus actuaciones en directo eran algo digno de observar y amenazaban con eclipsar a Carlos. Raul Rekow nunca olvidará esa noche de verano cuando se pusieron cara a cara con «El Rey»: «Tito Puente, cuando él escuchaba esa sección de ritmo decía que era "la sección de percusión más buena del mundo" en esos momentos. Era una buena crítica viniendo de Tito Puente, porque a Tito no le gusta realizar muchos comentarios. Eso ocurrió después de un concierto en Nueva York en Pier, y Tito, Nicky Marrero, Eddie Palmieri, todos esos tipos vinieron a tocar con nosotros. Sabes que Orestes y Armando son muy territoriales, y yo también, he aprendido eso de ellos. La gente viene a tu concierto y comienza la competición, así que tienes que tocar lo mejor posible, les tienes que dar todo lo que tienes, no puedes dejar que alguien venga y toque mejor que tú. Así que ese día en Pier ganamos a más de uno.»

El repertorio de Santana durante esta época era una mezcla estándar de viejos temas favoritos y el mejor material de *Zebop!,* funcionó bien y el nuevo entusiasmo del líder del grupo les hizo dar unos conciertos emocionantes. El sonido de la guitarra de Carlos estaba más afilado y más fuerte que en años anteriores. Tenía una nueva guitarra hecha a mano por el artesano Paul Reed Smith, y este nuevo instrumento tenía un sonido más directo que su vieja Yamaha. Había descubierto otra vez el blues y el repertorio a menudo incluía canciones que solía tocar en Tijuana como «Shake Your Moneymaker» y «Help Me», así como los clásicos propios del grupo como «Incident At Neshabur» que le da una oportunidad a Richard Baker de demostrar lo que pudo grabar con Santana. El ritmo de la gira era frenético y después de un descanso de unas cuantas semanas el grupo se marchó a Japón para algunos encuentros importantes. En primer lugar, Carlos tenía tres fechas especiales con Herbie Hancock, Ron Carter, Tony Williams y Wynton Marsalis, tocaron algo de material de *The Swing Of Delight*. Luego, se unió a Journey en el escenario en Tokio para un encuentro con Neal Schon y después comenzó a una gira especial a cinco ciudades de Japón del grupo en compañía del guitarrista japonés Masayoshi Takanaka. Santana aún podía conseguir una gran audiencia en Japón y el primer concierto en Yokohama Stadium fue el concierto más grande en la historia del país. Luego, el grupo disfrutó de un descanso de tres semanas y tocó en los anfiteatros más grandes. Los lazos de Bill Graham con The Rolling Stones hicieron que la gira se cerrase con dos conciertos teloneando a los Stones en Estados Unidos. Después de toda la presión, 1981 había traído lo que Santana y Columbia habían deseado, un álbum muy vendible y unas giras de gran éxito que situaron de nuevo al grupo Santana en la mente del público. Carlos se tomó un descanso de cuatro meses con una satisfacción merecida, y si le hubiera interesado podría haber contado los 75 discos de oro que el grupo había ganado sólo en Europa hasta ese momento.

Capítulo 14

Santana

Zebop! había visto cómo Santana conseguía un nuevo ejército de jóvenes fans por todo el mundo. Sin embargo, su apetito por triunfar en las listas y ser una celebridad era esporádico y rápidamente se cansó de la demanda de grabar música pop. Aumentó su atención por el mundo igualmente hiperactivo del tenis y se hizo con nuevos amigos como John McEnroe y Vitus Gerulitas, que eran fans de la música mexicana. Aunque estas relaciones eran genuinas nunca pudieron reemplazar la emoción de tocar música y en 1982 Carlos tuvo la oportunidad de grabar con uno de los verdaderos gigantes del jazz, el pianista McCoy Tyner, en su álbum *Looking Out.* Tyner había compuesto una canción dedicada al guitarrista e incluía una versión extravagante de la canción «Hannibal» de Santana, una actuación de Carlos y el piano inflado de Tyner. Aunque él nunca podía aspirar a las altitudes de un maestro de jazz como Tyner, su sentido innato melódico y su estilo altamente expresivo le impedían que marcase una gran diferencia.

El héroe a la guitarra también participó en otras sesiones con León Patillo, Stanley Clarke y José Feliciano (una versión dramática de voz de «Samba Pa Ti»). La reunión con Patillo ponía de manifiesto cuánto significaba Carlos para el cantante: «Fue un honor y un privilegio para mí contar con él para mi álbum, cuando entró en el estudio mi sonrisa quedó dibujada de tal manera que la podías ver a gran distancia.» Otro encuentro estaba pendiente ya que a finales de la primavera Carlos estaba trabajando con su compañero musical, Gregg Rolie.

El teclista había conseguido triunfar en las listas por segunda vez con Journey, pero a comienzos de 1981 se había cansado de las giras constantes y dejó el grupo. Santana y Rolie apenas se habían hablado durante años y la tensión permanecía a comienzos de los años ochenta. Ahora, sin embargo, Rolie decidió comenzar una relación con el guitarrista y le sugirió trabajar juntos en un nuevo concepto que se llamaría apropiadamente, Friends Again. Apropiado o no, nunca se llegó a realizar. La idea de Rolie era un nuevo grupo que sobrepasase la percusión latina y operase directamente en el mundo del rock. Para conseguir esto alistó al batería de gran talento de Journey, Steve Smith, mientras que Santana se llevó a David Margen para que tocase el bajo. Dejando la democracia a un lado, Gregg se mantenía firme en su idea de que no hubiese percusión latina. La aventura comenzó con ensayos en la casa del cantante Novato, pero pronto se encontraron con dificultades para conseguir un buen material nuevo y la relación entre los dos protagonistas principales concluyó de forma delicada por no decir otra cosa. Carlos había sido el líder indiscutible de Santana desde 1974 y Rolie había sido la figura principal en Journey junto a Neal Schon, así que una vez más, el encuentro de dos personalidades fuertes les llevó a la reinstauración de la antigua lucha de poder. Friends Again realizó algunos progresos y el grupo incluso grabó algunas maquetas en Fantasy Studios en Berkeley, pero como Steve Smith recuerda, no parecía que iban a tener mucho éxito: «Aún estaba en Journey, no estaba realmente libre para pasar mucho tiempo en el proyecto, y creo que no estaba muy entusiasmado musicalmente. Era una buena idea, pero necesitaba mucho trabajo.»

Poco se conoce de la producción de Friends Again, pero fue el gatillo para que Santana y Rolie comenzasen a componer juntos, el líder de Santana Band aprovechó la ayuda de Rolie para dar ímpetu al álbum que seguiría a *Zebop!* Como siempre, de nuevo surgió la presión para crear un disco exitoso. En 1982, los dos grupos de moda en la música popular según los ejecutivos de Columbia eran los grupos británicos, The Police y Dire Straits. El primero tocaba una forma pegadiza de pop-rock utilizando de forma muy inteligente ritmos de reggae, el segundo tocaba una especie de ligero country-blues-rock basado en el sonido de la Stratocaster del guitarrista Mark Knopfler. Obviamente la lógica del buen negocio era que si el grupo Santana quería conseguir triunfar contemporáneamente debería incorporar algunos de estos sonidos a su música. También tenían que seguir teniendo en cuenta el continuo éxito de grupos como Journey, Reo Speedwagon y Foreigner. Columbia reunió a un nuevo grupo de productores para que trabajasen en el siguiente álbum de Santana y el resultado es un intento de imitar nuevos estilos mientras se mantiene un poco la esencia de Santana. Entre los productores se encontraba John Ryan, que había saboreado el éxito con Styx, y Bill Szymczyk, responsable de The Eagles y J. Geils Band. Gregg Rolie coproduciría algunos temas junto a Santana y se encargaría de todos los arreglos, dando lugar a un sonido de rock más duro. La procesión de productores que manufacturaron un nuevo sonido dejó al guitarrista en un estado de suprema indiferencia. Más tarde reflexionó: «Tenemos tanto dinero de Columbia; tenemos un contrato muy jugoso en comparación con lo baratos que éramos al principio. Durante un tiempo querían que entrásemos en el juego. Me iba a jugar al tenis, aparecía en el estudio, tocaba y me iba»[1]. Era una situación lamentable.

Sin embargo, había un estilo de música contemporánea que interesaba a Carlos Santana, llamado reggae. Era una música espiritual pegadiza de Jamaica, su figura más representante, Bob Marley, había desaparecido recientemente. Durante los años antes de su muerte Marley se convirtió en una súper-estrella mundial y muchos músicos de rock defendían su música, como Eric Clap-

[1] *Seconds,* marzo de 1995.

ton que consiguió un éxito con un tema de Marley, «I Shot
The Sheriff». En muy poco tiempo Santana quedó cautivado por la música melódica y rítmica de Marley. Sin
duda se identificaba con el estatus del jamaicano una
«estrella del tercer mundo» y con sus creencias espirituales. Con el tiempo, más ferviente era su admiración
por el jamaicano, tocaba sus canciones en directo («Exodus» y «So Much Trouble» eran sus favoritas) y se hizo
amigo de la viuda de Marley.

Con la ayuda de Rolie, el grupo entró en el estudio en
abril para grabar el nuevo elepé que llamaron *Shangó*.
Ese título y la acogedora obra de arte mexicana de la
portada podría sugerir al posible comprador que un conjunto de placeres étnicos musicales quedaba encerrado
dentro del vinilo. No era así. Hay dos temas buenos en
Shangó, un jam latino «Nueva York» que cuenta con la
vuelta del Hammond de Gregg Rolie y el tema que lleva
el título del álbum que es un breve pero animado canto
africano. El resto es música modesta pop que luchaba
por la búsqueda de ser contemporánea reflejando los sonidos del reggae, The Police, Dire Straits y AOR. Bastante horrible es un cántico adormecido, «Nowhere To
Run» que deja al oyente sintiendo exactamente eso. Aún
merece la pena escuchar la guitarra de Santana y la sección, de percusión lucha animosamente con la música
de fórmula, creando algunos temas muy imaginativos,
pero la mayoría de los compradores de *Shangó* lo escucharon durante unas semanas para colocarlo en la
estantería y dejarlo cubrirse de polvo. El grupo se encontraba en medio de una gran gira por Estados Unidos
cuando se publicó el elepé en agosto, la falta básica de
calidad hizo que sus temas no pasasen del número 22
en *Billboard.* Obviamente el entusiasmo que Carlos Santana sintió con *Zebop!* desapareció con *Shangó,* evidencia de esto la encontramos en el hecho de que después
de un mes de gira sólo tres canciones del disco se tocaban en los conciertos en directo. *Shangó* representó
un giro en la carrera de Santana, el cambio era necesario. En el fondo Santana sabía que era un músico y

A la busca del soul durante los años 80.
(Foto: Garry Clarke.)

no un jugador de tenis. Puede que temporalmente se hubiera sentido bien doblando sus solos y cogiendo el dinero, pero esta no era la actitud que había que tener con la música que había arrastrado al guitarrista toda su vida.

Carlos tampoco estaba satisfecho con su vida espiritual y a finales de 1982 se alejó de Sri Chinmoy, parecía estar más interesado en el «convertido» movimiento cristiano que afectaba a todo el mundo en aquella época. Fueron sus primeros pasos hacia la libertad los cuales reflejaban confianza; habían pasado diez años desde que fue presentado a Sri Chinmoy en Nueva York y durante ese tiempo se había convertido en un músico considerado, agasajado por las principales figuras del jazz, la forma musical que quería perfeccionar. Su viaje espiritual-musical había quedado registrado con el trabajo junto a John McLaughlin, Alice Coltrane y finalmente sus propios álbumes importantes *Oneness* y *The Swing Of Delight,* que reflejaban su tremenda madurez como músico y compositor. Su reciente sesión con McCoy Tyner debió de haberle infundido mucha confianza en sí mismo. Añadido a su confianza personal, comenzó a tener sus dudas sobre los móviles del gurú: «He encontrado a Dios de formas diferentes que un gurú, nadando o corriendo. Es bueno aprender de ellos, pero entorpecen, especialmente cuando comienzan ambicionando la inmortalidad. Siempre debes de sospechar de alguien que ambicione la inmortalidad enterrando sus escritos bajo tierra y cosas así»[2]. Así que al dejar a Sri Chinmoy, Carlos Santana quedaba fuera de la disciplina, pero mientras que dudase sobre el alcance del estado del gurú siguió influyendo su vida y visión espiritual.

Mientras tanto, Santana había terminado su gira por Estados Unidos, que incluía una actuación en la televisión de la República Dominicana, donde el grupo fue recibido por una multitud histérica de emoción. Esta fue

[2] *Seconds,* marzo de 1995.

la primera fecha de Santana en Latinoamérica desde la gira de 1973 y casi termina con un gran desastre. Una tormenta tropical comenzó en el momento en que el grupo salía al escenario y el grupo casi se electrocuta en el Caribe. A pesar de las dificultades, esta vuelta a Hispanoamérica después de una ausencia de nueve años marcaría la forma de hacer música de Carlos durante el año siguiente. Santana estaba volviendo a sus raíces.

1983 fue el año de libertad para Carlos Santana, un año para reflexionar sobre sus raíces musicales. Tuvo tiempo para descansar, quedaba libre de la disciplina de Sri Chinmoy y tuvo tiempo para hacer una grabación en solitario concebida por él para completar su contrato actual con la casa discográfica. También estaba a punto de ser padre. El año comenzó en el estudio grabando un álbum que parecía haber retomado las influencias musicales de sus días en Tijuana, artistas como Bo Diddley, Bobby Parker, John Lee Hooker, Booker T. Jones, Chuck Berry y Lightnin' Hopkins. Para hacer esto consiguió el apoyo de los productores que él quería y ¿qué mejores productores había que Jerry Wexler y Barry Beckett? Wexler era el maestro que estaba detrás de las carreras de los héroes de Santana como Wilson Pickett, Aretha Franklin, Ray Charles y Otis Redding. Barry Beckett era el pianista y el líder del legendario Muscle Shoals Rhythm Section. Ya no existía Devadip, Carlos alistó a Booker T. Jones para que tocase el órgano y por la insistencia de John McEnroe, llamó a Greg Walker para el micrófono, y se encargó de transmitir el nuevo material. El álbum resultante, *Havana Moon,* se encuentra entre sus álbumes más «diferentes» y realmente es un destello dentro del álbum musical de Santana durante los años cincuenta y sesenta. Habían pasado veinte años desde que salió de Tijuana y ahora con 34 años estaba preparado para mirar atrás y pagar sus cuotas a los campeones de R&B de aquella época, a quienes aún admiraba.

El resultado fue un divertido álbum de «raíces» que se mueve entre los fuertes sabores de R&B de «Watch Your Step», «Who Do You Love», «Lightnin» y «Mudbone» al soul de «Daughter Of The Night» e incluso un sabor de country-western de «They All Went To México» (que incluía una voz de Willie Nelson). Booker T. Jones destaca en un jam seductor, «One With You» y una destacada versión de un antiguo éxito de Chuck Berry «Havana Moon». La animada guitarra de Carlos se funde con el órgano Hammond de Jones, la voz agradable de Greg Walker y el talento instrumental del teclista del grupo tejano The Fabulous Thunderbirds, en general la música evoca el ambiente de un sórdido bar de Tijuana de los años sesenta.

Otro tema a destacar es una versión de jazz de «Tales Of Kilimanjaro», una toma alternativa de las primeras sesiones de *Zebop!* Tiene un ambiente más frío, más espiritual y nos ofrece la mejor oportunidad para escuchar el excelente piano de Alan Pasqua. Sin embargo, el tema más significativo es el último, «Vereda Tropical». Esta es la única vez que Carlos ha grabado una melodía clásica mexicana, así de este modo transporta al oyente a su época en Tijuana. Esta dulce canción pone de manifiesto los bloques de una sensibilidad melódica que un día dirigieron «Samba Pa Ti» y «Europa». El padre de Carlos, José Santana, toca el violín y pone la voz, dirigiendo un grupo clásico de Mariachi sobre el que Clare Fischer preparó un romántico arreglo de cuerda. Escuchando esta música, es difícil no considerar por qué el joven guitarrista la rechazó para tocar música pachuco. Ahora más mayor y más sabio, Carlos Santana no quiso ignorar por más tiempo el papel que había desempeñado esta música en el desarrollo musical de su país y en su propio desarrollo como músico y estaba preparado para celebrarlo. Esto es lo más importante en un álbum de reconciliaciones musicales.

El álbum, efectivamente documenta las raíces musicales de Carlos, se editó rápido y apareció en las tiendas en abril. No voló rápidamente de las tiendas, pero sí que se vendió bien. Parecía ser la señal de que el guitarrista se estaba alejando de la autoconciencia sombría de la imagen de Devadip y ya no veía una separación entre la música «espiritual» y la música de «calle», pero sobre todo, mostraba que cuando se le dejaba con sus propios recursos Carlos Santana podía hacer buenos discos.

Siempre había conseguido buenas actuaciones en directo y el grupo se comprometió a una gira por Europa en marzo, abril y mayo, seguida por un viaje a Japón y Australia. Para proyectar su nueva libertad musical se llevó a algunas caras nuevas, Ligertwood, Baker y Margen se habían marchado. Tom Coster estaba de vuelta después de haber terminado su segundo álbum en solitario, imprimiendo su sello característico con los solos de moog. Este sería el sonido que le acompañaría en la gira de 1983. Greg Walker había impresionado con su voz renovada de gospel y estuvo en la gira al igual que el excelente bajista jamaicano, Keith Jones. Era obvio que Carlos quería aproximarse al sonido reggae y afortunadamente, Jones también tocaba jazz, música latina y blues con gran facilidad. Cuando el grupo empezó sus primeras fechas europeas, Carlos se acordó de Chester Thompson, el organista que había conocido de entre sus numerosos contactos con el grupo de funk de Bay Area, Tower Of Power, y le invitó para que se uniese en la gira. Thompson no dejó pasar la oportunidad: «Fue una idea de Carlos la de tener dos teclistas o de tener dos teclados en 1983. Era una época mala aquella de Tower Of Power y quería seguir avanzando, la oportunidad surgió y no la desaproveché.» Thompson voló a Europa para comenzar una relación musical con Carlos que duraría más de una década. Esta alineación con dos teclados era la más fuerte que Santana había reunido desde los duros días de la gira *Lotus* y posiblemente era una de las alineaciones más fuertes que jamás tendría el grupo. El nuevo grupo Santana tenía una legendaria sección de percusión, uno de los grandes guitarristas del mundo, dos increíbles organistas, un consumado bajista y el carismático Greg Walker.

El sonido del nuevo grupo estaba menos orientando al «rock» que su anterior encarnación, pero la variedad y la capacidad de los músicos era tal que podían cubrir casi cualquier cosa del repertorio de Santana. Reflejaban el ligero sentimiento de R&B de *Havana Moon* y Carlos incluso ponía la voz en interpretaciones energéticas del clásico folk mexicano «La Bamba», era difícil imaginarse a Devadip haciendo eso. Aparte había algunas elecciones sorpresa como el éxito de gospel de Billy Preston «That's The Way God Planned It» que se situaba junto al nuevo estilo de Santana de «Super Boogie» de John Lee Hooker y un nuevo tema de rap-fusión, «Brotherhood». *Shangó* quedaba olvidado excepto por las superficiales actuaciones de «Hold On» y «Nowhere To Run». De hecho este grupo Santana estaba tan relajado del pasado musical del grupo que incluso tocaron «In A Silent Way» por primera vez en años. Santana estaba encantado con la vuelta de Greg Walker, quien se lucía en el nuevo blues «John Henry» y en los temas clásicos de R&B como «Help Me» de Sonny Boy Williamson. La variedad de estilos de este grupo era algo extraordinaria. El mismo Carlos estaba, por ahora, trabajando la música como un mago, los viejos favoritos se vigorizaban sin gran esfuerzo añadiéndoles diferentes texturas y estilos. De momento, en esta gira, en medio de «Soul Sacrifice», el guitarrista hacía salir al grupo y comenzaba a tocar la famosa melodía del «Concierto de Aranjuez» con toda la sensibilidad de un auténtico maestro. Esto terminaría con un jam suelto que llamaba a «El Mar» de George Benson y «The World Is A Ghetto» de War; el grupo pasaba de un ambiente dinámico a otro con una facilidad asombrosa que recordaba los grandes momentos de *Lotus*.

El repertorio de Santana de 1983 equivalía a la historia de la música negra con jazz, música afrocubana, R&B, blues, gospel, soul, funk, rap y rock durante tres horas de una actuación asombrante. Para enfatizar el concierto terminaba con el cántico afro de «Shangó», dando paso a una extraordinaria sección que transportaba al público a una iglesia sureña con Chester Thompson ondeando un estilo mágico de órgano eclesiástico. El ambiente se elevaba con el cantante Walker, que improvisaba lo que parecía ser un gemido de dolor de las plantaciones, mientras el líder del grupo golpeaba una pandereta y presentaba al grupo como si fuese un predicador recogiendo nuevas almas.

Durante la gira se dieron cita numerosos encuentros musicales, como una sesión con el gran saxofonista japonés Sadao Watanabe en Tokio, donde Carlos también invitó a Saunders King para que le acompañase en el viejo estándar «Stardust». En octubre, habiendo terminado una pequeña gira por Estados Unidos, se unió en el escenario al pianista legendario McCoy Tyner en el Kool Jazz Festival en San Francisco donde recordaron lo más destacado del álbum *Looking Out* en una brillante actuación en directo. La confianza de Carlos era grande, ya había grabado un gran álbum con Herbie Hancock y había realizado numerosos conciertos en directo con ese mito al piano y ahora, aquí estaba, trabajando con uno de los auténticos legendarios del jazz que predecía incluso a Hancock. Satisfacción era el sentimiento que estaba aflorando en la vida del guitarrista, de forma profesional y personal.

Capítulo 15

Santana Después del año de libertad llegó la vuelta a la realidad, Santana como un producto. Se firmó un nuevo contrato con Columbia y a comienzos de 1984 el grupo entró en el estudio para comenzar a grabar nuevo material que no vio la luz del día hasta un año más tarde. Aparecieron nuevas caras en un intento de encontrar nuevos sabores musicales, músicos y compositores conocidos como David Sancious y Alphonso Johnson, además de Chester Thompson que estaba tocando la batería con el grupo eminentemente comercial Genesis. El trabajo en el estudio duró desde marzo hasta mayo y los críticos dijeron que el nuevo álbum, *Appearances,* estaba programado para que se publicase en verano, pero nunca apareció. La publicación fue planeada originariamente para que coincidiese con una gira por los estadios de Europa con Bob Dylan. Esta breve gira encajaba con la nueva situación doméstica de Santana; su primer hijo, Salvador, había nacido un año antes, un suceso que le haría disminuir su actividad durante tres años.

La gira Dylan-Santana de 1984 tenía el distintivo de una gran iniciativa de Bill Graham, conciertos lucrativos, enormes, que se realizaban en los mayores estadios de fútbol de Europa y que albergaban a no menos de 40.000 espectadores. Visitaron nuevos países como Irlanda donde tuvieron un gran impacto pero curiosamente nunca volvieron. Tal era la escala financiera del grupo que Santana se pudo permitir su ampliación a una alineación de diez hombres que incluía dos cantantes, Greg Walker y Alex Ligertwood. Dejando a un lado

«Black Magic Woman» y «Oye Como Va» sólo por esta vez, el grupo tocó un repertorio de casi todo el nuevo material, parecía tener una inclinación hacia el funk y el soul, pero aún se palpaba una combinación de música afrocubana y un buen enfrentamiento de egos cuando Sancious se dirige al frente del escenario con sus licks de guitarra de heavy metal en «Open Invitation». Sin embargo, la posibilidad de cobrar las ventas que podían generarse de una gran gira europea no era lo suficientemente importante para la casa discográfica y *Appearances* fue retirado. Le siguió una corta gira americana y los músicos volvieron al estudio para terminar la grabación que duró hasta noviembre. Cuando *Beyond Appearances* finalmente apareció en febrero algunos nuevos temas habían sido añadidos por el nuevo productor. Obviamente estaban dirigidos a las listas de éxitos y las diferencias entre el material compuesto por Santana y los nuevos temas era absoluta. El resultado fue otro álbum desalentador.

El nuevo productor era Val Garay, que tenía una buena hoja de informes con éxitos de Kim Carnes y The Motels. Sin embargo, estos eran grupos con una sensibilidad muy diferente de Santana. Garay contribuyó con dosis de basura banal pop, «Say It Again», «I'm The One Who Loves You», y el tema espectacularmente malo «How Long». En medio de todo esto había buena música, como «Spirit», «Touchdown Raiders» y «Who Loves You», que sonaba algo parecido a Santana, y dos maravillosos temas, «Brotherhood» y «Right Now». El primero era una mezcla sorprendente de afrofunk, solos de fusión y rap, mientras que «Right Now» era una agradable, animada mezcla de reggae, soul y coda afrocubana. «Try Jah Love» inspirado claramente en un éxito de Third World de 1982, compuesto para ellos por el héroe vivaz de Santana, Stevie Wonder. *Beyond Appearances* seguía con la típica fórmula de cada álbum de Santana desde *Inner Secrets* en su intento de encontrar un camino de hacer contemporáneo a Santana, y el producto final fue otra pobre publicación que sumergió la reputación del

Chester Thompson. (Foto: Josephine Peraza.)

grupo aún más al fondo. Santana simplemente no estaba de moda y parecía imposible que pudiera conseguir un gran éxito de nuevo. Columbia tenía que recuperar su inversión y sin duda Garay no era un productor barato, fue realmente una pérdida de tiempo. Como siempre el guitarrista intentaba racionalizar la experiencia y halló el beneficio del álbum en la influencia que las letras de este podían tener sobre la gente: «Las letras de *Beyond Appearances* están orientadas para transportar a la gente a un lugar donde puedan ver que tenemos opciones y alternativas.» También habló con cauteloso entusiasmo sobre el productor: «Val Garay tiene mucha convicción y me gusta eso en un productor porque yo también tengo mucha. He aguantado mucho considerando que se suponía que iba a ser un concepto comercial de Hollywood. Bien, nos peleamos mucho, pero fue una lucha constructiva. Como dije, no me puede llevar totalmente a su territorio, no soy yo. Tenemos que encontrar el punto medio desde donde podamos encontrar material y letras que lleguen al público más joven»[1].

En el fondo los observadores sabían que Carlos Santana no se creía esto e incluso cuando el álbum fue editado cambió su tono: «De vez en cuando vamos a Los Ángeles para ver si podemos aprender algo y cada vez choco con lo mismo, no tienen visión, tecnología o facilidades. Productores que no entienden al grupo, seguimos intentándolo, es como una cita a ciegas. Aprendí mucho sobre cómo usar una mesa para conseguir un mayor sonido después de haber trabajado con Val Garay. Algunas veces cuando tocas en directo el sonido sale por la ventana y estás concentrado sólo en la actuación. En lo que ellos se concentran es en el sonido. Para mí intentar conseguir las dos cosas es el objetivo. Lo hemos conseguido en algunas canciones, "Brotherhood", "Spirit", "Right Now", "Touchdown Raiders", "Body Surfin" y "Aqua Marine"»[2]. Tan pronto como fue

---

[1] *Bay Area Magazine,* 7 de junio de 1985.
[2] *Guitar,* octubre de 1985.

publicado el álbum y comenzaron con las entrevistas, Carlos se inclinaba más a hablar sobre una nueva sesión que había realizado con el batería Tony Williams en The Plant en Sausalito. El guitarrista estaba animado con la sesión, pero el único fruto que se materializó fue un tema, «Trane» que se editó dos años más tarde. Durante el año Carlos también tuvo tiempo para grabar con Gregg Rolie, quien había comenzado una carrera en solitario en Columbia con un álbum que lleva su nombre que contenía contribuciones de viejos amigos como Neal Schon, Mike Carabello y David Margen. Entre ellos trajeron a la memoria una colección de canciones de FM destinadas a ser aceptadas sólo en el mercado americano.

Beyond Appearances fue lanzado en *Saturday Night Live,* se planificó una gira por Estados Unidos de cuarenta fechas. La situación marginalizada de Santana en el mundo de la prensa de rock fue subrayada durante la mitad de la gira, cuando una trágica hambruna en el este de África les llevó a un concierto multinacional, Live Aid. Los conciertos habían sido organizados y dirigidos desde el Reino Unido donde el grupo estaba pasado de moda, así que obviamente Santana no fue el primer nombre de la lista del organizador de Live Aid, Bob Geldof. Pero para contratar a los grupos americanos, Geldof naturalmente contaba con la ayuda de Bill Graham, el rey de los promotores americanos, y ante la insistencia de Graham añadió Santana al cartel. Santana compensó el esfuerzo con una «descarada» actuación que no dio cuartel al tipo de auto-felicitación que otros artistas sentían en falta. Como siempre, Carlos estaba contento de compartir los focos e invitó al guitarrista de jazz Pat Metheny para que se uniese al grupo en un nuevo tema instrumental, «By The Pool», unido a un emocionante «Right Now». Desafortunadamente, la alineación multi-étnica del grupo y la música llamó muy poco la atención de los medios de prensa allí reunidos, que estaban más interesados en Phil Collins.

1985 había sido otro año con altibajos para Santana, con un hijo pequeño al que cuidar y otro por nacer, llegó el momento para que Carlos Santana pasase un año tranquilo. Parecía que se estaba quedando sin fuerzas: «Algún día puede que consiga una temporada sabática», comentó el guitarrista en esos momentos: «algunas veces me siento como si necesitase parar y escuchar durante un par de años y aprender más antes de continuar haciendo toda esta música. Algo te motiva y creo que cuando deje de disfrutar será cuando tendré que parar. Algunas veces es tentador parar, especialmente ahora con los niños». Pero las demandas del mundo de la música de 1985 casi habían abandonado por completo a Santana. Una situación inestable debido a la lucha del hombre por mejorarse a sí mismo con la música y su total identificación con su trabajo.

Cuando comenzó el año, Carlos Santana reflexionó sobre el hecho de que 1986 era el vigésimo aniversario de la formación de Santana Blues Band y el comienzo de su vida como una estrella de rock. En el fondo Carlos Santana era un músico en directo y los conciertos del grupo continuaban recibiendo una atracción masiva, pero no había forma de librarse del hecho de que las ventas estaban bajando. *Beyond Appearances* había entrado en el Top 50 de *Billboard* y eso a pesar de la publicidad de Live Aid. La realidad era que por primera vez en su vida la música no era su prioridad, así que 1986 fue el año con menos giras desde los días de Blues Band. Al final del año había realizado menos de treinta conciertos, claramente su nueva situación doméstica le hacía no querer estar lejos de su casa por mucho tiempo.

Alejado del grupo el nuevo año comenzó con un importante proyecto dirigido por el percusionista de Grateful Dead, Mickey Hart. Hart estaba grabando un álbum con el material del legendario batería nigeriano Babatunde Olatunji, el hombre que había traído al mundo «Jingo». Hart reclutó a Carlos y Airto Moriera para que colaborasen y el resultado fue un disco increíble, *Dance To The Beat Of My Drum*. La mezcla de tambores africanos, voces corales y la guitarra de Santana es cautivadora e incluye muchas partes destacables. El proyecto Olatunji animó a Carlos para reservar más tiempo en el estudio, después de todo habían pasado dos o tres años desde que había compuesto la mayoría de las canciones que aparecían en *Beyond Appearances.* Entró en el estudio en febrero sin cantante y con algunas nuevas canciones, aún resentido de su más reciente trauma de grabación. Desafortunadamente, el problema que iba a tener para que se publicase su nueva música iba a ser incluso peor. Sin embargo, otro de esos oportunos encuentros animó al guitarrista. Dio la casualidad de que Santana y sus hombres estaban en un estudio junto a Buddy Miles, el ex componente de Hendrix con quien Santana había trabajado hacía quince años. Greg Walker y Alex Ligertwood habían sido despedidos al final de la gira de 1985, así que Santana estaba sin cantante. Como Miles no tenía realmente un bolo, le pareció lo más lógico pedirle que se uniese en las sesiones y, una vez más, Santana se animó más con la llegada de un nuevo miembro que si se tratase de una innovadora dirección. Miles se quedó un poco más de un año y el pianista Tom Coster también volvió durante un intermedio en su carrera en solitario.

La música que grabaron no tenía apenas una nueva dirección pero incluía una balada potente llamada «Personal Contact» que fue el primer título que se le dio al «nuevo álbum». La canción nunca se publicó pero fue utilizada en un anuncio televisivo para una compañía de teléfonos, un tema promocional kitsch con Santana y Bill Graham tocando para las cámaras. Había otras nuevas canciones como «Just Let The Music Speak», una versión completa de «Now That You Know» y un trabajo de percusión de jazz, «Serpentine Fire». Mientras continuaban las sesiones el nombre del álbum cambió a *Songs Of Freedom* y lo acabaron en primavera, pero una vez más la maqueta fue rechazada por Columbia y mientras el grupo se marchaba para una pequeña gira por Japón y Australia, Carlos no sabía lo que ocurriría con el álbum. La gira incluía una fecha única en Japón con Jeff

Beck, juntándose los dos guitarristas para algo bueno («Super Boogie») y no tan bueno («Jonny B Goode»). La presencia de Miles en el escenario animó a Santana en esta gira, su exuberancia y gracia a la guitarra empujó a la actuación de Santana hacia el final más extravagante de rock y al público le encantó, pero Miles no se encontraba en plena forma. Se le iba la voz y le tuvieron que proporcionar oxígeno durante una actuación. Lo más destacado de la gira fue sin duda el concierto de celebración del vigésimo aniversario en agosto en el reciente súper-anfiteatro situado entre San Francisco y San José llamado Shoreline Amphitheatre. Carlos invitó a todos los componentes del grupo de comienzos de los años setenta y fue el mismo Graham quien presentó la actuación. La primera mitad de la tarde actuó Santana presentando la nueva música de las sesiones de *Songs Of Freedom,* en la segunda mitad aparecieron todos los miembros de Santana Band de 1969 tocando los viejos temas favoritos y algún nuevo jam, comenzaron con «In A Silent Way». Después de quince años todo eran sonrisas de nuevo, la vieja telepatía estaba allí. Sonaba muy bien y Chepito Areas en particular estuvo increíble. Al final de la actuación, con una tremenda percusión, el escenario se abarrotó con músicos del Santana antiguo y nuevo, y más amigos como Gregg Errico del grupo Sly Stone. El concierto terminó después de tres horas con una apasionante y ferviente versión de «Toussaint L'Overture», uno de los momentos ejemplares del latin-rock de Santana. Cuando el concierto se acabó los viejos amigos se abrazaron y las viejas enemistades se dejaron a un lado. Santana le dio la mano a Rolie y se abrazó a Michael Carabello, Shrieve, Peraza y Areas, la poderosa sección de percusión de los días de *Lotus.* Las cosas habían cambiado, ahora eran un grupo de músicos de mediana edad, la mayoría tenía hijos, había pasado mucho tiempo. Eran personas con responsabilidades. La música aún era una pasión pero también se ganaban la vida con ella, era el sustento de la familia. En esta única actuación cada músico participó con fuer-

Gira de *Freedom*. (Foto: Garry Clarke.)

za, la música aún funcionaba. Fue un concierto que generó calor y luz.

Si la actuación de Shoreline fue el momento estelar, la oscuridad llegó con una actuación decepcionante en Madison Square Garden para apoyar la última aventura de Bill Graham que se llamaba Crackdown, un intento de realzar el creciente problema de drogadicción. Santana estaba en el cartel que incluía a Run DMC y Allman Brothers, pero Graham y Santana pronto se dieron cuenta de que el grupo no era taquillero como lo había sido antes. Era la primera vez que esto ocurría. Sin embargo, otro momento musical importante acontecería en agosto, el guitarrista finalmente lograría realizar su ambición de compartir escenario con uno de los héroes de jazz más grandes, Miles Davis. La oportunidad surgió durante la última actuación del concierto de Amnesty International en el Giants Stadium de Nueva York donde Carlos añadió algo de guitarra a una fusión denominada de forma correcta «Burn». Fue algo parecido a sus breves encuentros durante los años sesenta con Michael Bloomfield, unas pocas notas en una confusión musical sin grandes consecuencias. Lo más importante era haber estado allí y haberlo hecho. Después de los conciertos, Santana inmediatamente volvió al estudio para grabar nuevo material intentando que este álbum fuese aceptado. Su amargura con la industria de la música queda reflejada en algunas canciones («Victim Of Circumstance» y «Songs Of Freedom») pero con Alphonso Johnson, Tom Coster y la ayuda de Gregg Rolie compusieron y grabaron nuevas canciones.

Se las presentaron a Columbia en noviembre; la nueva grabación se llamaba *Freedom,* fue aceptada y publicada en febrero de 1987. El álbum es más cohesivo que *Beyond Appearances* y *Shangó* y ofrece una visión del mundo de la música de Santana, pero desafortunadamente no es un buen trabajo. Comienza recordando los días de R&B en Tijuana de Carlos con el modesto «Veracruz» y la época de Fillmore con «Victim Of Circumstance». Luego había una balada de guitarra típicamente romántica latino-mexicana «Love Is You», y un par de dosis del funk de James Brown, «Songs Of Freedom» (sombras de «Living In America») y «Deeper, Dig Deeper». Estos temas son una foto instantánea de Carlos Santana. Soul con gospel armónico siempre ha sido una gran parte del paquete de Santana y se representa en «Praise», el producto de un contacto con Jim Capaldi, «Before You Go». Dos de los temas más nuevos, «She Can't Let Go» y «Once It's Gottcha», fueron híbridos soul-rock con armonías de reggae, dependiendo completamente de la humeante guitarra de Carlos. Generalmente, la voz de Buddy Miles suena muy fuerte y, desafortunadamente, reduce la tendencia de gritar que había estropeado el álbum de 1972. La sección de percusión, ahora doblada por el líder en «The Gorillas», fue otra gran actuación. El último tema del rompecabezas musical de *Freedom* fue un tema de jazz afrocubano, el mejor tema, «Mandela» de Armando Peraza. Basado en «Saoco», una canción que Peraza grabó con Mongo Santamaría antes de unirse a Santana, Carlos utiliza un sintetizador de guitarra para reproducir el sonido de las flautas africanas, tonos que siempre fueron un rasgo del jazz cubano. Con el ritmo clásico africano de 6/8, el tono tiene su origen en los días de gloria de Santana mientras los pianistas nos traen a la memoria algunos acordes de piano al estilo de McCoy Tyner que se escucharon por última vez en *Welcome*. Fue un trabajo atrevido pero a la altura del resto del disco, que no era malo, pero sin duda no era un clásico.

Columbia no sabía qué hacer con esto, lejos del batiburrillo contemporáneo de R&B, funk, soul y grooves latinos, así que la promoción fue mínima. Hicieron un pequeño esfuerzo para hacer de «Vera Cruz» un éxito con algunas versiones mezcladas (producido por otro buen fichaje, Don Miley), pero nunca funcionó. La única promoción efectiva para el disco fue la gira *Freedom* que llevó directamente la música a la vida. En 1987 Carlos Santana llegó a la conclusión de que la única forma de llegar a su público era desde el escenario en directo, donde ningún A&R o ejecutivo del mercado le podía decir qué tocar y donde se podía comunicar directamente con su público. Fue esto lo que caracterizó los siguientes diez años de la carrera de Santana, ya que perdió su interés por grabar.

Durante la larga gira de *Freedom,* Santana disfrutó de algunos de los mejores momentos de su carrera, fue una prueba física ya que sólo la parte europea incluía 40 fechas y cada concierto duraba un mínimo de tres horas. Cada noche tocaban casi todas las canciones de *Freedom* junto a una selección de «viejos favoritos», ahora contenidos en un popurrí, pero lo más destacado eran versiones mágicas de las canciones de Leon Thomas «One» y «Malcom's Gone». Presentaban solos de gran fuerza, virtuosos, y un increíble dúo entre el bajo y los bongos sobre un ritmo latin jazz, «One» se convirtió en un clásico en directo de Santana. La parte de Orestes Vilató ahora se había extendido y tocaba un despliegue de timbales, campanas, campanillas, cencerros y tambores electrónicos. La energía de Raul Rekow era incendiaria y Armando Peraza continuaba embelesando al público con su indiscutible garbo. Era como si Santana subiese el volumen de la percusión deliberadamente para ganar la competición.

La gira tuvo dos momentos importantes, un par de fechas emocionantes en el antiguo Berlín del este que se encontró con más de 200.000 solicitudes para entradas y dos conciertos en Israel: uno en Tel Aviv y otro en Jerusalén. Estos conciertos tuvieron un gran impacto en Carlos y Bill Graham ya que Santana llevó sus canciones de libertad al devastado este. Graham recordaba posteriormente que, «Santana realizó los conciertos más inspirados de su vida al pie de la gran muralla». Lo que vio Santana fue a judíos y árabes disfrutando de la música, llevándose bien, aunque solo fuera durante tres horas. Para él eso era lo importante, solamente el sonido universal de la música podía cicatrizar las heridas. En esta gira comenzaron a tocar una selección taciturna que

Chester Thompson, Graham Lear, Alphonso Johnson, Carlos Santana, Orestes Vilató, Buddy Miles y Alex Ligertwood de visita turística en Jerusalén (1987). (Foto: Josephine Peraza.)

llevaba casualmente el nombre español de «Curandero» y en inglés, «The Healer».

Mientras tanto, parecía que la cura de viejas heridas había hecho que Carlos y Gregg Rolie se juntasen de nuevo, Rolie tocó una parte en *Freedom* y teniendo que promocionar su propio álbum se marchó. Fue Gringo, su segunda publicación en solitario que como la anterior se movía en un ambiente pop AOR. El disco fue algo característico del género, pero tenía un tema al estilo de «Black Magic Woman», «Fire At Night», que mostraba por primera vez un dúo de guitarra de Santana-Neal Schon desde 1972. En una coda larga los dos guitarristas no logran reanimar la magia de «Song Of The Wind», pero aún así fue un encuentro que mereció la pena.

Durante el verano también se publicó una nueva versión cinematográfica de la vida de Richie Valens, la primera estrella de rock chicana, famoso por su grabación de la canción folk mexicana «La Bamba». A la película se le dio el mismo nombre y el grupo de Los Ángeles, Los Lobos, se encargó de la banda sonora, Santana compuso una serie de pasajes musicales, creando algunas melodías de guitarra enfáticas que encajaron adecuadamente con las emociones de la película. Por ejemplo, la escena en que la madre de Valens y el hermano se enteran de la desaparición de Richie en la avioneta de Buddy Holly encaja musicalmente con las tensiones de la guitarra de Santana (el tema es una reflexión del compositor clásico Johannes Brahms y aparecerá posteriormente en la música de Carlos). El aspecto más interesante aparece cuando el joven Valens cruza la frontera hacia México para encontrarse con un curandero, detrás de este encuentro visual se pueden escuchar unos acordes de guitarra con un sabor a «The Healer». *La Bamba* fue importante para Santana, era la primera vez que Hollywood reflejaba una imagen positiva de los mexicanos. De forma comprensible, no estaba muy contento con el cliché «de un mexicano con sombrero durmiendo debajo de un cactus», estaba contento de poder contribuir con esta película que unía en espíritu tres historias musicales de chicanos, Richie Valens, Santana y Los Lobos.

Fue el principio de un verano durante el cual la herencia latina de Carlos saltaba a primera plana. Su estatus entre la gente hispanoparlante en América y más allá se cristalizó en la producción de un enorme mural en el que aparecían él, Armando Peraza y Eddie Palmieri, en Mission District en San Francisco. Localizado entre la calle 22 y Van Ness en el centro de la zona latinoamericana de la ciudad, un área que incluso hoy los turistas evitan, es una muestra de la importancia que se le suele dar a las figuras relacionadas con la política, el deporte o la religión. El mural fue pintado por el artista local Michael Ríos coincidiendo con la declaración de «Santana Day» en San Francisco, lo que se culminó con un concierto gratuito del grupo Santana en las calles de Mission. Carlos Santana volvió a las calles por las que había merodeado cuando era un joven chicano y este concierto para 200.000 oyentes colocados en tejados y postes eléctricos indicaba la relación singular del músico con la calle. Su estatus como modelo positivo para los chicanos ha sido repetidamente reconocido, recibiendo premios de las organizaciones de la comunidad hispana por todo Estados Unidos, pero en particular en Los Ángeles y San Francisco. La importancia de Carlos Santana como una súper-estrella hispana nunca ha sido de mucho interés para la prensa musical blanca, pero una visita a Mission aclararía la situación a cualquier visitante. De hecho, el público que se concentró en Mission ese día en 1987 representó el 25% de la población total de San Francisco.

Después de esta agitación, Santana continuó una larga gira por Estados Unidos en compañía de otro grupo de Bill Graham, The Neville Brothers. Carlos añadió un solo a un tema de su último álbum, *Uptown,* que salió en mayo, y mostró un nuevo interés en los Nevilles que se dio a conocer con su álbum *Yellow Moon* de 1989. También hubo tiempo en la gira para una reunión con el guitarrista de Tijuana, Javier Batiz, que había sido el héroe local de Carlos muchos años atrás. La gira continuó y llegó otro momento excitante para Santana cuando fueron llamados a llevar su música a Moscú, casi como si fueran parte de una misión de paz. Tuvieron que interrumpir la gira cuando recibieron la noticia de formar parte en el concierto fue Bill Graham estaba organizando, moviendo cielo y tierra, para marcar el fin de una marcha pacifista de americanos por Rusia. La planificación del concierto fue una pesadilla logística que no tenía nada que ver con la paz. El equipo e incluso la comida tenía que ser transportada por carretera desde Hungría. Aún así Graham y Santana triunfaron al final como Boris Grebenshikoz, cantante de un grupo de rock ruso, señaló: «Básicamente Santana provocó la mayor admiración del público. Santana es un nombre que todo el mundo conoce en Rusia por haber escuchado su música durante años. Santana está cercano a la conciencia rusa porque presenta los aspectos espirituales. Carlos es algo espiritual, es tan melódico, y eso es una señal del espíritu»[3]. Es difícil imaginar un mejor resumen del triunfo del guitarrista. En verdad Santana atrajo al público de Moscú y el impacto de la petición de un bis realizada por los 25.000 asistentes hizo que el mexicano llorase como un niño: «Cuando terminamos respondieron. Después de tocar la última nota y de que todo el mundo estuviese caminando hacia el backstage, comenzamos a oír de pronto "¡Santana! ¡Santana!". Me di la vuelta y miré a Bill y comencé a llorar. Cuando escuchaba a la gente que no quería ir a casa y que comenzaba a gritar "Santana" me derrumbaba. Me eché a llorar como un niño pequeño y escondí mi cara en el pecho de mi esposa»[4].

La gira americana terminó en septiembre y de nuevo Carlos estaba agotado y buscando un cambio. La gira Freedom fue un gran éxito, musical y financiero, pero

[3] Robert Greenfield y Bill Graham, *Bill Graham Presents,* Delta, 1992.
[4] Robert Greenfield y Bill Graham, *Bill Graham Presents,* Delta, 1992.

después de Israel, el este de Berlín, Mission Street y Moscú, el grupo Santana no tenía nada más que conseguir por ahora, así que Carlos lo dejó descansar. Algunos de los músicos siguieron su propio camino y otros, como Orestes Vilató, expresaron la frustración que suponía trabajar en un grupo como Santana: «Carlos estaba bien, metido en la meditación hindú y la experimentación musical. Había creado algunos álbumes complicados con Alice Coltrane y John McLaughlin y había avanzado mucho en su música. Los cinco o seis primeros años fueron increíbles, éramos parte de un proyecto. Luego las cosas comenzaron a cambiar. Ya no nos sentíamos parte de un grupo sino como un grupo de apoyo»[5].

Después de tomar un descanso, Carlos se tomó tiempo, en diciembre, para reunirse con la mayoría de los miembros del primer grupo Santana en Oakland, intentaron crear de nuevo la antigua magia ensayando con el extraño riff o el cambio de acorde. Los resultados fueron claramente unas actuaciones no muy pulidas pero sonaban bastante bien, con Santana y Schon intercambiando descargas de notas, como habían hecho en el álbum *Gringo* de Rolie. Carlos anhelaba su grupo original, especialmente a Rolie, y sus caminos empezaron a cruzarse más y más a menudo después de que Rolie colaborase en *Shangó*.

Quizás Santana comenzaba a valorar más a sus antiguos amigos y tenía muy buenas razones para ello; otro de sus amigos músicos, el bajista Jaco Pastorius, había muerto en unas circunstancias violentas. Pastorius era una leyenda por sus actuaciones electrificantes con Weather Report y por sus discos en solitario. Murió la noche de un concierto de Santana, una tarde que Carlos nunca olvidaría: «Vino a vernos en 1987 al Sunrise Theatre en Fort Lauderdale, nos dijeron que estaba un poco borracho y fuera de sí. No le vi antes de empezar y cuando llegó el momento del solo de Alphonso, yo es-

---

[5] *Latin Beat,* octubre de 1992.

taba en la parte de atrás. Después del solo, Jaco subió al escenario y le alzó la mano como proclamándole el campeón y los guardias le echaron. Hubo una gran refriega y él esperó, luego le dejaron entrar de nuevo, probablemente porque los chicos del grupo vieron lo que había pasado. Después del concierto vino a mi camerino, cogió mi guitarra acústica y se puso a tocar como Paco de Lucía. Nos íbamos a marchar, fuera la gente siempre está esperando para pedir algún autógrafo, se sentó más cerca de mí sobre una valla, y me dijo algo extraño sobre Sheila E y Sri Chinmoy que no tenía sentido. Luego dijo algo sobre Jesucristo mientras yo estaba firmando algunos autógrafos. Le dije: "No quiero que hables de Jesucristo". Cambió totalmente, me comenzó a llamar "señor". Se fueron a un club, dijo: "¿Quieres venir?" Yo le dije: "No, creo que no, no me van los clubes, toco, me cepillo los dientes, llamo a mi esposa, leo un libro, y mañana otro concierto". Así que no fui allí. Y eso fue lo que ocurrió.» Con este hecho, Carlos se convenció más que nunca de los peligros de la vida del rock'n'-roll y llego incluso a sentirse más convencido de la necesidad de un equilibrio entre la vida firme hogareña y las demandas de ser músico.

Capítulo 16

Santana

Freedom llevó al grupo Santana a una conclusión lógica. Musicalmente parecía que no había mucho que decir después de una gira que había enfocado la fuerza y la energía asociada con el latin-rock. Carlos Santana estaba de acuerdo con esta valoración y buscaba nuevas vías musicales, aparte de la restricción de tocar canciones pop-rock y los viejos éxitos. Estaba cansado del concepto de «Santana como producto» y posiblemente se dio cuenta de que los álbumes que se editaban bajo el nombre del grupo Santana estaban resquebrajando su identidad como músico. Solamente en directo podía manifestar su pasión por la música, así que en 1988 dejó descansar a Santana y comenzó en solitario. En este proceso volvió a descubrir su ser musical y se olvidó del negocio de la música durante nueve dulces meses.

El preludio a este año de libertad musical fue la publicación en 1987 de su álbum en solitario, el excelente *Blues For Salvador,* que captaba más el espíritu de Santana que cualquier publicación desde *Havana Moon*. El álbum principalmente se derivaba de la idea que el guitarrista tenía sobre un disco en solitario, al que llamó *Love Never Fails*. La maqueta de *Love Never Fails* incluía temas nuevos de estudio creados en 1984, tomas en directo de la gira europea de 1983 (incluyendo un delicioso tema latino «Ya Yo Me Curé») y el material más nuevo de 1985. La principal característica de todos estos temas fue que no eran comerciales y presentaban portentosas actuaciones de guitarra y mucha percusión. La mayoría de los temas de la maqueta aparecerían eventualmente en los álbumes *Viva Santana!* y *Freedom* (por ejemplo, «Love Never Fails» era el título original de «Love Is You») como el tema que da comienzo a *Blues For Salvador*. Éste era el emocionante «Bailando/ Aquatic Park», que mezclaba ritmos afrocubanos y blues como realizaba el original Santana, en una convincente colección de guitarra resplandeciente, percusión virtuosa y la mejor voz de Santana de Buddy Miles. Fue una gran vuelta a su estilo. Otra sobra de *Love Never Fails* fue «Trane» que nos recuerda el espíritu de Lifetime de Tony Williams e incluía una actuación selecta del maestro a la batería, mientras que «Now That You Know» era un tema en directo de 1985 que efectivamente expresa la pasión de un jam en directo de Santana. Claramente se trataba de una vuelta a los días de «East-West» de Butterfield y quedaba muy alejado de la mayoría de la producción de Santana de los años ochenta. Otras canciones de interés eran: «Mingus» una breve pero interesante ambientación de guitarra, y una versión anterior de «Hannibal» en un estimulante contexto de jazz, que pone de manifiesto lo que *Zebop!* pudo haber sido si no hubieran intervenido las demandas del mundo de la música.

Aunque estos temas eran buenos, comprensiblemente fueron superados por dos trabajos de gran inspiración que representaban al auténtico Carlos Santana, «Bella» y «Blues For Salvador». «Bella» era una bonita balada que mostraba el mejor jazz grabado de Santana, comprensivas texturas de teclado y una sencilla percusión de gran belleza. La música fue compuesta como una canción de amor a la hija de Carlos y destaca la fuerza de la emoción pura que aflora de la guitarra.

«Blues For Salvador» es una de las pocas ocasiones en que el estudio captura el espíritu real de Carlos. Chester Thompson utiliza un registro de teclados para crear texturas de viento y cuerda sobre las que Santana puede tocar en un improvisado jam que se aleja de todo lo que ha hecho el grupo durante años. Parece que hay telepatía en el trabajo, el teclado de Thompson sigue la pista y apuntala la emoción ferviente inconsolable de la forma de tocar la guitarra. Reflejaba urgencia, nostalgia espiritual y mucho amor, todo dentro de una base de blues. Era algo increíble, grabado en directo y completamente libre de tretas de estudio.

Blues For Salvador se vendió modestamente, pero con ello ganaron algo de la reputación que habían perdido con los terribles álbumes del grupo Santana de los ochenta, una reputación que fue fortalecida cuando llevaron la música a la calle durante la primavera de 1988. Para esta gira el guitarrista retuvo sólo a Chester Thompson, Armando Peraza y Alphonso Johnson del grupo Santana y añadió a Ndugu Chancler con los tambores; llamó a la nueva formación The Promise Band, se encontraba musicalmente libre, no había cantante, no tenían que tocar ningún éxito y las principales voces eran su guitarra y el órgano Hammond de Chester Thompson. La música era exclusivamente instrumental y en su mayoría se trataba de fusión de latin-jazz, era la música en directo más satisfactoria de Santana, con la que se identificaba de nuevo como músico. La mayoría de la música era de su nuevo álbum en solitario, además de unas selecciones de la publicación de *Ndugu, Old Friends, New Friends,* y una canción que Santana había grabado con la estrella de jazz, Clyde Criner («Kinesis»). Había exhibiciones de blues, funk y jams afrocubanos, todo servido en un ambiente musical suelto que estaba reforzado de forma mágica por la aparición sorpresa de José Chepito Areas en medio de la gira. De gira con Carlos por primera vez desde 1977, el pequeño nicaragüense añadió su singular sonido de timbales a este combo y contribuyó a asegurar que no solamente fuese «bueno» sino «estupendo».

Carlos Santana estaba disfrutando su libertad musical y parecía que era el momento adecuado para dar un paso más hacia adelante con una gira por los festivales de jazz de verano en Europa junto al gran saxofonista de jazz, Wayne Shorter. La pareja retrocedió algunos años a los días en que Weather Report había acompañado a

Santana a la cima de su éxito de rock y recientemente, en 1986, el guitarrista tocó en el último álbum del grupo fusión *This Is This,* casi parecía reemplazar la escasa presencia del saxofón de Shorter en el disco. Sin embargo, no todos estaban entusiasmados con Santana-Shorter Band y Bill Graham advirtió al guitarrista que la aventura sería un error. Pero a Santana no le importaba, estaba a punto de embarcarse en lo que más tarde llamaría «la mayor experiencia musical de mi vida». Santana declaró a *Musician:* «Contábamos con Armando, Ndugu y Alphonso y buscamos la química que había allí. De diez teníamos siete y medio, ocho con regularidad. Así que dije: "Quizás este grupo pueda albergar al equipo de Wayne".» Shorter se encontraba igualmente entusiasmado con este nuevo equipo y admiraba la forma directa de tocar de Carlos: «Se puede decir que tiene una especie de instinto y el sonido de su guitarra es como el canto. Llega al punto sin aceleraciones, sin usar muchas notas.» El saxofonista trajo al pianista Patrice Rushen, que ayudó a impulsar el grupo a la estratosfera musical. Comenzaron con concierto-prueba en Fillmore en San Francisco e incluso necesitando hilar algunos cabos, surgieron críticas favorables en la prensa local. Un reportero opinó: «Este grupo es increíble. Improvisaron partiendo de ideas melódicas simples, elevándose a un campo explosivo de ritmos latinos, afrocubanos, funk y rock. Shorter y Santana improvisaron encima de esta alfombra de ritmo con furor e invención consistente»[1]. Otro fue más allá aún declarando que Armando Peraza era «el batería de conga más grande del mundo» y aseguró que el conjunto «puede tener el sonido más significante de finales de los años ochenta. En otoño se le proclamará el grupo más entusiasta del año»[2]. Era la culminación del viaje de jazz de Santana que había comenzado con *Caravanserai* y seguía con *Illuminations, Oneness* y *The Swing Of Delight.*

[1] *San Francisco Chronicle,* 17 de junio de 1988.
[2] *San Francisco Examiner,* 17 de junio de 1988.

El guitarrista estaba en la gloria, libre por fin de «Black Magic Woman» y recibiendo a la corte musical con uno de los auténticos leones del jazz en un grupo que permitía demostrar la maestría de músicos como Peraza, Areas y Thompson. Trabajaron dando nueva vida al viejo tema de Miles Davis «Sanctuary» o al nuevo material de Patrice Rushen («Fireball 2000» y «Shh», en breve grabado por Terri Lynne Carrington) y Shorter (llamado de forma imaginativa «Wayne 1» y «Wayne 2», el último eventualmente se convirtió en «Virgo Rising» de su álbum *High Life*). Los conciertos generalmente comenzaban con un arreglo de jazz de un jam de percusión que databa del periodo de 1984. Lo llamaron «Peraza» y mostraba el tenor animado de Shorter en contraposición con el estilo apasionado de Santana, sobre una alfombra mágica de percusión. El mexicano no se encontraba realmente con Shorter en su mismo campo, era el saxofonista el que iba al suyo. Otro contraste lo proporcionaba el piano modal de Patrice Rushen contra el poderoso órgano gospel de Chester Thompson, aumentando la sensación de que una enorme tela de música afroamericana estaba siendo pintada por este grupo; jazz, blues, afrocubano, funk, rock y gospel. A parte de aquellos que habían ido a escuchar «She's Not There», el público en general se mostró muy entusiasmado por el recorrido de pasión musical que evitaba todas las dificultades de exceso generalmente asociadas con «supergrupos». Esto quedó ampliamente demostrado en los auténticos momentos de esplendor de los conciertos, maravillosas versiones de «Incident At Neshabur», que parecía haber sido compuesta especialmente para el grupo. La guitarra del mexicano flotando en el tenor de Shorter en este tema clásico de Santana era deliciosa y la realidad no decepcionaba; el aspecto lírico de la formación lo encontramos en «For Those Who Chant», una interpretación romántica de un tema del viejo álbum de Luis Gasca que fue la primera auténtica sesión de jazz de Santana. Este gran grupo fue grabado en el festival de jazz de Montreux y planearon grabar un álbum, pero todavía Columbia no palpaba el éxito y el álbum en directo Santana-Shorter nunca se publicó. Carlos comenzó a tener la impresión de que la compañía discográfica no estaba interesada en su música y Columbia actuó de forma muy legal cuando el californiano dejó el sello en 1991, le dieron todos los derechos de este concierto. Más tarde recuerda esta situación: «Sí, el concierto de Montreux fue grabado. Lo tengo ahora, Columbia me lo dio, no le interesaba. No estoy en la posición de publicarlo por la misma razón. Si lo publico y se queda almacenado en alguna nave de Nueva York sin que llegue al público, entonces no tiene importancia para mí.»

El éxito musical de Santana-Shorter Band parecía ser una señal para bajar el telón para siempre ante el grupo Santana. El guitarrista había demostrado que podía recuperar el asombro de los días de *Lotus* y parecía inconcebible que volviese a los confines musicales del latin-rock. Pero no fue así. En primer lugar la música era la vida de Santana, suponía sus ingresos y no podía ignorar ese hecho. Con todas sus increíbles cualidades musicales, Santana-Shorter Band no tenía un potencial comercial como fue evidente por el fracaso que supuso el publicar el cedé en directo y el destino parecía revivir al grupo Santana para promocionar un triple álbum retrospectivo que se estaba preparando durante 1987 y 1988. Se llamaría *Viva Santana!* y contiene una mezcla de grandes éxitos con unas cuantas tomas más, incluye el buen trabajo en directo de «Super Boogie» y «Bambele». Las tomas de estudio eran de variable calidad pero sí que aparece uno de los primeros mejores temas latinos de Santana, «Ángel Negro», y un jam de percusión con Armando Peraza («Bambara» y «Peraza»). El paquete se esfuerza en ignorar todas las tomas de jazz de Santana, al igual que ocurre con el vídeo de los grandes éxitos que se publicó al mismo tiempo. Dado que Carlos había seleccionado la música para *Viva Santana!,* claramente entendía que para la mayoría de su público él era «Black Magic Woman», «Oye Como Va», «Soul Sacrifice», «Evil Ways», «She's Not There», «Samba Pa Ti» y

Aprendiendo «Ángel Negro» en México (1988). De izquierda a derecha: Jorge Santana, Alphonso Johnson, Chester Thompson, Gregg Rolie, Carlos Santana y Chepito Areas (de espaldas). (Foto: Josephine Peraza.)

«Europa». El álbum y el vídeo consiguieron el disco de oro subrayando las realidades musicales.

Una de las razones por las que el álbum triunfó fue debido a la gira por Estados Unidos que se realizó en otoño para promocionarlo, un intento de reanimar el espíritu del grupo original Santana. Para esta salida el guitarrista alistó a los viejos compañeros Gregg Rolie y Mike Shrieve. Chepito Areas era ya parte integrante, esto significaba que cuatro de los seis músicos que grabaron *Santana* en 1969 estaban juntos de nuevo. Naturalmente, Michael Carabello estaba un poco ofendido de que hubiesen prescindido de él, pero como Rolie y Shrieve pronto descubrieron, Carlos Santana no estaba dispuesto a reunir el colectivo al completo de Santana 1969. La pareja se vio como dos miembros más del grupo que apoyaba al guitarrista. Quizás el éxito de la reunión de Shoreline de 1986 les llevó a pensar que podía funcionar de nuevo. De forma comprensible esta gira de 1988 demostró que no era así. Rolie y Shrieve se habían trabajado el éxito, de diferente forma, tenían carreras propias y eran dueños de su propio destino. La pareja no estaba muy satisfecha con los acontecimientos, como el batería nos recordaría posteriormente: «No era lo que yo me esperaba, no se trataba de un grupo. Era como si Carlos hubiese llamado a unos tipos del grupo original y luego actuaba como el líder del grupo. Estaba frustrado, tenía grandes esperanzas, pero ya no era un grupo. Carlos quería mandar, algo comprensible de alguna forma. Ha hecho eso durante veinte años. El grupo original supuso un esfuerzo real; era como un grupo contratado»[3].

La gira fue algo razonable desde una perspectiva musical con la interpretación de viejos temas favoritos como «Everybody's Everything» y «Se A Cabo», pero no ofrecía nada nuevo y era un paso hacia atrás después de la gira Santana-Shorter. Aparte de su obvio valor co-

---

[3] *San Francisco Chronicle,* 9 de octubre de 1994.

mercial hubiera sido mejor haber pospuesto la gira ya que creó expectaciones que no eran las apropiadas. Sin embargo, incluía la vuelta del grupo a México con conciertos en la ciudad de México y León, una ciudad grande cerca del lugar de nacimiento de Santana, Autlán. La recepción que esperaba a grupo fue mucho menos histérica, luego realizaron dos conciertos gratuitos en la cárcel más peligrosa de San Francisco, San Quintín. El guitarrista quedó impresionado por la mezcla de colores, caras negras, morenas y blancas que se acercaron para ver la actuación; en circunstancias normales la cárcel estaba dividida según la raza. Después de todo, Carlos Santana venía de la calle y al final de cada actuación, saltaba del escenario para firmar autógrafos y hablar con los asesinos más destacados. Cuando la gira acabó los fans se preguntaron qué les traería 1989. Para muchos era difícil pensar que el grupo Santana dejaría de tocar «Black Magic Woman» para siempre. Iban a ser sorprendidos.

Capítulo 17

Santana

La pasión de Carlos desde *Shangó* por el reggae seguía floreciendo y hacia finales de los ochenta se mostró encantado con el descubrimiento de un grupo local de reggae de Bay Area llamado Caribbean All Stars. El guitarrista no tardó mucho tiempo en contactar con el conjunto y utilizó su estatus en Bay Area para promocionarlos. Incluso los llevó de gira como teloneros y se convirtió en el productor y artista invitado de su segundo cedé *Paths To Greatness*. A Carlos le interesaba más trabajar con un grupo de reggae que la música de la cárcel de Santana Band, así que en primavera sólo mantuvo a Chester Thompson y Armando Peraza como base del grupo.

Primero Carlos llevó a All Stars a los focos de Bammie Awards de 1989, el equivalente musical de los oscar de Bay Area. Santana normalmente participaba en Bammies y desde allí mostraba nueva música o nuevas ideas cuando las tenía. Esta vez había organizado un jam para celebrar uno de esos premios «Lifetime Achievement» que él mismo entregó a Armando Peraza, reconociendo el hecho de que el cubano se encontraba entre los más grandes de la música del siglo. El telón se alzó de nuevo para dejar ver a figuras no menos importantes como Tony Williams y el legendario saxofonista de jazz Pharoah Sanders, un hombre que le había proporcionado numerosas fuentes de inspiración y proyectos para las exploraciones musicales de Santana en *Caravanserai, Lotus, Welcome* e *Illuminations*. En concreto, el elepé de Sanders, *Deaf, Dumb, Blind* fue saqueado para la base musical de *Love, Devotion, Surrender* y

«Mother Africa». Como siempre el campeón de jazz tenía que entrar en el territorio de Santana y no a la inversa, ya que el jam fue con el antiguo éxito de soul-rock «Cloud Nine» de The Temptations; los allí reunidos convirtieron esta canción pop en una orgía de llanto. Con este primer encuentro con el famoso Sanders, Carlos se encontró acompañado de lo más alto con una notable confluencia de estilos.

La sesión fue muy buena y parecía sugerir que el guitarrista se estaba moviendo en una nueva dirección. Eso también fue insinuado en el libreto que iba unido a *Viva Santana!*, en el cual declara: «Se trata de una celebración y una conclusión hasta nuevas noticias. No quiero arrancar "Black Magic Woman" y "Jingo" del futuro. Creo que mucha gente está de acuerdo conmigo en cuanto a querer realizar un cambio.» Pero cuando el nuevo grupo surgió en el festival de New Orleans Jazz y Blues en abril, parecía que había cambiado de forma de pensar. Alex Ligertwood estaba de vuelta y había un nuevo batería, el dinámico Walfredo Reyes Jr, hijo del revolucionario cubano a la batería con el mismo nombre. El grupo seguía tocando «Black Magic Woman» y «Jingo». Como siempre, las contradicciones fluían, Santana comenzó una gira de 40 fechas por Europa, mezclaba los éxitos antiguos con instrumentales nuevos de jazz y antiguos blues clásicos como «Stormy Monday Blues» que nos recordaban los apasionados días de Santana en Tijuana. La oportunidad de ver a Chepito y Peraza trabajar juntos aún era emocionante, pero Chepito era muy vicioso y durante un concierto en Finlandia surgió la gota que colmó el vaso. Después del concierto el diminuto timbalero fue llevado a un avión que lo transportó a San Francisco, terminando así una relación de 20 años con Santana. Fue un final triste, Chepito siempre había sido el timbalero perfecto de Santana y sus actuaciones eran consistentemente buenas, pero Carlos no tenía tiempo de ser el líder del grupo y la niñera. Mandaron a los roadies para que encontrasen un juego de timbales para Walfredo Reyes, que se pasó los siguientes dieciocho meses tocando los tambores y timbales, no tuvo mucho éxito.

Frustrado por el yugo continuo del grupo, el guitarrista comenzó a desarrollar su interés fuera de sus confines y esto le llevó a realizar numerosas sesiones con diferentes artistas. Lo más destacado fue la publicación en julio del primer álbum del maestro de blues John Lee Hooker después de diez años. Se llamaba *The Healer* e incluía la canción que lleva ese nombre que Carlos Santana le había dado en 1988. Esto lanzaría a Hooker como una gran celebridad. El álbum alcanzó las listas de todo el mundo y se vendió particularmente bien en Europa, al igual que la publicación de «The Healer» como single que incluso alcanzó los puestos más altos de las listas en algunos países. A esto se añadió un atmosférico vídeo. Lo más raro era que se trataba básicamente de una canción de Santana a la que Hooker le había añadido voz en una sesión en directo, todo se grabó en una toma. Columbia nunca se hubiera arriesgado a promocionar «The Healer» como single ya que el nombre de Santana no estaba lo suficientemente de moda para asegurar que se emitiese por la radio. Por el contrario, Hooker de pronto se puso muy de moda y legiones de emisoras de radio y oyentes le descubrieron por primera vez, fue la canción de Santana la que lanzó la carrera de Hooker.

«The Healer» era uno de los trabajos más impresionantes de Santana de los años ochenta poniendo de manifiesto la guitarra de Santana empapada de pasión, mientras la unión Armando Peraza-Chepito Areas era alucinante. Encima de todo esto, Hooker hablaba entre dientes simplemente declarando la verdad sobre el poder curativo del blues a nivel mundial. Parecía que sabía de lo que estaba hablando con una versión reminiscente de una canción del trabajo de las plantaciones. Carlos Santana quedó encantado al descubrir que era admirado por uno de sus primeros ídolos de su época en Tijuana. No le importaba lo que Columbia pensase de él, ni si recibía poca emisión, simplemente sabía que podía grabar con John Lee Hooker, como podía hacerlo

con Buddy Guy u Otis Rush o, de otra esfera, McCoy Tyner o Wayne Shorter. También le respetaban como músico. Le parecía que no sólo el blues, sino toda la música, eran «el curandero» y no tenía ninguna necesidad de
hacer distinciones entre la música, buena o mala, conmovedora o no conmovedora. Esta convicción de los
poderes curativos de la música encendió a Carlos con
un nuevo entusiasmo, la década siguiente se avecinaba
y las nuevas experiencias continuaban con una serie de
fechas de grabación con una gran variedad de artistas
que incluían al joven batería de jazz Terri Lynn Carrington, a la leyenda del soul Bobby Womack y a otra estrella africana, Mory Kante.

Mientras el álbum de Hooker seguía subiendo en las
listas del mundo, el grupo Santana grabó algo del nuevo material, después de que Alphonso Johnson se marchase y volviese Keith Jones. A esto le siguieron unos
buenos conciertos en California que le dieron la oportunidad a Carlos para invitar a viejos amigos como Airto
Moreira. Parecía que tenían entre manos un buen álbum.
La gira continuó en octubre, un tremendo terremoto azo-
tó la zona de San Francisco, a lo que le siguió una amplia devastación; como siempre, Bill Graham puso manos a la obra utilizando sus enormes fuentes y redes de
contacto para organizar un concierto en favor de las víc-
timas del terremoto de la zona más afectada, Watsonville, Santana estaba dispuesto a colaborar. La gira se
terminó, volvieron al estudio para seguir grabando lo que
sería el último álbum para Columbia. Sin saberlo, a Carlos no le esperaba un buen año.

El mágico percusionista brasileño Airto Moreira tiene
una visión clara de la relación entre la música y la espiritualidad y lo une de forma natural: «Somos un espíritu,
pero ahora tenemos un cuerpo que usamos para pasar
esta vida, así es como funciona. Esto fue lo que aprendí de mi padre que era un curandero espiritual. Flora y
yo y cada músico tenemos nuestros guías espirituales
que están con nosotros cuando tocamos y eso es lo que

le da al público la fuerza curativa que necesita. No viene de nosotros, viene del mundo espiritual que coexiste con el mundo material.» Mientras que la visión europea y americana de la espiritualidad había quedado reducida al cinismo por los gustos de Jimmy Swaggart, los escándalos de abuso infantil y el rentable estilo de vida del gurú, el aspecto espiritual de la vida queda profundamente arraigado en la mente latinoamericana. A finales de los años ochenta parece que el guitarrista encuentra una visión clara de la espiritualidad universal, la cual abarca todas las devociones anteriores en un todo panteísta. De nuevo tenía una necesidad apremiante de expresar su visión al público, aunque este enfoque provocó malestar.

En los conciertos de 1989, el mexicano comenzaba las actuaciones con una breve obertura espiritual sacada de una cinta de un concierto en directo de Pharoah Sanders conocida como «Angels All Around Us». Fue el antecedente de una nueva canción titulada «Spirits Dancing In The Flesh», que el guitarrista presentaría sobre un telón de fondo de 7 sintetizadores en acordes mayores, el equivalente musical a una barrita de incienso. Le contaba al público la buena noticia de que «Estamos completamente rodeados de ángeles. Los vemos y los sentimos bailando en nuestro cuerpo», esta era la clave para que comenzase el tremendo funk de la nueva canción. La reacción del público a estos comentarios era distinta según el lugar. En el norte de Europa era una mezcla de caras avergonzadas, algunos aplausos y algo de hostilidad con palabras como «cállate y toca». El público americano reaccionaba con menos hostilidad pero gran desconcierto, mientras que en el sur de Europa y Latinoamérica, tenía un gran recibimiento. La ecuación era muy simple, era comprendido en los países católicos y en el norte de Europa y Estados Unidos hacía el ridículo abiertamente.

Durante los años noventa, las exposiciones espirituales de Santana se convirtieron en un elemento básico de sus conciertos y la prensa lo ridiculizaba. Las televisio-

nes europeas presentaban títulos sensacionalistas como
«¡Sí! Carlos Santana cree en los ángeles y en los ovnis.»
Era algo infantil, demostrando no tener ningún interés en
entender la cultura de fondo de Carlos, él se había abierto con su tenaz y honesto enfoque. Esto incluía su intención de documentar sus sentimientos en un nuevo álbum que llamó *Spirits Dancing In The Flesh*. El principal
obstáculo era que se lo publicasen, y los años noventa
comenzaron con una situación muy familiar para Santana: preparado para salir de gira con un álbum rechazado por Columbia. Habían entregado maquetas termi-
nadas a comienzos del invierno de 1989 y las habían
rechazado por no ser comerciales. La maqueta contenía
demasiados temas instrumentales sin ningún éxito potencial. Lo último que quería Columbia eran instrumentales. Querían éxitos como los que habían conseguido
con sus anteriores álbumes como *Zebop!, Shangó, Beyond Appearances* y *Freedom*. El sorprendente dese-
quilibrio de esos álbumes se encontraba también en el
nuevo álbum que era otra mezcla de exposiciones espirituales y temas banales de pop.

La visión espiritual de Carlos quedaba reflejada en el
primer tema de *Spirits Dancing In The Flesh,* que sonaba como un espiritual afroamericano, «Let There Be
Light». Para este tema el guitarrista solicitó los servicios
de la súper-estrella de gospel, Tramaine Hawkins. Su poderosa voz, los coros cautivadores y los arreglos musicales crearon un ambiente etéreo que no encajaba con
el título optimista del tema, que es una expresión de júbilo espiritual. «Spirits Dancing In The Flesh» expresa
el espíritu con su mezcla de riff funk simple, cánticos
de Sly Stone, solos apasionados y una percusión ágil.
El siguiente tema, una pobre versión del tema «Gypsy
Woman» de Curtis Mayfield es sorprendente. Sorprendentemente imaginativo o sorprendentemente estúpido.
Con Santana en el papel de un grupo de Las Vegas con
«enternecedores éxitos», algo poco creíble y exceptuando algunas partes de guitarra, voz y conga, es mejor que
lo olvidemos. La fascinación de Carlos por crear ambien-

tes de rock-funk vuelve de nuevo con dos temas que incluyen la voz del legendario del soul Bobby Womack, «It's A Jungle Out There» y «Choose». El primero es el más exitoso de los dos, dirigido por el magnífico ritmo de la guitarra de Santana, podía haberle hecho conseguir un lugar en el grupo de James Brown y un convincente ritmo. «Choose» no está ni aquí ni allí. Estos dos esfuerzos quedan separados por el mejor momento del álbum, entre las mejores grabaciones de Santana, «Soweto». Para muchos este tema fue un resplandor del auténtico Santana, música inventiva, evocativa, imaginativa, que tenía fuerza para hacer que la gente sonriese. Es una fusión latin-jazz, una de las melodías más logradas de Santana durante años con magníficas actuaciones de Carlos, Thompson (que toca uno de sus mejores intervalos), Peraza (que es impresionante) y el invitado Wayne Shorter que capta perfectamente el ambiente extático. Cualquiera que dude de la capacidad de Santana para crear buena música debería escuchar esto. Una pena que no hubiera más temas como este.

El resto de *Spirits Dancing In The Flesh* era desigual. En «Mother Earth» un convincente tema que mezcla John Coltrane y Hendrix y presenta un intercambio ardiente de guitarra con Vernon Reid de Living Color y Prince, que abiertamente nombraba a Santana como una influencia clave en su música. Otra exhibición de guitarra, la melodía romántica «Full Moon» estaba seguida de otra versión desastrosa de R&B. «Who's That Lady» de The Isley Brother parecía una buena forma de ganar retransmisión por todo el país, pero no tenía nada que ver con el resto de la música. La racionalidad que existía detrás de «Jingo» no quedaba clara desde su renacimiento en 1986; Santana y Thompson le habían dado un arreglo afrofunk que había funcionado bien en directo, pero como tema de estudio era menos exitoso. Destaca por ser otra exposición de la cultura Yoruba y presenta una serie de percusionistas que incluye al gran Francisco Aguabella con una gran actuación apenas audible en la arrebatadora mezcla. El álbum termina con el fructífero «Goodness and Mercy», una especie de dúo emocional de blues-gospel entre la guitarra y el teclado. Sin embargo, a pesar de la excelente guitarra de Santana y la cautivadora telepatía entre Thompson y él, un enfoque preocupante es evidente en la entrada innecesaria del tambor de Walfredo Reyes que desbarata el resto de la música.

Así que al igual que todos sus predecesores desde *Moonflower,* esta nueva publicación de Santana era una gran mezcla. No hay ninguna razón por la que Columbia no debería haber intentado conseguir un álbum exitoso de Santana, pero la verdad era que tenían pocas posibilidades de conseguir un single exitoso de nuevo y los esfuerzos por encontrar una fórmula para acomodar los elementos del sonido de Santana en un paquete comercial eran enormes. Desafortunadamente para los admiradores de Santana había mucha música grabada para este álbum que se dejó a un lado. Algo de eso se publicaría en *Dance Of The Rainbow Serpent* en 1995, como el ligero rock-funk de «Sweet Black Cherry Pie» o el tema instrumental de Vernon Reid «Every Now And Then», hubieran sido temas preferidos a algunos de los temas que compusieron el álbum. Pero incluso estos no eran lo mejor del material que estaba sin publicar, que incluía tres instrumentales en particular que hubieran realzado el disco. Eran «Jungle Music», «Get Uppa» (una imitación de James Brown que vio la luz del día en un vídeo en directo *Sesión Latina)* y «For Those Who Chant».

Así que, *Spirits Dancing In The Flesh* era otra mitad del álbum del grupo Santana, habían pasado tres años desde la publicación de *Freedom,* el nuevo álbum alcanzó el número 85 en *Billboard* (68 en Gran Bretaña.) Sin embargo, permaneció en la lista durante más de dos meses y se vendió razonablemente bien con el tiempo.

Cuando *Spirits Dancing In The Flesh* se publicó finalmente, el problemático Santana se encontraba en medio de una gira europea ensombrecida por las pobres ventas del álbum. La gira recibió al grupo tocando en recintos de segunda clase y en pueblos de segunda clase.

Sin embargo, fue durante la larga gira por Estados Unidos en compañía de la formación reggae Steel Pulse cuando comenzaron realmente los problemas de Carlos. El grupo tocaba el material nuevo, Armando Peraza comenzó a sentir el ritmo de tanto trabajo. Ahora casi tenía 70 años y sufría de diabetes. La gira fue demasiado para él, su instinto era seguir al pie del cañón, y como las relaciones entre padre e hijo, el vínculo Peraza-Santana era tan fuerte que podía explotar en cualquier momento. Parecía que ese momento se estaba acercando y que Peraza se iba a «retirar» al final de la primera etapa de la gira por Estados Unidos en septiembre. Era una gran pérdida para Carlos Santana, no solamente era el cubano un gran músico; también había sido su modelo e inspiración durante años. Era un hombre que simbolizaba la perseverancia y determinación para superar las peores situaciones de racismo y prejuicios. Incluso con diabetes el conguero siempre se entregó al cien por cien al grupo y si Peraza no mostraba los efectos de fatiga de una larga gira ¿Cómo iban a hacerlo los más jóvenes de la formación? Se manejaba con una mezcla de orgullo y dignidad que el guitarrista admiraba profundamente. Santana trataba al conguero como a un gran personaje y le dedicó el álbum *Viva Santana!,* sin embargo la sonrisa de Peraza raramente se podía observar en el escenario durante estos días. Raul Rekow sonrió a América en los juegos olímpicos, el batería volvió para completar la gira. Aún así la vuelta de Rekow no pudo restarle la importancia al hecho de que 1990 terminase con una nota amarga para Santana. La historia del álbum, divisiones con los promotores y la marcha de Peraza dejaron a Santana en una situación desesperada en búsqueda de inspiración.

Capítulo 18

Santana Carlos Santana siempre se había sentido motivado tocando en directo y, de forma milagrosa, el antídoto para los problemas de 1990 llegó con un viaje a Brasil en enero de 1991. Santana había sido invitado para tocar en la extravagancia de rock, «Rock In Río II». Río estaba ansioso por ver a Santana, que no había estado allí desde 1973, y el grupo fue acogido como el acto más importante de todo el acontecimiento. Esto se debe en parte a que Santana era el único músico visitante que invitaba a músicos locales a subir al escenario y el público brasileño respondió entusiasmadamente a los dúos con sus músicos favoritos, Djavan y Gilberto Gil. Carlos rejuveneció con estas sesiones en directo y descubrió que era más atrayente tocar con Djavan que sentarse a escuchar a los ejecutivos de la casa discográfica diciéndole que tenía que hacer la versión de «Gypsy Woman». En consecuencia, durante los años noventa Santana se retiró del mundo de la grabación concentrándose en llevar mensajes musicales universales al público en directo. En cuanto a las grabaciones, esperaría hasta encontrar una buena oferta.

Santana se reagrupó en abril con algunas caras nuevas, el cantante local Tony Lindsay, el batería Gaylord Birch (después del intento fallido de que volviera Graham Lear) y el extravagante timbalero Karl Perazzo. El nuevo grupo tocó una refrescante mezcla de ritmos afrocubanos, fusión, soul y grooves brasileños que cogieron de Bobby Womack («Save The Children»), Djavan («Stephen's Kingdom» y el caluroso «Minha Irma») y John Lee Hooker. Sonaba fresco. Este nuevo grupo salió hacia Japón y Europa cuando Billy Johnson tomó el asiento del batería. Entre estos viajes realizaron una gran actuación en la ciudad de México que de alguna manera avivó el apetito para tocar en Latinoamérica de nuevo. Justo antes de que Birch dejase que Santana entrase en el estudio de nuevo con John Lee Hooker para grabar nueva música para su elepé *Mr Lucky*. Ahora Hooker era una pieza valiosa y había firmado con una multinacional (Charisma) y el elepé se disparó en las listas cuando se publicó en septiembre. Santana tenía dos nuevas canciones para Hooker, un groove similar a «The Healer» titulado «Chill Out» y «Stripped Me Naked», que mezclaba blues con Stevie Wonder. «Chill Out» era la mejor canción, pero se la guardaron como clave principal para un álbum de 1995.

Al igual que John Lee y los brasileños, Santana recientemente había estado trabajando con la súper-estrella africana Salif Keita, que acababa de grabar un álbum, *Amen,* con la ayuda de Joe Zawinul y Wayne Shorter. No es un álbum tan bueno como su clásico trabajo de *Soro, Amen* presenta texturas de teclado y guitarra sobre las canciones básicas de Keita y funciona bien. Santana suena como si estuviese en casa y unos auténticos fuegos artificiales se pueden escuchar en un tema, un tesoro llamado «Nyanafin» con Santana tocando la guitarra acústica y la eléctrica. Keita no dudó en trabajar con el guitarrista: «Durante mucho tiempo me ha gustado cómo toca Carlos. Su guitarra tiene mucho sentimiento y cuando toca lo hace de forma simple pero maravillosa. Canta con ella. Compuse las partes de guitarra para él como si se tratase de una voz extra. Conocía su música desde "Samba Pa Ti". A los africanos les encanta esa canción, es muy bonita, tan melódica.» *Amen* fue publicado para coincidir con las fechas europeas de Santana en las cuales telonearía Keita. Estaba todo planeado para que fuese algo grande, pero cuando Santana llegó a Londres para su primer concierto no había rastro de Salif Keita ni de su grupo, una gran oportunidad perdida.

Carlos en su gira europea (Alemania, 1991). (Foto: SSL.)

En general, la gira de 1991 por Europa no fue diferente a la de los años anteriores, con algunas grandes actuaciones (Atenas y Lisboa), mezcladas con algunas fechas en recintos más pequeños. Parecía que el grupo estaba dispuesto a tocar en cualquier lugar y alguien sugirió que la aventura carecía de enfoque.

A menudo Bill Graham le había administrado a Santana la dirección que necesitaba y quedó encantado cuando a finales del verano de 1991 Carlos le pidió que produjese un par de canciones del nuevo elepé que estaba planeando. Una tarde en septiembre el guitarrista recibió una llamada de teléfono de Graham, al final de la conversación el empresario se despidió diciendo «Que te vaya bien, amigo». Fue la última vez que los dos viejos combatientes se hablaron. Al día siguiente, el viernes 25 de octubre, Bill Graham tenía un concierto de Huey Lewis en Concord Pavilion, al norte de Berkeley. Viajó allí en un helicóptero pilotado por Steve «Killer» Khan, otro viejo amigo de Santana. El tiempo no era bueno y el viaje allí desde la finca de Graham había sido muy inestable. Cuando pensaron en la vuelta, al hiperactivo de Graham le atraía la velocidad del helicóptero. El vuelo a casa había comenzado, el helicóptero descendió para salir de un manto de nubes, pero cuando lo hizo chocó contra un poste de electricidad y todos murieron en el acto. Carlos y Graham no estaban unidos profesionalmente como lo habían estado con anterioridad y el guitarrista no había sido representado por la organización de Graham durante muchos años. Sin embargo, sabía cuánto le debía a Graham y quedó personalmente afectado.

Revisando la carrera de Santana, es obvio el elemento crucial que supuso Graham. Graham fue el primero que llevó al grupo a su promoción incansable y fue él el que insistió en que se incluyese al grupo en el cartel de Woodstock. Más tarde, trabajaría duro para conseguir que el grupo apareciese en Live Aid a pesar de la oposición, y a menudo utilizó sus lazos con The Rolling Stones para incluir a Santana en grandes conciertos junto a los blancos de R&B. Sobre todo, fue la idea de Graham de que la segregación de la música era ridícula lo que le unió a Santana, después de todo, fue ese espíritu de Graham el que le llevó a incluir grupos diferentes en su cartelera de Fillmore a finales de los sesenta. Fueron estas actuaciones, presentando a las estrellas de rock del momento junto a las auténticas estrellas de blues, jazz o de la música brasileña, lo que hizo que el joven guitarrista estuviese en contacto con una gran variedad de música que moldeó su propio enfoque. Aparte del hecho de que los dos eran emigrantes, Bill Graham y Carlos Santana eran almas gemelas musicalmente. Desdichadamente para Carlos, la última actuación de 1991 fue un concierto homenaje a Bill Graham. Se celebró a primeros de noviembre en Golden Gate Park y se convirtió en una celebración de la herencia musical de San Francisco. A Santana se le unió Armando Peraza, Bobby McFerrin (quien añadió su propia interpretación de «Oye Como Va») y Los Lobos. Una actuación conmovedora del grupo con un momento culminante al escuchar a Carlos tocar «I Love You Much Too Much», un homenaje a su amigo. Más tarde tocaría la misma canción en un servicio funerario que se realizó para Graham.

Aparte de las reflexiones personales que acompañan a la muerte de un amigo cercano, Carlos también tenía que considerar su carrera de grabación. Su contrato con Columbia había terminado con *Spirits Dancing In The Flesh* y estaba pensando con qué compañía firmar. El resentimiento que sentía hacia Columbia era aparente: «No lo aguantaba más, ya no es la compañía Columbia, ahora es Sony y es todo cantidad y no calidad. Cada vez que entraba en el estudio para hacer un nuevo álbum querían contratar a algún productor plástico y querían que sonase de forma estúpida.» Había negociado con otro sello, Polygram, que parecía ofrecer libertad al artista, firmó con ellos y entró en el estudio en noviembre para grabar un nuevo álbum al que llamó *Milagro*. Santana estaba muy entusiasmado con el nuevo sello: «Es una bocanada de aire fresco trabajar con gente que tiene buen corazón y buenos oídos»[1].

La grabación de *Milagro* fue rápida, pero ensombrecida por la muerte de Graham, lo que le dio a las sesiones un ambiente emocional que queda transmitido en el disco. Tuvo la libertad artística prometida y Santana grabó setenta minutos de la música que había estado tocando en directo durante el último año. Era la primera vez que esto ocurría en años, el álbum reflejaba la música que el grupo estaba tocando en ese momento. Se convirtió en el mejor álbum de Santana desde *The Swing Of Delight* y *Moonflower* y hubo un punto de beneficio para Polygram como contó Carlos: «Este nuevo álbum es probablemente el más barato que he grabado, la compañía me dio la libertad para hacerlo como quería hacerlo. Nos pasamos tres semanas en el estudio cuando antes normalmente tardábamos dos meses para grabar un nuevo álbum. Lo único que se ha doblado ha sido el teclado y las voces.» Los estilos de guitarra y órgano han vuelto a su prominencia natural en los arreglos sin interferencia y el resultado es una sesión emocional, grabado casi todo en directo en el estudio. El sonido es un puchero, un embriagador potaje de reggae, rock, blues, soul, gospel, afropop, jazz y afrocubana, manifestado por el arreglo de Santana de guitarra, órgano y percusión. De forma agradable los instrumentos de percusión han vuelto a su lugar adecuado en la mezcla de sonido, al frente.

La afección de Santana por Bob Marley encuentra su expresión en un tema del álbum *Uprising* de Marley («Work») sobre un jam suelto, propulsado por un pegadizo bajo y una exuberante percusión, añadiendo la primera sección de vientos en un álbum de Santana desde *Festival*. Sobre este marco, se escuchan los interludios de guitarra y Hammond, de esta forma el oyente puede apreciar la capacidad completa de estos músicos. No

---

[1] *Relix,* 1992.

hay técnica gratuita en esta muestra y ambos utilizan ampliamente el silencio como un elemento significativo de su forma de tocar. La emoción también es evidente en «Somewhere In Heaven» con Santana considerando los amigos que ha perdido mientras busca calor en la simple fe del mensaje cristiano.

El siguiente tema era un homenaje al cantante Marvin Gaye, un músico que, como Santana, mezclaba lo sensual y lo espiritual y tenía un estilo lleno de lirismo y una inmensa pasión. Sobre todo Gaye fue un creyente. Alistó a su viejo amigo Larry Graham para que ayudase con las voces, el grupo consiguió una versión muy exitosa de «Right On» de Marvin. Comienza con una melodía afrocubana para luego continuar con un potente ritmo siendo el centro de la primera parte del tema con los colores del guiro, conga, cencerro y timbales. Los músicos tocan como si su próxima comida dependiese de ello, el rugir de la guitarra de Santana nos recuerda a las improvisaciones de Gaye del original en una coda emocionante. Por una vez se realizan versiones de Marvin Gaye con aplomo añadiendo algo al tema original.

Hay momentos más ligeros en *Milagro* que podían haber sido suprimidos en los días de los elepés de cuarenta minutos. Por ejemplo «Free All The People», un respetable tema de reggae común que de forma comprensible clama contra el apartheid y «Make Somebody Happy», una dulce melodía que necesita más trabajo. Sin embargo, la canción tiene un apasionado solo de guitarra y la voz del nuevo cantante, Tony Lindsay, y de Alex Ligertwood. Otro tema de menos importancia es «Your Touch», siete minutos agradables exhibiendo una buena percusión, particularmente de Karl Perazzo, más guitarra arrolladora y un camafeo de bajo de Benny Rietveld. Su sentido de disco-funk hace que sea un tema popular pero no es de grandes consecuencias. Una puñalada al afropop con el animado «Life Is For Living», una canción más satisfactoria comercialmente de pop-rock que cualquiera de los esfuerzos que se hicieron durante los años ochenta y un impresionante tema de fusión, «Red Prophet», que pone de manifiesto el talento compositor de Benny Rietveld y algunas improvisaciones imaginativas de Santana y Thompson.

«Agua Que Va Caer» es más importante, un clásico afrocubano creado por el legendario de conga Carlos «Patato» Valdés, un contemporáneo de Armando Peraza, Mongo Santamaría y Francisco Aguabella. Aquí Santana demuestra que aún tiene la capacidad de grabar una música latina convincente, algo que no había hecho desde «Ángel Negro». Finalmente Raul Rekow, que ha sido durante mucho tiempo un fiel siervo de Santana, consigue una actuación especial. Responde con una voz admirable y un excelente solo de conga. De forma justificable se encuentra orgulloso de su momento más grande, por fin tiene la oportunidad de expresar su afección casi infantil por la música afrocubana. Se puede escuchar un segmento muy interesante de los tambores de los indios nativos americanos al final del solo de Rekow en un esfuerzo por destacar la naturaleza universal del tambor.

Las emociones se elevan mientras el guitarrista recita una despedida musical a Bill Graham con una impactante melodía, «Gypsy», de nuevo moderada con un compás débil en la forma de jam al que da el apellido original del empresario, «Grajonca». Otra exhibición de la guitarra-órgano-percusión de Santana nos trae a la memoria los días de ensayos ligeros de Fillmore, creada, bajo un riff de guitarra que suena asombrosamente similar a uno del antiguo éxito «Going Back To My Roots». Este segmento de jam da paso a «We Don't Have To Wait», más de lo mismo, creando un frenético apocalipsis de guitarra-batería presentando la guitarra más rockera del Santana de los últimos años.

El álbum termina con el destacado «A Dios» con Santana invocando a los espíritus de Davis y Coltrane en un mundo de sonido ritual y ceremonial sobre el que surge una ferviente melodía de guitarra. A esto se le une una coral de cuento de hadas que da paso al tenor intimidador del saxofón de John Coltrane, barriendo al oyente con su poderoso tono mundano. Esto llega a un final abrupto después del que se escucha la gentil trompeta de Miles Davis como si fuese el último sonido de la tierra el día del juicio final. Es una música extraordinariamente impactante.

Hay un fuerte sentido de unidad y determinación en *Milagro,* por lo que destaca entre las publicaciones de Santana de los años ochenta y noventa. Es una declaración emocional impactante que no ha sido alterada para conseguir las demandas comerciales. Como tal, es un claro reflejo de la visión musical de Carlos Santana y de esta forma es un documento musical de gran valor. La música transmite su sentido de lo espiritual y una determinación universal de la vida y de la música. De hecho, los propósitos de *Milagro* de mostrar que toda esta música (Santana, el blues, música africana, rock, ritmos afrocubanos, soul y gospel, junto a Miles, Coltrane, Marley y Gaye) forma parte de una misma raíz universal, se consigue de forma efectiva.

Un poco antes de que se publicase el álbum, Santana probablemente realizó los conciertos más emocionantes de su carrera, un par de conciertos tipo «regresa a casa» en Tijuana, la primera vez que había tocado una nota en la ciudad desde 1963. Los conciertos tuvieron lugar en una plaza de toros al lado del mar y el guitarrista fue recibido como un héroe por una multitud de 17.000 personas al borde del histerismo. Los conciertos comenzaron con las actuaciones de un grupo local de Mariachi, Tequila, que en esta ocasión incluía a José Santana padre, de 44 años. Tequila tocó los viejos favoritos que Carlos solía tocar en las calles de la ciudad... «Son De La Negra» y otros. Los fans estaban apretujados en la pequeña plaza de toros, una pequeña zona rodeada de paredes que creaba una atmósfera íntima y cercana. Santana entró a las cinco y media a través del pasillo generalmente reservado para los toreros.

Los sonidos afros de «Sina» de Salif Keita se podían escuchar por la plaza mientras el héroe local salía del túnel rodeado de cámaras, policías, roadies y guardaespaldas que miraban a su alrededor como si estuviesen vigilando al presidente de Estados Unidos en un viaje a un estado inestable del tercer mundo. La atmósfera comenzó a caldearse y se escuchó un bramido cuando el guitarrista se subió al escenario. Encendió un cigarro, bailó al funk de Keita, señaló a las caras de la multitud y por primera vez parecía estar nervioso. Incluso los más duros guerreros de la carretera, como Chester Thompson, quedaron asombrados ante el espectáculo, mientras que Raul Rekow apareció manifestando su energía reprimida. Otro impresionante clamor surgió del público cuando Santana se paseó por el escenario y rindió homenaje a Pharoah Sanders comenzando la actuación con una fanfarria típica mexicana de Sanders, «Angels All Around Us». Luego las notas del comienzo de «Samba Pa Ti» sonaban como un himno nacional folk, por aquellos momentos la policía situada al frente del público se giró para ver a su propio héroe, mientras los dos mexicanos tocaban cada nota entregándose por completo.

El público hervía y se desbordaba entusiasmado mientras Santana tocaba los viejos acordes de «Black Magic Woman» una vez más. Este también era su triunfo, un asunto de orgullo nacional. El ruido fue nuclear para «Oye Como Va» y la fiesta continuó, la gente bailaba de forma incontrolable como si estuvieran participando en un ritual bacanal. El final de la canción fue recibido como si fuese el gol ganador mexicano de una imaginativa final mundial. Surgieron nuevas canciones de *Milagro* con viejos favoritos como «Savor», una amenaza persuasiva de una canción en la que Chester Thompson transportaba el espíritu del ritmo y del blues a Tijuana como lo habían hecho treinta años antes los afroamericanos. Karl Perazzo, otro mexicano-americano, tocó el interludio de timbales más intenso de su vida, utilizando cada truco del arsenal del músico. En una exhibición virtuosa Perazzo gritó al público «¡Viva México!», lo que dio paso al ritmo afrocubano de Raul Rekow de «Agua Que Va A Caer». La amigable rumba se extendió en un dúo de conga con Rekow, poseído por el tambor, tocando con una mezcla de arte y pasión que mantuvo a su compañero de percusión furioso de admiración. El momento estelar de la actuación llegó cuando Santana presentaba a Javier Batiz, el pionero del R&B de Tijuana y su primer héroe a la guitarra, con el que pasó aquellos años tocando por los tugurios de la ciudad. Tocaron «Blues For Salvador» y mientras Santana evocaba una pasión mundana, Batiz se ajustaba al blues. Cada pasaje recibió grandes ovaciones, pero aún había más mientras lo dos tocaban juntos, las notas se entrelazaban en órbitas paralelas. Mientras Batiz estaba improvisando, Santana subió el volumen de la guitarra de su viejo amigo haciendo elevar la pasión. Otros viejos amigos estaban allí para colaborar, como Larry Graham, un superviviente de Sly and The Family Stone, que apareció vestido con un traje de marinero blanco para colaborar en «Right On». Graham se ganó al público pero fue con el clásico tema «Toussaint L'Overture» con el que la energía alcanzó su punto culminante.

Comenzaron los fuegos artificiales, el repertorio terminaba después de dos horas de bombeo espiritual; en breve la ilusoria imagen de Woodstock volvería a surgir con el grito del público y «Soul Sacrifice». No era 1969, pero el guitarrista estaba animado mientras los americanos permanecían asombrados y los mexicanos bailaban. Por una vez todo el mundo cantó «A Love Supreme», dirigida por el trío Santana, Ligertwood y Larry Graham, seguido del tema «I Want To Take You Higher». Luego los crujientes crescendos de «Soul Sacrifice» que dieron paso a una nueva canción movida «A Dios», que tenía una intensa tensión espiritual relevada por «Europa», el otro himno de folk de Santana. El guitarrista se bajó del escenario y le dio la mano a unos cuantos del frente, lo que interrumpió la fluidez de la melodía romántica, pero le permitió ver la cara sonriente del policía a quien estaba dando la mano. El final de la fiesta llegó con el original homenaje de Santana a África, el escenario estaba lleno de invitados y niños cuando la celebración alcanzó su apogeo con «Jingo-Lo-Ba». Representando a Los Ángeles Chicanos, Cesar Rojas de Los Lobos apareció casi sin ser visto justo en el momento en que era nombrado. Las presentaciones terminaron con un caluroso y emocional abrazo de Santana y Javier Batiz. La primera estrella de R&B de Tijuana y su estrella más famosa habían vuelto juntos a casa.

Milagro fue publicado en junio de 1992 y el grupo salió de gira para promocionarlo por Europa y Estados Unidos. En la gira por Estados Unidos fueron teloneados por el grupo de reggae Third World y los dos grupos hacían jam todas las noches, trabajando algunos temas clásicos de Bob Marley como «Exodus». Trabajar con Third World garantizaba que la pasión de Santana por el reggae y Marley continuase a un nivel fanático. Mientras tanto los componentes del grupo iban y venían, en concreto los bajistas. Después de que Benny Rietveld se marchase, llegó Alphonso Johnson y finalmente, un nuevo hombre, Myron Dove, ocupó el puesto. Alphonso Johnson había vuelto sólo por tres semanas, pero se arrepintió inmediatamente: «Honestamente, después de haber tocado con el grupo durante cinco años, volver me parecía como dar un paso hacia atrás, porque el grupo seguía tocando la misma música y muchas cosas que no me gustaban continuaban igual. Pequeñas cosas, sabes. En el escenario todo iba bien, pero las interminables pruebas de sonido para tocar cosas que todos conocen, los cambios, todo eso me molestaba y continuaba igual»[2]. Sin embargo, la experiencia de otro ex músico de Santana, León Patillo, es menos negativa: «Tocar con Carlos fue el punto crucial en mi carrera como cantante y como músico. Siempre viviré a la sombra de ese gran legado.»

Mientras tanto, 1992 aún tenía un crescendo más que añadir al legado de Santana, como si los conciertos de Tijuana no hubieran sido lo suficientemente satisfacto-

---

[2] *Bassist,* abril de 1996.

rios; el año terminó con una extraordinaria actuación en Santiago, Chile, ante 100.000 personas. El público recibió al grupo como héroes locales. El grupo de rock Guns 'n' Roses había tocado en la misma ciudad un mes antes ante 30.000 personas. Esto demostraba la importancia fundamental de su grupo para la gente de Latinoamérica. Esta enorme audiencia respondió a «Greatest Hits» de Santana con un fervor que superaba incluso al del público de Tijuana mientras el guitarrista dedicaba «Somewhere In Heaven» a todos los padres del país que habían perdido a sus hijos, un comentario político indirecto. La multitud se comportó exactamente como si fuera el público de un partido de fútbol, yendo y viniendo como una única unidad. El mexicano observaba preocupado el apretujamiento del público, le recordaba a la gira de Sudamérica de 1973; se marchó de Chile consciente de lo apreciado que es en Latinoamérica y con gran alivio de que nadie hubiera perdido la vida.

Capítulo 19

Santana

Después de *Milagro,* Carlos Santana cogió la carretera para realizar una gira interminable de un mínimo de cuatro meses al año entre 1993 y 1999. Aunque había cambiado de sello discográfico, Carlos parecía casi odiar a la gente con la que tenía que tratar en la industria de la música y prácticamente dejó de grabar, no se podían meter con él: «Una vez les dije a la gente de Columbia cuando querían que hiciese algo que no quería hacer: "Mira, escucho la música antes de tocarla. Literalmente escucho la música antes de tocarla. La gente escucha la música después de que yo la toco y vosotros la escucháis después de que la gente la haya escuchado. No me digáis de qué jodida forma tengo que tocarla". Si Wayne Shorter era el ejecutivo de la compañía, le escuchaba, pues era un músico el que me estaba hablando. No me importa lo que digan los tipos que no saben tocar ni un acorde. Nunca me he considerado un producto. Soy un sonido y un color. Soy sentimientos y emociones, soy un alma. No soy un paquete»[1].

La realidad era que las giras mantenían la atención del público, para los teleespectadores de MTV Santana estaba fuera del alcance de la vista. Las actuaciones en directo de Santana atraían a una gran audiencia (en Greek Theatre en 1990 en Los Ángeles se vendieron 18.500 entradas y las actuaciones allí durante el verano de 1992 recaudaron más de 500.000 dólares[2])[3], pero el público

---

[1]   *Seconds,* marzo de 1995.
[2]   *Guinness Book Of Rock Stars,* Guinness, 1989.
[3]   Los conciertos de Santana siguen siendo una gran atracción a ni-

para su nuevo material estaba desapareciendo poco a poco. «Say It Again» fue el «éxito» más reciente y mientras que la producción grabada del grupo lentamente disminuyó durante los años noventa, efectivamente solamente eran conocidos por aquellos que asistían a un concierto o por los viejos éxitos del grupo. Reflexionando sobre esta situación, la publicación de un paquete de grandes éxitos siempre generaba considerables ventas y Columbia ingresaba dinero publicando una recopilación al año, todo los años, en alguna parte del mundo. Esto saldaba la deuda. Las recopilaciones de los grandes éxitos publicadas durante años consecutivos a finales de los noventa en Italia y España llegaron a top 10 en ventas.

Santana cogió la carretera y siguió yendo al sur, a Latinoamérica, donde aún era una gran celebridad. No es de sorprender que su siguiente proyecto fuese un álbum y un vídeo en directo grabado en Latinoamérica. La intensidad de los conciertos recientes y la reacción del público hizo que Carlos pensase que realmente había encontrado su tan codiciado «orgasmo espiritual». Se organizó precipitadamente una gira por Sudamérica y el grupo, aumentado por el joven rapero Vorriece Cooper partió en mayo de 1993 con conciertos en Argentina, Venezuela y México. Todo fue grabado por cámaras y el resultado fue un vídeo en directo y un CD, *Sacred Fire*, que se publicó en otoño. El vídeo presentaba una divertida perspectiva general de la pasión considerable que un concierto de Santana despertaba tanto en el público

---

vel mundial durante los años 90. Un concierto en Bogotá, Colombia, en 1996 atrajo a 38.000 personas. Otras cifras: 17.000 en Tucson, Arizona, en 1990; 30.000 en Lisboa, Portugal, en 1991; 25.000 en Atenas, Grecia, en 1991; 12.000 en París, Francia, en 1992; 20.000 en Varsovia, Polonia, en 1994; 8.000 en Casablanca, Marruecos, en 1994; más de 35.000 en Lima, Perú, en 1995; 25.000 en West Palm Beach, Florida, en 1997 y 25.000 en Pesaro, Italia, en 1998. También se dieron grandes conciertos en Malasia, Corea del Sur y Filipinas en 1996 y las actuaciones cotidianas del grupo en Bay Area tienen un aforo de entre 10.000 y 30.000 personas.

como en los músicos y aunque era realmente un paquete de «Greatest Hits Live», incluía un extraordinario tema instrumental nuevo, «Wings Of Grace». Esta actuación cautivadora estaba realizada sobre el concepto de «Blues For Salvador», solo de guitarra y teclado. Se basa en una estructura de dos acordes y una melodía de guitarra conmovedora que Santana presenta como si fuera una voz humana antes de pasar a una sección intensa, adornada con un heavy efecto wah-wah realzada con tardanza que crea un ambiente trascendente irresistible. Esta era la llamada musical del guitarrista al espíritu de John Coltrane. Santana muestra su habilidad moviéndose sin esfuerzo desde este ambiente embelesador a un pasaje de blues, antes de llevar el tema de vuelta a su base de soul. Es una de las mejores exposiciones de su singularidad como guitarrista, no hay otro músico que pueda hacerlo. No hay espacio para una técnica ostentosa, solamente la habilidad de transmitir una melodía con un sentimiento incomparable y el arte de expresar su propia conciencia con el instrumento. «Wings Of Grace» es una de las mejores grabaciones de Santana.

Sudamérica no era el único territorio del grupo, las giras anuales se realizaban por todo el mundo y siempre había momentos destacados y siempre nuevos componentes. Entre los momentos destacados hay que señalar una reunión musical con John McLaughlin en el Jazz Festival en Montreux de 1993 y una gran gira por Estados Unidos con los campeones del blues durante 1994. El trabajo en noches alternativas con Bubby Guy, Bobby Parker, Luther Allison y Robert Cray era mucho más importante para el mexicano que los éxitos en *Billboard*: «Tocar con Buddy, Luther y Bobby Parker, estoy muy agradecido de encontrarme en una posición que me permite hacerlo, compartir es la mejor manera de describirlo. Compartir con ellos y aprender con ellos.» Otro acontecimiento notable fue un jam con Prince en un concierto en Miami en 1995, que puso el broche de oro a los comentarios positivos que hacía el joven Prince de Carlos ante la prensa. En la mayoría de sus entrevistas,

Prince mencionaba a Santana como una influencia clave, e incluso tocaba un popurrí de los riffs de Santana durante su repertorio; no hace falta decir que el legendario de Bay Area estaba encantado con estos halagos y no tardó en incluir una versión de Prince de sus propios licks en su repertorio. Era Santana tocando a Prince tocando a Santana.

Continuamente aparecían nuevas caras en Santana, la armónica de blues de Curtis Salgado pronto descubrió que tocar en el grupo era una cuestión de suerte: «Es un tipo increíble. Te pone en una situación en la cual tienes que esperar y más vale que esperes y lo averigües antes de tiempo, pues él está demasiado ocupado con su propia mierda.» Durante una actuación en San Francisco, el guitarrista surgió con la idea de un solo de Salgado mientras la canción estaba sonando: «Era la primera noche que tocábamos en directo, nunca he estado con este grupo antes. Comienza tocando «Chill Out» y de pronto me mira y se pone la mano en la boca imitando una armónica y yo pienso ¿Qué? Sabes, nunca toqué en la canción, no sí ni cuales son los cambios.»

Entre las giras, Santana grabó un álbum con su hermano Jorge y su sobrino Carlos Hernández, que se publicó en el otoño de 1994. *Brothers* tenía tres partes, una parte era el material «estándar» de Santana, otra parte eran los originales de Jorge Santana y otra era el material con Carlos Hernández. La verdad es que es un cedé de calidad variable. El material de Santana es muy bueno, la composición de Santana «Luz, Amor y Vida» es extraordinaria y «Blues Latino» es un ejemplo arquetipo de la guitarra artesanal de Carlos. Su homenaje imaginativo de «Aranjuez» es un cambio refrescante, luego dos temas de gran éxito con su hermano, «Contigo» (una canción que quedó de los días de Malo) y «La Danza». Jorge contribuyó con el interesante tema que da comienzo al álbum «Transmutation/Industrial» y una representación sensitiva de «Morning In Marin» de Bola Sete que cierra el álbum, pero la dificultad se encontraba en una sección de material de no tan alta calidad entre «La Danza» y «Marin». La publicación del álbum pasó completamente desapercibida y Carlos se dio cuenta de la falta de promoción que le dieron.

Mientras continuaban las giras y seguía el año, el guitarrista comenzó a hablar de forma optimista sobre la publicación de sus nuevas canciones en álbumes que él se imaginaba que se podrían llamar *Harmonious Convergence* o *Serpents And Doves,* pero a mediados de los noventa no estaba seguro de su relación con el mundo de los negocios: «Estamos preparados para grabar durante octubre, noviembre pero en realidad yo grabo todos los días. Grabo cada ensayo, cada concierto. Espero que se mezcle de forma correcta, que se toque de forma correcta. De esta forma quizás vamos al estudio y grabamos un mínimo de cuatro canciones. Estamos tocando tantas canciones nuevas que si encuentro los tiempos adecuados, el balance adecuado y el corazón y el alma adecuada podríamos estar grabando todo el año. En cuanto a la publicación, yo no puedo decir cuándo, no necesito que nadie deje lo que tenga que hacer para promocionar Santana. Si en la mayoría de nuestros conciertos las entradas se agotan y no estamos en la radio, entonces cualquier persona con sentido común dirá, todo el mundo está feliz así que vamos a sacar el álbum para que puedan comprarlo. De esta forma puedes transferir las ventas de entradas a las ventas del álbum.» Es difícil imaginar una explicación más clara de la visión tan simple de la industria de la música por parte del guitarrista.

El antiguo sello del guitarrista seguía publicando recopilaciones de grandes éxitos, como el superfluo *Dance Of The Rainbow Serpent,* el ambiente retrospectivo de ese paquete quedaba reflejado por algunos de los viejos compatriotas de Carlos que estaban tramando algo nuevo volviendo la vista atrás. Santana de 1971 fue reformado sin Carlos ni David Brown bajo el nombre de Abraxas. El grupo realizó una serie de conciertos en California antes de que el álbum *The Abraxas Pool* apareciese en 1997 con la combinación de percusión latina, guitarra, órgano Hammond y la potente voz de Rolie. Los mejores momentos del disco son los timbales de Chepito Areas, refritos de «Guajira» y un buen tema de guitarra, «Szabo». Mientras tanto, Abraxas Pool pasaba el tiempo azotando a Carlos Santana en los medios de comunicación de San Francisco. *San Francisco Chronicle* estaba en el centro de la tormenta imprimiendo un artículo titulado «All The Gang's Here Except One» (todos menos uno). Con este cálculo parecía haber dejado a David Brown en el olvido, hubo algunos comentarios curiosos atribuidos a Michael Shrieve: «En realidad el sonido Santana eran Chepito y Gregg», y Gregg Rolie, «es agradable, pero obviamente no estamos de acuerdo. Es muy educado pero como ves no sobra amor.» Michael Carabello fue aún más allá: «Este grupo no se creó partiendo de Carlos Santana, se creó a partir del sonido. No se trataba de Carlos, se trataba de la música y de la gente»[4]. Desafortunadamente para los fans del sonido original y para los redactores de San Francisco, *The Abraxas Pool* nunca se hizo realidad, pues cuando se publicó el CD, Chepito Areas había recibido un disparo y no podía actuar más. Después de que todo el mundo se hubiese calmado, Neal Schon tuvo una reunión con Journey, mientras que Gregg Rolie y Carlos comenzaron de nuevo a intercambiarse riffs y cintas. Rolie apareció en el concierto de Shoreline de 1996. Parecía que no importaba el poco amor que los dos admitían públicamente para que siempre hubiese una atracción mutua. La ira de los componentes de Abraxas Pool fue publicidad amable para el público de Bay Area, pero sus quejas contra Carlos despertaron muy poco interés fuera de California.

Mientras Carlos Santana continuaba su gira interminable, su compromiso con la carretera le hizo al guitarrista ganar la admiración de sus colegas como Aito Moreira: «Es un músico genuino porque no se queda en casa

---

[4] *San Francisco Chronicle,* 9 de octubre de 1994.

en su estudio haciendo millones de dólares, sale y toca para la gente. Eso es muy importante para un auténtico músico.» Puede que fuese desde el punto de vista de Airto, pero la forma de pensar de Santana le llevó a un enfrentamiento con el negocio de la música. Para él su actitud era extraña y simplemente no podía entender por qué su música no atraía más espacio en antena. Dejando a un lado el hecho de no estar de moda, cosa que él achacaba al racismo, como manifestó con gran seguridad al *San Francisco Examiner:* «Puedo ir al este de África y tocar con King Sunny Ade o a Río y tocar con Milton Nascimento. No somos máquinas Xerox, arrasamos con los estereotipos. ¿Por qué debería limitarme a tocar sólo música mexicana? ¿Para que se cumplan las expectativas sobre mí, puesto que soy de Tijuana? Si estás vivo y tienes corazón, tocas lo que está en tu alma.» Quizás el objetivo real de su ira era su sello discográfico. No estaba contento con Island, que había adquirido el contrato de Santana de Polygram, aunque había lanzado su propio sello, Guts y Grace, el cual usó para publicar un cedé de grabaciones en directo de sus músicos favoritos, John Coltrane, Bob Marley, Stevie Ray Vaughan, Marvin Gaye y Jimi Hendrix. Guts and Grace también contrató al músico italiano Paolo Rustichelli que había convencido a Miles Davis para grabar una canción suya antes de su muerte. Rustichelli recientemente había creado otro montaje de fragmentos melódicos y compases de baile, arropado con la guitarra de Santana y muestras de la trompeta de Davis. Carlos puso todo su peso detrás del cedé resultante, *Mystic Man,* que eventualmente consiguió ventas que Rustichelli nunca podría haber imaginado. Pero, en el fondo, Santana no quería quedarse con Island y finalmente fue liberado del contrato quedando libre para volver a la carretera.

Los conciertos de Santana durante esta gira interminable, eran, como siempre, una mezcla de lo antiguo y de lo nuevo. La mitad del repertorio de Santana durante los noventa estaba compuesta por los viejos temas favoritos, «Black Magic Woman», «Soul Sacrifice», «Europa» o «Samba Pa Ti». En una buena noche podían sonar frescos y llenos de vida, en una mala noche eran superficiales. Parece imposible creer que Santana y el resto de los músicos podían divertirse tocando esas canciones cien veces al año, pero en el juego de la supervivencia musical Carlos Santana sabía que esto era lo que la mayoría de su público quería escuchar y hubiera sido una operación suicida no tocarlos. Entre los viejos temas destacaban versiones nuevas de una gran variedad de influencias , incluyendo la música del guitarrista de jazz Sonny Sharrock («Dick Dogs»), Funkadelic («Maggot Brain»), Bob Marley («Exodus» y «So Much Trouble»), Timmy Thomas («Why Can't We Live Together»), Joe Zawinul («Dr. Honarius Causa»), Mama Sez (un grupo afrofrancés dirigido por el cantante Shakara que escribió el himno «Yaleo»), Voices of East Harlem («Right On, Be Free»), George Benson («El Mar»), Gabor Szabo («Concorde Niteflight») y Ray Lema («HAL 99»). Santana siempre ha sido magistral en la adaptación del material de otros artistas a su sonido; ahora lo estaba haciendo de forma vengativa.

Otra parte de su repertorio estaba dedicada a los jams que recordaban el estilo «East-West» de Butterfield. Podía ser un riff de guitarra boogie de John Lee Hooker mezclado con la voz de Hopkins, o «Sex Machine» de Sly Stone o una canción de riff de Davis, Coltrane o la música de Hancock, o el clásico afrocubano «Mazacote». Para el oyente de Santana estos eran los momentos que despertaban más interés, mientras que Santana y Thompson tenían espacio para exhibirse, coger algunas oportunidades musicales y relajarse tocando. Entre todo esto también había material nuevo que no hubiera encajado en el estándar de publicación; sacado de las pruebas de sonido, como la canción de soul «When You're In Love» (se le ocurrió a Santana en la ducha, pero tenía mucho que ver con Neneh Cherry y Youssou N'Dour), había cosas más estudiadas («Angelica», «The Call-Kenya», «Serpents and Doves» y «Day Of Celebration») y algo que sólo tocaron unas cuantas veces («Children Of The

Light»), antes de que desapareciese más rápido que un caramelo en la puerta de un colegio. A finales de 1996 apareció una nueva colección de canciones con títulos como «I Believe It's Time» y al estilo Devadip «Metatron»; y en esta época Santana junto a Chester Thompson estaban componiendo mucho material, pero Carlos sentía que sólo lo podía expresar en directo, no le interesaba luchar con las casas discográficas. Ocasionalmente, muy ocasionalmente, un componente del grupo conseguía emitir una de sus canciones. El cantante Tony Lindsay tenía una balada de reggae llamada «Spread Your Wings» que tocaron unas cuantas veces, pero generalmente el grupo era un grupo de acompañamiento para las ideas de Carlos y Chester Thompson. A los componentes del grupo se les dejaba espacio para sus actuaciones especiales, pero en realidad podían haber prescindido de los solos de bajo y percusión. Aunque últimamente, en una buena noche (y siempre había numerosas buenas noches con Santana), la música podía proporcionar al oyente un auténtico sentido de júbilo, y muchos salían del concierto muy animados. Después de tantos años en la carretera Santana sabía cómo llegar directamente a la gente y el deseo del líder de «llegar a los corazones» a menudo se hacía realidad.

La forma de tocar la guitarra de Santana seguía siendo cautivadora y aún se encontraba en buena forma cuando permanecía cercano al enfoque melódico y al blues. Durante los años noventa, comenzó a introducir elementos vanguardistas en su forma de tocar que surgieron de su interés por el guitarrista de jazz Sonny Sharrock, que fue compatriota musical de Pharoah Sanders, quien arremetía contra el público con carreras cromáticas intergalácticas duramente amplificadas y gritos musicales. No era en realidad el estilo de Santana, pero no tardó en recorrer a gran velocidad arriba y abajo el traste de la guitarra creando un ruido enojado. Sin embargo, en el fondo, Santana siempre sería melódico, podía sacar una melodía de cualquier lugar, en cualquier circunstancia. Los fans le daban cintas de sus propios fragmentos melódicos y las escuchaban tocadas por el héroe del tercer mundo. De forma similar, su fascinación por las épicas de Hollywood le llevaron a coger un fragmento de la melodía de la escena de amor de la antigua película del oeste *Apache* e hizo una canción. Con este breve tema nos demostraba que utilizaba las mismas técnicas para conectar con el público que había aprendido en Tijuana, décadas antes. Algunas veces aparecía tocando directamente para una sola persona del público, podía señalarla o permanecer de pie directamente sobre él o ella y mirándole a los ojos mientras tocaba. Otras veces se inclinaba mientras realizaba una de las extravagancias que usaba en «Apache» y con su mano derecha libre alcanzaba y cogía el recipiente del público. Era como si estuviese intentando transmitir su sentimiento por la música al oyente, realizando tanto una conexión física como musical. Años antes en Tijuana, se dio cuenta de que podía atraer la atención de la gente según su forma de tocar, era la forma de estar frente al público. Ahora, aún tenía la necesidad de que la gente siguiese yendo a sus conciertos, así que necesitaba llamar la atención, estos momentos de acercamiento físico musical parecían ser una forma de conseguir que el público sintiese de forma directa lo que él sentía y se marchase con la sensación de que había estado tocando «sólo para ellos», uno a uno.

Carlos estaba satisfecho con su interminable lista de contactos con otros músicos de todo el mundo. A mediados de los años noventa realizó una serie de grabaciones con Junior Wells (una versión de «Get Down» de War), el encantador «Chill Out» con John Lee Hooker y una versión candente de «Spanish Castle Magic» con Stanley Clarke y Tony Williams. Infelizmente Williams murió en 1997, fue la última sesión que estos dos auténticos personajes tocaron juntos, y como si lo supieran, encendieron un fuego incontrolable.

Fue particularmente gratificante para Carlos ser invitado para tocar en los álbumes de artistas africanos y pronto descubrió que él y su grupo eran de gran

Carlos Santana en febrero de 1996. (Foto: Simon Leng.)

influencia en África, y su visita a Ghana en 1971 se convirtió en una leyenda. Desde el momento en que Carlos entró en un estudio de grabación junto a Babatunde Olatunji en 1986 comenzó a pensar que su música y la música que a él le gustaba (el blues, jazz, flamenco, reggae, funk, gospel y afrocubana) todo partía de la misma raíz musical y esa raíz estaba en África. Trabajó en directo en Francia con Touré Kunda, un emocionante grupo de la costa de marfil que mezcla la percusión africana con el pop y el reggae creando una mezcla de música muy seductiva. A Carlos le gustaba en especial la canción «Guerrilla» que tocó con ellos en París en 1991 y seguía en su mente como un tema candidato para la grabación. Todo comenzó a encajar cuando grabó en álbumes de Mory Kante, Salif Keita y Angelique Kidjo, las estrellas internacionales más grandes de África; para él todos estaban tocando música de la misma raíz. Un ejemplo de la mutua empatía entre Santana y el grupo africano Baaba Maal, que los telonearon en un concierto de Londres en 1996, lo encontramos durante la prueba de sonido de Santana para esta actuación en Wembley Arena. Maal y su grupo estaban sentados al otro lado de la sala vacía mientras que Carlos hacia que su grupo realizase otro intento de «Yaleo». Cuando terminó, Santana cogió el micrófono y se dirigió a los músicos africanos, a los que no conocía, y les dijo cuánto le gustaba su música y que esperaba que realizasen un jam con él más tarde. Cuando terminó de hablar los músicos africanos se levantaron y espontáneamente le ofrecieron al mexicano un caluroso aplauso. El jam que tuvo lugar aquella noche refleja de forma natural esta conexión.

A finales de 1996 Santana comenzó a grabar el material que había acumulado durante los tres últimos años, pero para finales de año Carlos ya había cambiado el grupo de nuevo con un nuevo héroe cubano a la batería, Horacio «el Negro» Hernández. Volvieron al estudio y se pusieron a grabar de nuevo el material que ya habían grabado, pero esta vez con la idea de hacer una maqueta para una nueva publicación. Las negociaciones que se estaban realizando para un nuevo álbum de Santana durante esta época impulsaron el proyecto. Las conversaciones continuaron durante otra enorme gira por Estados Unidos en primavera y verano en compañía de un grupo de new age llamado Rusted Root, cuyo público atraía a nuevas caras a la fiesta de Santana. El público aumentó de tal manera que se puede considerar como la gira con mayor éxito de Santana desde principios de los años ochenta. Finalmente, durante el otoño Santana firmó un nuevo contrato discográfico con Arista Records que le llevó a reunirse de nuevo con Clive Davis, el presidente de Columbia al comienzo de la carrera de Santana. Davis era ahora el cabeza en Arista y fue probablemente por su presencia por lo que se llevó a cabo el contrato. Carlos, poco después de cumplir 50 años, se puso a componer nuevas canciones durante el invierno de 1997 con la idea de sacar una nueva publicación en 1998.

Capítulo 20

Santana Por supuesto, no apareció ningún nuevo disco de Santana en 1998, un año durante el cual el grupo se embarcó en tres diferentes giras europeas y la acostumbrada gira por Estados Unidos a finales de verano, con otro grupo de nuevas canciones que sonaban como si estuvieran a un paso del éxito de mercado. La formación contaba con dos nuevas caras, que elevaron los niveles virtuosos del grupo. Eran el bajista Benny Rietveld y el batería Rodney Holmes. Ambos habían estado en Santana antes y ambos fueron reconocidos como Carlos por ser los mejores músicos en su campo. Los dos eran músicos de jazz y tenían una facilidad técnica más allá de lo normal. Era el equipo con el que Carlos había soñado.

Con los nuevos componentes a bordo, las actividades del grupo durante el año se dividieron entre grabaciones y actuaciones en directo. Todo el material que había sido grabado el año anterior en Fantasy Studios se grabó de nuevo con la nueva sección de ritmo, surgieron rumores sobre quién estaba involucrado en estas sesiones. Las informaciones iniciales decían que Gregg Rolie estaba colaborando en un tema y que el ingeniero de Santana de los años setenta, Glen Kolotkin, estaba trabajando con Carlos de nuevo. Otros hablaban de que Mick Jagger y Dave Stewart de Eurythmics habían compuesto una canción para él llamada «Blind Leading The Blind». Era uno de los temas grabados en las sesiones de Fantasy. En una nota más contemporánea, se decía que Santana estaba colaborando con Lauryn Hill de Fugees y que habían grabado una versión de «And I Love Her» de The

Beatles. El título del álbum se decía que iba a ser *Mumbo Jumbo.*

Sin embargo, los pensamientos sobre el nuevo álbum tendrían que esperar, la nostalgia apareció de nuevo en la agenda. En enero de 1998 el Santana Band de 1969 fue reclutado para «Rock'n'Roll Hall Of Fame» y para esta orgía masiva en Nueva York se reunieron todos los músicos excepto Chepito Areas. David Brown estaba débil y no tocó pero los otros sí, tocaron los temas favoritos, como «Black Magic Woman». Carlos también invitó al autor de la canción, Peter Green, para que la tocase con ellos. Green había reanimado su carrera recientemente, después de sobrevivir a una década de esquizofrenia y fue una muestra de admiración de Santana por el londinense el que fuese invitado a unirse con ellos aquella noche. Mientras la nostalgia iba ganando espacio, Columbia no perdió la oportunidad de publicar otro paquete «Best Of Santana» y más versiones de los tres primeros álbumes Santana. Eran publicaciones con matices diferentes, ya que cada una incluía temas en directo (como el tema sin publicar «Gumbo») e incluso un cedé promocional «Folsom Street», una toma de *Abraxas.* Parecía que Columbia nunca dejaría el catálogo Santana.

En medio de la nostalgia, dos publicaciones claves mantuvieron la atención del público sobre Carlos Santana; su colaboración en un álbum del grupo más popular de rock de México, El Tri. Este grupo, dirigido por el cantante Alex Lora, es muy conocido en Latinoamérica y a pesar de los muchos años que lleva con su música aún esta de moda entre los jóvenes. De forma impensable en un contexto de rock «western», el último cedé, *Cuando Tú No Estás,* comenzaba con un apasionado homenaje a la patrona de México, la Virgen de Guadalupe, y la guitarra de Santana añadía un fragmento o dos a la pasión de Geiger. Tal es la situación de El Tri en Latinoamérica y el éxito de la canción, «Virgen Morena», como single y vídeo, que Carlos se adentró en gran medida en la conciencia de la juventud latinoamericana. Mientras tanto, el guitarrista estuvo a punto de tomar la decisión acertada de aceptar el añadir guitarra a una canción de un álbum en solitario de la nueva reina del soul, Lauryn Hill, que habiendo abandonado Fugees, continuó en solitario con el maravilloso éxito de *The Miseducation Of Lauryn Hill.* Clive Davis habló a Hill sobre Carlos Santana y le manifestó su amor por su música, también dijo que cuando era joven solía componer letras sobre las partes de guitarra de Carlos en *Abraxas.* Todo esto tenía una lógica sorprendente; el estilo de guitarra de Carlos siempre ha estado influenciado por las partes de los vocalistas de soul y ahora una cantante de soul estaba poniendo letras a sus partes de guitarra de soul. Finalmente cuando la cantante llamó al guitarrista, nació una nueva unión musical. El álbum de Lauryn Hill la convirtió en la artista de soul femenina más destacada y con más éxito del mundo. Cuando apareció en los Grammys en febrero de 1999 para recoger un puñado de premios (incluyendo mejor álbum) tocó una balada encantadora «To Zion» y el guitarrista esa noche fue Carlos Santana, de vuelta enfrente del público de Hollywood. Los tiempos habían cambiado. Cuando ganó un Grammy por *Blues For Salvador,* Santana recibió su premio por correo. A pesar de tocar el segundo violín para Hill (Santana no fue ni nombrado por la cantante), su empatía musical con ella llevó al guitarrista de vuelta a sus raíces, mientras el cantante realizaba un homenaje casi gospel de su canción. Su propia música era esencialmente un cruce entre las formas negras (que naturalmente incluye ritmos afrocubanos) y el romanticismo mexicano, ahora el círculo se había cerrado, ya que él mismo se encontraba apoyado y agasajado por el icono negro de la música de finales de los años noventa. El álbum de Hill parecía casi documentar las formas de la música negra desde el doo-wop hasta el soul y más allá del hip-hop, estas eran tanto las raíces de Santana como las suyas. También era interesante escuchar a la nueva megaestrella hablar abiertamente sobre sus creencias espirituales, era difícil evitar una mirada hacia los días de Devadip cuando Hill y su grupo de apoyo salieron al escenario todos vestidos del blanco puro de Sri Chinmoy.

El aumento del perfil del guitarrista en Estados Unidos fue ideal para el relanzamiento de su carrera de grabación y durante esta época estuvo ocupado grabando y regrabando temas para un nuevo cedé que esperaba sorprendería a todo el mundo. Pero la génesis del álbum no era una auténtica sorpresa. En la carrera de Carlos había una mano directiva detrás de cada situación. En el pasado este papel había sido desempeñado por Stan Marcum, Bill Graham, David Rubinson y Sri Chinmoy. Ahora, con su carrera en un punto crucial, parecía que el guitarrista estaba preparado para ser dirigido de nuevo y, esta vez, la mano dirigente iba a ser Clive Davis; la pelota se encontraba en el terreno del guitarrista ya que parecía que Davis actuaría según las intrucciones: «Mr. Clive Davis se acercaba mucho a mí, me miraba fijamente y decía: "¿Qué quiere Carlos Santana hacer?"»[1]. La respuesta era inmediata y Davis se ponía a trabajar: «Sabíamos que la mitad tenía que ser cosecha de Santana, pero también teníamos que incorporar todas las influencias contemporáneas del momento que Carlos estaba sintiendo. Me dijo: "¿Nos puedes aconsejar otros músicos con los que pueda trabajar para la otra mitad del álbum, que será una ampliación natural de lo que hago?" Y empecé la tarea»[2].

Clive Davis es una figura legendaria en el negocio de la música y su lista de contactos es casi universal. Solamente alistó a los ganadores a su sello Arista y mantenía por lo menos a treinta grupos. Ahora estaba organizándose y moviendo los hilos adecuados para Santana. También él tenía un interés personal por ver a Carlos aparecer en las listas de nuevo: «Siempre he tenido muy buen concepto de Carlos y su música. Me encanta el hecho de que sea ambicioso, sediento y que se inspire con

---

[1] *Billboard,* 28 de mayo de 1999.
[2] *Billboard,* 28 de mayo de 1999.

todos los tipos de ideas musicales. Santana es tan relevante hoy como lo fue anteriormente»[3]. Cuando Clive Davis cogió el teléfono y se puso a llamar para ver quién quería grabar con Carlos Santana, se dio cuenta de que no faltaba gente. Como él dijo, Santana es relevante hoy y en muy poco tiempo el mexicano tenía una larga lista de súper-estrellas contemporáneas para elegir. Lauryn Hill, Dave Matthews, Wyclef Jean, Everlast, Eagle-Eye Cherry y Rob Thomas de Matchbox 20. Es difícil de imaginar un grupo de nuevas estrellas más comerciales. Sólo en las ventas de álbumes recientes, Hill había vendido cinco millones, Dave Matthews cuatro millones, Everlast dos millones y Matchbox 20 ocho millones. Era una buena compañía con la que relacionarse y Davis rápidamente se dio cuenta de que tenía un gran proyecto entre manos.

Davis es un astuto hombre de negocios y no se le escapó el hecho de que el castellano era la primera lengua de muchos estados americanos y que un nuevo joven hispano llamado Ricky Martin había cruzado para alcanzar los principales puestos de las listas con un single. Carlos Santana aún era un nombre sin igual en la comunidad latina y Davis sabía que si pudiese lanzar un single al enorme público hispano, las ventas se dispararían. Para conseguir esto alistaron al productor KC Porter que había trabajado en la mesa de mezclas de Ricky Martin y Maná, un grupo de rock mexicano que fue entregado al sello, «rock en español». Finalmente, para mantener contentos a los fans de guitarra tomaron la decisión de última hora de conseguir que Eric Clapton grabase un tema. Los fans musicales que conocían el nombre de Santana habían perdido contacto con sus actividades, así que un poco de publicidad y éxito los traería de vuelta. Carlos estaba dispuesto a conseguirlo y a hacer todo lo que fuera necesario para conseguir la cima de nuevo.

---

[3] *Los Angeles Times,* 9 de septiembre de 1998.

Conseguirlo significó una actividad frenética durante un año. Incluso llevó al observador casual de Santana a preguntarse por qué Carlos Santana, con casi 52 años, quería pasar por todo aquello de nuevo, especialmente después de años de estar totalmente alejado del negocio de la música. No es tan difícil entender su motivación; una vez que has probado el sabor de la cima, es difícil decirle adiós. El mismo guitarrista comentó: «Quiero estar con gente apasionada, gente que tenga la visión necesaria para emitir mi música en la radio. Clive sólo tiene 27 artistas y tiene la suficiente pasión para cuidarlos a todos»[4]. Alimentado por este deseo, el guitarrista también compartió el escenario en conciertos con Lauryn Hill, pavimentando el terreno para su nuevo disco; incluso se rumoreaba que la batalladora Hill había invitado al guitarrista para que se uniese a su grupo. Tal arrogancia probablemente se debía a la urgencia de conseguir triunfar. Hill tenía una gran fama, era tan grande en 1999 como Santana lo había sido en 1969. Santana estaba encantado con el hecho de que su público le recibiese calurosamente durante los conciertos en California donde tocó con ella, pero en abril, Santana volvió con su propia formación, presentando su material nuevo a un público frenético en Fillmore en San Francisco. Acababan de anunciar que su nuevo disco se iba a llamar *Supernatural,* lo que sonaba como otro homenaje a Peter Green. Los conciertos fueron bien recibidos, los fans y el grupo parecían estar en un nuevo nivel, como si todos supieran que estaban cercanos a algo grande. Por primera vez ofrecieron nuevas canciones y funcionaron bien, hubo aclamaciones de reconocimiento por algunos auténticos temas favoritos, «Singing Wind, Crying Beasts», «Dance Sister Dance» e «Incident At Neshabur». La sección de ritmo bramaba, la guitarra de Santana rugía y acariciaba, mientras Chester Thompson continuaba con un groove Hammond urbano que res-

---

[4] *Los Angeles Times,* 9 de septiembre de 1998.

paldaba a todo el grupo. El «sonido clásico» aún estaba vivo en los conciertos en directo.

Justo antes de la publicación del álbum en junio, la campaña comercial comenzó con una presentación en *Billboard,* la revista de la industria de la música. El primer single del álbum fue «Smooth», una canción que originalmente fue compuesta para George Michael por Rob Thomas, que era el cantante dirigente de las listas de Estados Unidos de Matchbox 20. Luego el álbum fue promocionado con gran difusión por parte de los medios de comunicación americanos. Santana grabó una sesión de *Hard Rock Live* para la versión de MTV, VH-1, en la cual aparecería junto a algunos nuevos amigos. Luego contaron con un espacio en el programa de gran audiencia *Letterman Show* en junio e incluso aparecieron en algunos programas de tertulias mañaneras. Todo era una publicidad forzada, querían conseguir que la publicación del álbum fuese un acontecimiento publicitario. Funcionó y cuando la fecha de la publicación se aproximaba la sensación de éxito de Clive Davis le llevó a aumentar la primera impresión del disco de 125.000 copias a 210.000 y finalmente a 350.000, casi un estatus de disco de oro instantáneo. La principal pregunta que faltaba por contestar cuando el álbum llegó a las tiendas era, ¿la satisfacción artística del álbum encajaría con el bombo publicitario que se le había dado, o simplemente se trataría de una sesión con súper-invitados?

La respuesta sería «sí encajaría», pero principalmente porque la potencia de la forma de tocar la guitarra de Carlos Santana no había disminuido. De forma notable, se habían realizado unos cambios sutiles en el sonido Santana y en su presentación. Las letras poco prácticas comercialmente sobre los ángeles y los espíritus de Santana fueron sustituidas por canciones de amor y alguno de los rasgos claves del sonido Santana desaparecieron, en particular el órgano Hammond de Chester Thompson. Los incondicionales músicos Santana como Raul Rekow e incluso el mismo Thompson quedaron ausentes en temas, y el cantante Tony Lindsay, que había pasado años de gira con el grupo, quedó reducido casi por completo al papel de un cantante secundario. Obviamente, Santana y Davis se dieron cuenta de que si el nuevo álbum iba a ser un éxito, no podía basarse en el sonido clásico de guitarra de Santana, el Hammond y la percusión latina. Eso estaba bien en directo, donde el grupo leal de seguidores de Santana siempre volvería para escucharlo, pero en cuanto a las listas, *Milagro* de 1992 había demostrado de forma comprensible que el «clásico sonido» no tenía ninguna potencia comercial. A los incondicionales fans les había encantado ese álbum porque era «el auténtico Santana» presentado a través del «clásico sonido», pero en el mundo de MTV, no cuadraba con nada. Arista no estaba dispuesto a repetir esa clase de contratiempo comercial.

Supernatural presenta a Carlos como el guitarrista invitado de su propio disco. Esto se debe a que Everlast suena exactamente como Everlast, Lauryn Hill suena exactamente como Lauryn Hill y Eagle-Eye Cherry suena exactamente como Eagle-Eye Cherry. Estos cantantes no habían compuesto canciones para el sonido Santana, le habían dado canciones a Santana para que las grabase. Hay una gran diferencia. El único tema que fue una auténtica composición y colaboración fue «Love Of My Life» con Dave Matthews y, probablemente por esa razón, es el más efectivo. Una transformación más sutil ocurrió con los temas latinos que adoptaron los arreglos y el sonido pop puertorriqueños que había funcionado tan bien para Ricky Martin.

Sin embargo, *Supernatural* comienza con una agradable tajada del sonido familiar Santana en «Yaleo», una canción que el grupo había tocado en directo desde 1994. Fue originalmente grabada por un grupo pop afrofrancés, Mama Sez, que Carlos encontró por casualidad en una gira en Francia a comienzos de los años noventa. Es una gran canción al estilo de «Oye Como Va» y «Guajira» con pequeñas interpretaciones de cada uno de los músicos y algo de guitarra de la estrella. La siguiente era una colaboración junto al popular cantante del sur de Sudáfrica, Dave Matthews en «Love Of My Life», una de las grabaciones más fuertes de Santana durante años. También es un tema interesante de la arqueología de Santana ya que recuerda la temprana infancia del guitarrista cuando la música clásica europea sonaba en el hogar Santana mientras que la conmovedora parte de guitarra y la mayor parte de la melodía principal vienen directamente de la tercera sinfonía de Brahms. En manos de un conductor sensitivo, este tema se encuentra entre los pasajes más afectivos de toda la música clásica, en «Love Of My Life» Carlos Santana lo expresa con un gran atractivo como romance puro. Dave Matthews contribuye con su voz, el tema desemboca en una salsa humeante donde Santana nos hace recordar la «guitarra parlante» de sus grandes solos latinos de «Guajira». La canción tiene un gran impacto, pues surge de un periodo muy emotivo para el guitarrista: «Cuando mi padre falleció no escuché música durante una semana. Estaba como atontado. Luego encendí la radio y lo primero que escuché fue a Brahms. Me llegó mucho, se me grabó como si fuese un tatuaje.» Debe de haber sido una reacción subconsciente, ya que Carlos se inspiró en la melodía con anterioridad para parte de la banda sonora de *La Bamba,* un tema que dejó una profunda huella en su vida.

De todas las colaboraciones en este álbum, la sesión con el hombre de hip-hop de Everlast debe ser lo más insólito, Carlos le añade un estilo de guitarra wah-wah de Hendrix y algunos acordes de grunge al tema «Put Your Lights On» del cantante, un tema que sonaba como si fuese de Metallica o The Black Crowes. Esta apasionada y oscura canción fue grabada en Bay Area en febrero de 1999 y probablemente porque no sonaba a Santana, fue una gran apuesta para un éxito futuro. La siguiente sección del disco tiene ritmos latinos con «Africa Baba» y el primer single «Smooth». El primer tema mencionado es una adaptación de «Guerrilla», la canción de las estrellas africanas del oeste, Touré Kunda, con las que Santana tocó en París en 1991. Se le había quedado en la cabeza desde entonces y ahora le añade su propia conmovedora voz española y un gran ritmo de salsa que crea cinco minutos de placer afrolatino. «Smooth» suena como una versión más rápida, rokera, de «Guajira», pero tiene una cualidad persistente que permanece dentro de la mente del oyente, e incluso podemos olvidar la letra cliché de Rob Thomas, ya que es arrasada por un cha-cha-cha y la exuberante guitarra de Santana.

El grupo Thomas Matchbox 20 es increíblemente popular en Estados Unidos, lo que hizo que «Smooth» fuese una buena elección para el primer single, pero a nivel mundial el siguiente invitado es aún más conocido, Lauryn Hill. Sus lazos de unión con la familia de Bob Marley le dan un interesante matiz Kingston a la introducción de viento de «Do You Like The Way», un tema que hubiera encajado perfectamente en su más reciente álbum. El cambio de acorde simple es muy familiar para Carlos Santana, un maravilloso groove armónico sobre el que se añaden algunos pasajes de guitarra expresivos antes de que la tercera parte de la canción sea más gospel que hip-hop. Este segmento está presentado por una energética voz Cee-Lo que pavimenta el camino para una parte de guitarra testificante, el ambiente se convierte en Marvin Gaye con Al Green. Los interludios de Fugees continúan con el bello pero modesto «María, María» de Wyclef Jean, que de nuevo incluye la letra de cliché sobre la vida hispana y de forma sorprendente contiene un tributo a Carlos Santana en el coro.

El actual sonido latino de Santana avanza con «Migra», la letra más furiosa que Carlos jamás haya compuesto, es un asalto verbal a las leyes de inmigración californianas. Actualmente la canción del artista nigeriano Rachid Taha fue creada en el ambiente musical del París afrofrancés en el que Carlos siempre se sintió integrado cuando tocaba allí. Dejando a un lado la letra, «Migra» es un cóctel sorprendente de tambores indios americanos, trompeta de Mariachi y el sabor de guitarra de Hendrix. Menos controversial es otra imagen de «Guajira» en «Corazón Espinado», grabada con el grupo favorito de rock mexicano, Maná. Una típica historia mexicana de un amante de corazón de piedra, claramente dirigida al mercado mundial latino que encajaría perfectamente en la radio de España. Aquí Santana está en su territorio y responde a las exhortaciones del cantante Pher «échale guitarritos» con una guitarra latina más emocionante, apoyado por los timbales jubilosos de Karl Perazzo.

Entre el más contemporáneo de sus éxitos se encuentra «Wishing It Was», una creación imaginativa de Eagle-Eye Cherry, el hijo de Don Cherry, un auténtico aventurero músico de jazz. Comienza con un ambiente brasileño con la guitarra acústica de Santana antes de que los productores The Dust Brothers evoquen un mosaico de sonidos y colores como fondo a la melodía etérea y la letra de Cherry. «Wishing It Was» es el último tema de colaboraciones antes de que la tradicional identidad de Santana aparezca en el resto del disco. Esta identidad está subrayada con el tema emocional del álbum, «El Farol», la elegía del guitarrista a su padre (Santana tocó en el funeral de José en 1998). Se desarrolla en el arreglo de balada tradicional latina de Santana, «El Farol» es una movida y subestimada actuación que enfoca de nuevo la sensibilidad melódica mexicana heredada de Carlos, algunos toques armónicos de la música clásica europea y una gran belleza expresiva. Aquí su guitarra acaricia las emociones del público con un sentimiento auténtico. El ambiente cautivador de «El Farol», está complementado por el mejor tema latino del disco, «Primavera», un tema intoxicante sobre el renacimiento y la nueva vida. El productor KC Porter deja la mesa de sonido para cantar su propia composición con aplomo en lo que fácilmente podía ser un gran éxito en el mercado latino. Es el hogar para los fans de Santana, una melodía atractiva, percusión latina, y unos cuantos arrebatos del órgano Hammond de Chester Thompson y uno de los más calurosos solos de Carlos.

El siguiente tema indica que el álbum termina con un dúo de guitarra junto al legendario guitarrista inglés Eric Clapton, aquellos que esperaban ocho minutos histriónicos de la pareja en «The Calling» quedarían decepcionados, esto era un asunto meditativo. La parte inicial es una obertura de concierto que Carlos tenía desde 1995 y los dos «héroes de guitarra» se entrelazan como dos viejos maestros, no en competición pero sí de forma elegante. La segunda parte del tema es un jam de blues de 1967 de San Francisco actualizado con un moderno tema de batería. Más de la sensibilidad musical de Santana aparece en un «bonus track» secreto llamado «Day Of Celebration», una canción básica del repertorio de Santana desde 1996. Todos los ingredientes clásicos de Santana están presentes aquí: el esquema híbrido de conga, el órgano hammond, prolongadas presentaciones de guitarra, melodías esotéricas, voces soul-rock, letras de new age y una guitarra desenfrenada que desaparece cuando el californiano permite el estilo Sonny Sharrock.

La cosa más sorprendente sobre *Supernatural* es que a pesar de todas las artimañas, funciona y funciona bien. Su éxito reside completamente en la personalidad de Carlos Santana, quien probablemente se sintiera impresionado por lo respetado que era por las grandes estrellas del momento. Everlast comentó que no hubiera dado su canción «Put Your Lights On» a nadie más, sólo a Santana y había muy pocas estrellas de la cosecha de 1969 que pudiesen conseguir tal cantidad de jóvenes admiradores como los invitados de *Supernatural*. Su amor innato por la música soul hizo que su trabajo con Lauryn Hill, Wyclef y Eagle-Eye Cherry fuese tan natural como una prueba de la naturaleza sin barreras de Carlos Santana como músico, *Supernatural* no tiene igual. Clive Davis hizo un gran trabajo para su viejo amigo, sabía muy bien que los jóvenes fans de la música atraídos por el mundo de Santana quedarían cautivados por esta voz musical única de Matthews o Thomas. En el lado negativo, el álbum carece un poco de profundidad emocional, no tiene nada que ver con *Caravanserai* o *Welcome*, pero no lo necesitaba, a su propia manera *Supernatural* es un destacado álbum Santana.

Los críticos parecían estar de acuerdo y el álbum recibió comentarios positivos después de su publicación en Estados Unidos. En medio de una reseña de 4 estrellas, *The San Francisco Chronicle* comentó que «la facilidad de la actuación nos indica que Santana está a la altura de sus estrellas invitadas... *Supernatural* es lo mejor de Santana desde *Havana Moon* de 1983»[5]. Otros fueron más allá: «La mayoría de los triunfos de *Supernatural* se debe a la combinación de solos de guitarra con el frescor de los años noventa. También se trata del álbum de más sonido latino de Santana hasta ahora. No se trata de la experiencia religiosa de «Incident At Neshabur» pero casi»[6]. *Billboard* comentó: «una nueva marca en una carrera llena de ellas», y *Rolling Stone* se mostró igual de entusiasta, «ecléctico, vivo y sólo de forma ocasional tontorrón, *Supernatural* te ofrece un brillante contexto de fusión musical que enfoca la habilidad única de Santana para hacer llorar su guitarra de forma expresiva». Los críticos se dieron cuenta de que a pesar de todo su sofisticado marketing, *Supernatural* demostraba que el adulto Carlos Santana tenía la misma personalidad musical del joven león de 1969; toca con su alma y con agallas, sin artificios.

Parecía que Carlos estaba preparado para un gran éxito y así fue. *Supernatural* entró en las listas de *Billboard* el 26 de junio en el número 19, llegando al número 15 junto al éxito de «Smooth» como single, que consiguió llegar a top 30 a principios de agosto. Estas eran las posiciones más altas de Santana en *Billboard* desde *Zebop!* en 1981 y «Hold On» en 1982 y aún no había acabado todo, el álbum llegó al top 10 y se vendieron un millón de copias a finales de mes. Las ventas se dispararon con el comienzo de otra gran gira por Estados Unidos que parecía ser una celebración de «rock en español», ya que Carlos y su formación estaban acompañados en algu-

---

[5] *San Francisco Chronicle*, 13 de junio de 1999.
[6] *Los Angeles Times*, junio de 1999.

nos conciertos por Maná y Ozomatli, dos de los nombres más populares del mercado moderno latino, reconocido como uno de los más grandes en Estados Unidos. Las cifras eran grandes ya que esta gira tocaba en grandes estadios que albergaban a 20.000 fans por concierto. Cuando el nombre de Santana apareció en la portada de *Rolling Stone* por primera vez en más de veinte años y el grupo entró en el circuito de espectáculos televisivos, no cabía duda que Carlos estaba a punto de convertirse en una gran estrella de nuevo.

Cuando *Supernatural* alcanzó top 10 de *Billboard,* Santana se convirtió en uno de los pocos grupos que había tenido un álbum top 10 durante los años sesenta, setenta, ochenta, y noventa y el éxito del álbum hizo hincapié en la potencia de Carlos Santana. Era una vuelta de la década comercial, y muy merecida. Pocos músicos han trabajado tan duro en las giras como Carlos Santana y muy pocos se han dejado expresar abiertamente a través de su instrumento. Miles y miles de nuevos oyentes estaban a punto de ser cautivados por primera vez por el sonido de la guitarra que lleva la esencia de generaciones de músicos mexicanos y el espíritu de los maestros negros de blues y jazz. Se trataba de un nuevo extraordinario capítulo en la historia de la vida de un hombre de origen tan humilde que la mayoría de la gente que lea este libro no se puede hacer ni idea. Carlos Santana nunca ha olvidado sus raíces y, mientras reconoce a todos los emigrantes latinoamericanos de California, es consciente de que un mexicano de Tijuana es la súper-estrella americana más insólita. El grupo Santana se presenta ante el mundo como una formación multirracial, a través de su música, Carlos Santana celebra el aspecto positivo de su vida por todo el mundo. Su política siempre ha quedado expresada a través de la música de inclusión y su guitarra siempre será una manifestación de lo posible.

Con el nuevo milenio a punto de comenzar, Carlos Santana encontró una buena razón para revisar su pasado y sentirse satisfecho de su vida musical. *Supernatural* ha conseguido ventas de 4 millones de copias, alcanzando el número 1 en *Billboard*. Santana también ha disfrutado de su mayor éxito de single con «Smooth», que simultáneamente alcanzó el número 1 en la lista de *Billboard*. Las dudas aún existen sobre cuánto tiempo estará interesado en los discos platino y en el resto de las ceremonias propias del estrellato, pero por ahora todo va bien.

Para cualquier músico es muy satisfactorio ser respetado por otros músicos, y una clara manifestación del reconocimiento que tiene el guitarrista por parte de sus compañeros ocurrió en febrero de 1996, cuando se realizó un concierto para celebrar su carrera en Los Ángeles. La procesión de músicos que salieron para honrar a Santana fue increíble e incluía a los grandes del blues John Lee Hooker y Buddy Guy; los legendarios del jazz Herbie Hancock y Wayne Shorter; los guitarristas de rock contemporáneo Kirk Hammett y Vernon Reid; el trompetista cubano Arturo Sandoval; el cantante de gospel Tramaine Hawkins; Mickey Hart y Bob Weir de Grateful Dead, más el «rey» de la conga Giovanni Hidalgo.

Aparte de ser un músico ampliamente respetado por sus compañeros, resumir a Santana no es fácil, la palabra que mejor describe la música de Santana y su impacto en los oyentes es «positiva». Santana siempre ha tocado música animada y rara vez ha entrado en los aspectos oscuros de la vida. La música tiene un sentido de avance, de progreso, el propio viaje físico y musical de Carlos Santana desde México hasta San Francisco y el resto del mundo. Públicamente, Santana parece haberse distanciado de sus orígenes mexicanos, pero la verdad es que sus raíces mexicanas le hacen ser lo que es hoy en día y son la base de su orientación familiar, visión espiritual que se transmite directamente a través de su música. A menudo se ha criticado a Carlos o se le ha ridiculizado por su sentido de lo espiritual y su deseo de expresarlo musicalmente, pero la realidad de la historia de la música es que tiene sus raíces en la expresión es-

piritual. Muchas de las mayores experiencias emocionales en el mundo de la música son producidas por una
expresión de creencia espiritual, destacando *A Love Supreme* de John Coltrane o la sinfonía «Resurrection» de
Gustav Mahler. La creencia de Carlos es absoluta y es el
centro de su ser. El único factor que ha hecho que la
gente siga yendo a conciertos de Santana y que siga
comprando sus discos durante treinta años es que la
música de Santana es un destello dentro de la fuerza
de la fe.

Epílogo

Santana En el verano de 1996 estuve en el festival de Jazz North Sea, un encuentro anual y enorme que atrae literalmente a cientos de músicos de jazz de todo el mundo. Se realiza en Den Haag, La Haya, la capital administrativa de los Países Bajos. La mayoría de los músicos se hospedan por un par de días en un hotel a menos de un cuarto de milla de distancia del gran recinto, que se convierte en una sala de embarque de hombres y mujeres del jazz.

Santana tocó un repertorio breve, una hora y media, el sábado por la tarde. Antes de la actuación, yo estaba sentado en la lujosa zona de relajación prefabricada del guitarrista, Carlos puso emocionado una cinta que Gregg Rolie le había mandado. Era una maqueta casera de una canción que el organista había compuesto pensando en Carlos. Era una melodía aceptable, pero nada especial. Se acercaba el momento de la actuación.

Una hora y media equivale a medio repertorio de Santana y casi no tuvo tiempo para los «viejos temas favoritos», unas cuantas interpretaciones del grupo y un par de canciones nuevas. Entre ellas destacaban los ritmos fuertes afro de «Day Of Celebration» y un tema comercial de blues-rock, «Serpents And Doves». Como siempre, nadie sabía si estas canciones iban a formar parte de un nuevo álbum de Santana, pero recibieron una aceptación positiva por parte del público. Cuando terminó el repertorio con el viejo tema favorito de salsa, «Oye Como Va», el guitarrista se encontraba de muy buen humor.

Su buen ánimo se debía en parte a la sesión de jam

de la noche anterior con el extrovertido bajista de Sly
Stone, Larry Graham, y ahora estaba deseando ver lo
que el festival le iba a ofrecer aquella tarde. En cuestión
de horas estaría observando al legendario saxo y viejo amigo Wayne Shorter, y al grupo intergaláctico de
George Clinton, Funkadelic. Su grabadora estaba preparada como siempre para la acción y quedó especialmente encantado al escuchar al batería que estaba realizando la gira con Shorter en esos momentos, el dotado
Rodney Holmes.

Antes de comenzar a saludar a viejos amigos, me
tomé una cerveza con el gran guitarrista en el bar del hotel (no era una cerveza barata o una cerveza grande, se
trataba de una cerveza de hotel, a precios de hotel). Me
di cuenta de que aparte de la gran cantidad de fans que
merodeaban en busca de un destello del mexicano, Santana también atraía a muchos músicos. Desde una mesa
continua, el gran teclista Joe Zawinul gritó: «¡Santana lleva puesto mi sombrero!», una gran sonrisa se dibujó en
su cara. Zawinul y Santana compartían su gusto por el
sombrero africano del oeste. Minutos más tarde apareció George Benson dirigiéndose al guitarrista con palabras de felicitación, después de unos carísimos sorbos
de Oranjeboom, el percusionista hindú Trilok Gurtu se
acercó y le comentó que le encantaría trabajar con él.

Seguramente que todo esto fue muy agradable para
el mexicano, especialmente después de haber disfrutado con la aprobación de su música por parte de 8.000
oyentes. Le dije que todo este éxito y respeto de sus
compañeros debía ser muy satisfactorio. Justo entonces, un tipo vino a llevarse los vasos vacíos de la mesa.
Esto le llevó a Carlos a comentar: «Yo solía fregar suelos y lavar platos para ganarme la vida», me dijo. «No me
importaría hacerlo de nuevo si tuviera que hacerlo. So-
breviviría».

Discografía

Nota: Esta sección abarca los principales álbumes y vídeos publicados por, o que presentan, a Santana Band o Carlos Santana. Ya que Santana es un grupo americano, se dan los números de catálogo americanos. He decidido ignorar todos menos las antologías de grandes éxitos esenciales. Sería una tarea imposible e interminable hacer una lista de todas las recopilaciones de Santana que Columbia ha publicado durante años. Al igual ocurre con las publicaciones japonesas alternativas, la mayoría de ellas recopilaciones; cualquier lector que haya disfrutado de un álbum llamado *Santana, Live In Japan* ha de ser consciente de que es una versión editada del álbum *Lotus*. De hecho, mientras que merece la pena buscar los vinilos japoneses de los álbumes de Santana por su superior calidad de sonido y las fotos que se le añaden, solamente la limitada edición del CD *Sacred Fire* de cualquier publicación japonesa incluye temas extras. Viene con un segundo disco que contiene «Spirits Dancing In The Flesh» (no la versión de vídeo), «Wings Of Grace» y «Get It In Your Soul», lo que lo convierte en uno de los objetos coleccionables de Santana. Con respecto a los diferentes precios de cedés con títulos como *Evolution, Persuasion* y *Acapulco Sunrise* hay que decir lo siguiente: no son tomas del álbum *Freeway Jam* (así que no son el «álbum original» digan lo que digan), son tomas de ensayos del grupo en Pacific Recorders en San Mateo a comienzos de 1969. Como tales, los CD son un material de razonable interés.

Santana Band

- *Santana* (Columbia PC 9781), octubre de 1969.
- *Abraxas* (Columbia JC 30130), octubre de 1970.
- *Santana III* (Columbia PC 30595), octubre de 1971.
- *Caravanserai* (Columbia PC 31610), noviembre de 1972.
- *Welcome* (Columbia PC 32445), noviembre de 1973.
- *Greatest Hits* (Columbia PC 33050), agosto de 1974.
- *Borboletta* (Columbia PC 33135), octubre de 1974.
- *Lotus* (Columbia 66325), mayo de 1974.
- *Amigos* (Columbia PC 33576), marzo de 1976.
- *Festival* (Columbia PC 34423), febrero de 1977.
- *Moonflower* (Columbia C2 24914), septiembre de 1977.
- *Inner Secrets* (Columbia FC 356000), octubre de 1978.
- *Marathon* (Columbia FC 36154), septiembre de 1979.
- *Zebop!* (Columbia FC 37158). marzo de 1981.
- *Shangó* (Columbia FC 31822), agosto de 1982.
- *Beyond Appearances* (Columbia FC 39527), febrero de 1985.
- *Freedom* (Columbia FC 40272), febrero de 1987.
- *Viva Santana!* (Columbia C3X 44344), octubre de 1988 (contiene material sin publicar anteriormente).
- *Spirits Dancing In The Flesh* (Columbia C 46065), junio de 1990.
- *Milagro* (Polygram 314 513 192-2), junio de 1992.
- *Sacred Fire* (Polygram 314 521 082-2), octubre de 1993.
- *Dance Of The Rainbow Serpent* (Columbia C3K 64605), agosto de 1995 (contiene material sin publicar anteriormente).
- *Live At The Fillmore '68* (Columbia 4851106 2), marzo de 1997 (contiene material sin publicar anteriormente).
- *Supernatural* (Arista ARI19080), junio de 1999.

Carlos Santana en solitario

- *Carlos Santana and Buddy Miles! Live!* (Columbia KC 31308), agosto de 1972.
- *Love Devotion and Surrender* (con John McLaughlin) (Columbia KC 32034), junio de 1973.
- *Illuminations* (con Alice Coltrane)(Columbia PC 32900), septiembre de 1974.
- *Oneness* (Columbia JC 35686), marzo de 1979.
- *The Swing Of Delight* (Columbia C2 36590), agosto de 1980.
- *Havana Moon* (Columbia FC 38642), abril de 1983.
- *Blues For Salvador* (Columbia FC 40875), octubre de 1987.
- *Brothers* (Guts And Grace/Island 314 523 677-2), septiembre de 1994.

Varios artistas

- *Woodstock* (Cotillion SD-3-500), julio de 1970.
- *Last Days Of The Fillmore* (Fillmore Z3X 31390), junio de 1972
- *California Jam II* (Columbia 35389), julio de 1978.

Publicaciones, películas/vídeos

- *Woodstock,* 1970.
- *Soul To Soul,* 1971.
- *Last Days Of The Fillmore,* 1972.
- *La Bamba,* 1987.
- *Música original Carlos Santana.*
- *Viva Santana!,* 1988.
- *Sesión Latina,* 1989 (contiene material sin publicar anteriormente).
- *Tramaine Hawkins Live* (solamente Carlos Santana), 1990.
- *Sacred Fire,* 1993.

- *Influences,* 1995.
- *From Afrocuban To Rock,* 1996.
- *Sworn To The Drum* (solamente Carlos Santana y Armando Peraza), 1996.

Colaboraciones de Santana

- *The Live Adventures of Mike Blomfield y Al Kooper* (Columbia 66216), 1969 - «Sony Boy Williamson».
- *Bark* – Jefferson Airplane (GRUNT FTR-1001), 1971 – «Pretty As You Feel».
- *Papa John Creach* – Papa John Creach (GRUNT FTR-1003), 1971 – «Papa John's Down Home Blues» (aparece Doug Rauch; Gregg Rolie toca en otro tema del elepé).
- *Luis Gasca (For Tose Who Chant)* – Luis Gasca (BLUE THUMB BTS37), 1971 – «Street Dude», «Spanish Gypsy», «Little Mama» (también aparecen Neal Schon, Gregg Rolie, Richard Kermode, Mike Shrieve, Víctor Pantoja, Mike Carabello, Coke Escovedo, Rico Reyes, Chepito Areas y Hadley Caliman).
- *Stories To Tell* – Flora Purim (MILESTONE M-9058), 1974, «Silver Sword».
- *Garden of Love Light* – Narada Michael Walden (ATLANTIC K50329), 1977 – «First Love» (disponible en el cedé de 1996 *Ecstasys's Dance – The Best Of Narada Michael Walden* (Rhino 8122-72566-2).
- *Eternity* – Alice Coltrane (WARNER BROTHERS BS 2916), 1976 – «Los Caballos», «Morning Worship» (Santana a la percusión; también aparece Armando Peraza).
- *Electric Guitarist* – John McLaughlin (Columbia 32684), 1978 – «Friendship» (también colaboran Armando Peraza y Tom Coster).
- *Tropico* – Gato Barbieri (A&M AMLH 64710), 1978 - «Latin Lady» (también colaboran Armando Peraza y Chepito Areas).
- *Giants* – Giants (MCA MCF3058), 1978 – «Freid Neckbones And Some Home Fries» (este álbum es una

mezcla de tomas de *Santana III* y de un álbum en solitario de Michael Carabello de 1972, Attitude).

- *Awakening* – Narada Michael Walden (ATLANTIC SD 19222), 1979 – «The Awakening» (disponible en cedé de 1996 *Ecstasy's Dance – The Best Of Narada Michael Walden* (Rhino 8122-72566-2).
- *Monster* – Herbie Hancock (Columbia 84237), 1980 – «Saturday Nite» (también colabora Greg Walker).
- *Middle Man* – Boz Scaggs (Columbia 86094), 1980 – «You Can Have Me Anytime».
- *Escenas de Amor* – José Feliciano (MOWTOWN 6018LL), 1982 – «Samba Pa Ti».
- *I'll Never Stop Lovin You* – León Patillo (MYRRH MYR 1123), 1982 – «I'll Never Stop Lovin You», «Saved» (también colabora Gaylord Birch).
- *Let Me Know You* – Stanley Clarke (EPIC EPC 85846), 1982 – «Straight To The Top», «I Just Wanna Be Your Brother».
- *Looking Out* – McCoy Tyner (Columbia FC 38053), 1982 – «Hannibal», «Señor Carlos».
- *One Man Mission* – Jim Capaldi (WEA 251 350-1), 1984 – «Lost Inside Your Love», «Nobody Loves You» (Snowy Whites toca la guitarra principal en «Nobody Loves You» para la parte rítmica de Carlos. Orestes Vilató aparece en el elepé).
- *Real Live* – Bob Dylan (Columbia 26334), 1984 - «Tombstone Blues».
- *Who's Zoomin Who?* – Aretha Franklin (ARISTA 207 202-620), 1985 – «Push» (también colaboran en el elepé Armando Peraza, Raul Rekow y Orestes Vilató).
- *Gregg Rolie* – Gregg Rolie (Columbia 26636), 1985 – «Marianne» (David Margen también aparece; elepé presenta a Alan Pasqua, Neal Schon colaborando en la composición junto a Michael Carabello).
- *This Is This* – Weather Report (Columbia 57052), 1986 – «This Is This», «The Man With The Cooper Fingers» (una mezcla ampliada de «This Is This» se publicó como objeto promocional).
- *Dance To The Beat Of my Drum* – Babatunde Olatuji

(BLUE HERON BLU 906-1 D), 1986 – «The Beat Of My Drum», «Loyin Loyin», «Ife L'Oju L'Aiye», «Akiwowo», «Se Eni A Fe L'Amo-Kere Kere», «Ilere, Ilere, Ilere»(«Ilere, Ilere, Ilere» solamente aparece en la publicación original del cedé de 1986. El repertorio fue mezclado y publicado en 1989 como *Drums Of Passion – The Beat* en Rykodisk (RCD 10107)).

- *La Bamba* (música original de Carlos Santana) – Varios artistas (Columbia Pictures CVT 11285) 1987 – «I Got A Gal Named Sue (That's My Little Suzi)» (sólo en la película; Los Lobos con Santana a la guitarra).
- *Gringo* – Gregg Rolie (Columbia BFC 40789), 1987 – «Too Late, Too Late», «Fire At Night» (también colabora Neal Schon; «Fire At Night» presenta el dúo de guitarra Santana-Schon).
- *Uptown* – Neville Brothers (EMI FA 3255), 1987 – «Forever... For Tonight».
- *Behind The Sun* – Clyde Criner (NOVUS PL83029) 1988 – «Black Manhattan», «Kinesis», «Behind The Sun» (también colabora Rodney Holmes).
- *Real Life Story* – Terri Lynne Carrington (VERVE FORECAST 837 697-1), 1989 – «Human Revolution» (también colaboran Keith Jones y Patrice Rushen).
- *Old Friends New Friends* – Ndugu (MCA MCAD-6302), 1989 – «OOh Yah Yeh», «Trying Again» (también aparece Alphonso Johnson.
- *The Healer* – John Lee Hooker (SILVERTONE ORE LP 508), 1989 – «The Healer» (aparece Santana Band al completo).
- *Save The Children* – Bobby Womack (SOLAR SOLLP 3648), 1989 – «Too Close For Comfort», «Tough Job».
- *Touma* – Mory Kante (BARCLAY 843 702.1), 1990 – «Soumba», «Gaden» (la parte de Santana en «Gaden» no aparece en el elepé estándar, solamente en los promocionales editados).
- *Live* – Tramaine Hawkins (SPARROW SPD 1246), 1990 – «Lift Me Up», «Who Is He» (también en vídeo; la actuación completa de Santana en «Who Is He» solamente se escucha en la versión de vídeo).

- *Alex Acuna and The Unknowns* – Alex Acuna and the Unknowns (MAXUS MAXCD 1029), 1990 – «Psalms».
- *Amen* – Salif Keita (MANGO MLPS 1073), 1991 – «Yele N Na», «Nyanafin», «N B'i Fe».
- *Mr Lucky* – John Lee Hooker (SILVERTONE ORE LP 519), 1991 – «Stripped Me Naked» (aparece Santana Band al completo).
- *Solo Para Ti* – Ottmar Lieber + Luna Negra (EPIC 469198 2), 1992 – «Reaching Out To You (Todos Bajo La Misma Luna)», «Samba Pa Ti» (Thru Every Step In Life U Find Freedom From Within)».
- *Mystic Jazz* – Paolo Rustichelli (POLYDOR 513 415-2), 1992 – «Full Moon» (cedé reeditado bajo el nombre de *Capri* el mismo año. «Full Moon» grabado durante las sesiones para *Spirits Dancing In The Flesh* pero con una mezcla diferente).
- *Travelers & Thieves/On Tour Forever* – Blues Traveler (A&M 75021 5400 2), 1992 – «Mountain Cry» *(Travelers and Thieves* fue publicado en cantidades limitadas con un segundo cedé promocional llamado *On Tour Forever* que incluye «Mountain Cry»).
- *Paths To Greatness* – Caribbean Allstars (ROKK STEADY 50 168 00201), 1992 – «Sette Masagna», «Caught In The Middle», «Ras Clatt Riddm».
- *Chill Out* – John Lee Hooker (VIRGIN VPBLP 22), 1995 – «Chill Out» (aparece Santana Band al completo, de las mismas sesiones que «Stripped Me Naked»).
- *Everybody's Getting Some* – Junior Wells (TELARC CD 83360), 1995 – «Get Down».
- *In From The Storm* – Varios artistas (RCA VICTOR 09026-68233-2), 1995 – «Spanish Castle Magic» (promoción de sólo la mezcla menos la orquesta en JH001).
- *Sworn To The Drum* – Un homenaje a Francisco Aguabella, 1995 (FLOWER FILMS FF1162), 1995 – «A La Escuela» (sólo en película, también aparece Armando Peraza).
- *Crossroads II* – Eric Clapton (POLYDOR 529 305-2), 1996 – «Eyesight To The Blind/Why Does Love Got

To Be So Sad» (grabación en directo de la gira de 1975 porEstados Unidos, también aparece Armando Peraza y Ndugu).

- *Fifa* – Angélique Kidjo (MANGO CIDM 1112 524 203-2), 1996 – «Naima».
- *Mystic Man* – Paolo (GUTS AND GRACE 162-531 065-2), 1996 – «Get On», «Rastafario», «Vers Le Soleil».
- *Cuando Tú No Estás* – Eltri (WEA México 185532), 1997 – «Virgen Morena».
- *The Miseducation Of Lauryn Hill* – Lauryn Hill (Columbia 489843 1), 1998 – «To Zion».

Apéndice

Músicos de Santana y artistas invitados

Nota: Esta sección proporciona una breve biografía y demás detalles de las carreras de los músicos que han tocado en Santana y de aquellos que han participado en álbumes y giras como artistas invitados. No están incluidas las biografías de los músicos que formaron parte de un proyecto especial pero que tienen una carrera documentada.

Francisco Aguabella: Uno de los percusionistas afrocubanos más destacados. Aguabella nació en Matanzas, Cuba, y emigró a los Estados Unidos en 1952. Entre sus primeros trabajos en los Estados Unidos se incluyen sesiones con Dizzy Gillespie, Tito Puente, Pérez Prado, Peggy Lee y con la famosa compañía de gira de Katherine Dunham, eventualmente asentada en Los Ángeles. Colaboró brevemente con Santana durante el verano de 1976, por consiguiente aparece en *The Swing Of Delight* y *Spirits Dancing In The Flesh*. Ha grabado y publicado sus álbumes propios y lo podemos escuchar en tres álbumes Malo *(Dos, Evolution* y *Ascensión.)* En 1985 Les Blank realizó una pequeña película celebrando la carrera de Aguabella, que incluye tomas de un concierto especial en San Francisco donde aparecen Carlos Santana y Armando Peraza. La película se puede conseguir ahora en vídeo, *Sworn To The Drum*. Discografía: *Dance The Latin Way* (Fantasy, 1962), *Hitting Hard* (Epsilon, 1977), H20 (Olm, 1996), *Agua De Cuba* (Cubop, 1999).

José «Chepito» Areas: Nació el 25 de junio de 1946 en León, Nicaragua. Músico experto en timbales y conga, se unió a Santana en mayo de 1969 y permaneció hasta diciembre de 1974. Chepito es el responsable de la introducción de la auténtica música latina en Santana Band y del sonido latino de *Abraxas*. Grabó un álbum en solitario en 1974 antes de unirse al grupo de fusión de Bay Area llamado Cobra. Volvió a Santana por un corto periodo de tiempo entre 1976 y 1977 para el álbum *Festival* y una gira. De nuevo en 1988 apareció en la gira de *Blues For Salvador*. Se quedó en el grupo hasta mediados de la gira europea de 1989. Es reconocido mundialmente como el mejor timbalero de Santana. Posteriormente componente de Abraxas Pool, su forma virtuosa de tocar se puede escuchar en la grabación que lleva el mismo nombre de 1997. Ha grabado con Elvin Bishop, Cold Blood, Boz Scaggs, Herbie Hancock (Mwandishi), Gato Barbieri y John Lee Hooker. Discografía: *José Chepito Areas* (Columbia, 1974), *Abraxas Pool* (Miramar, 1997)

Azteca: Grupo dirigido por Coke Escovedo, que incluye a muchos músicos de Santana como Neal Schon, Wendy Haas, Rico Reyes, Paul Jackson, Lenny White, Tom Harrell, Mel Martin, Víctor Pantoja, Pete Escovedo, y Tom Rutley. Tienen dos buenos álbumes de mediados de los años setenta, una mezcla de percusión afrocubana, jazz y rock con un fuerte énfasis en temas de viento. Discografía: *Azteca* (Columbia, 1973), *Pyramid Of The Moon* (Columbia, 1974)

Richard Baker: Teclista canadiense que se unió a Santana en 1980 y permaneció hasta 1982. Fue presentado al grupo por Graham Lear, que tocaba con Baker en el grupo de Gino Vanelli; más tarde trabajó con Alex Ligertwood y componía bandas sonoras.

Gaylor Birch: Batería muy conocido por su trabajo con Graham Central Station y The Pointer Sisters, antes de tocar en el álbum *Festival*. Fue de gira por poco tiempo con Santana durante la primavera de 1991; murió en 1997.

Willie Bobo: Percusionista neoyorquino y líder de grupo (nació el 28 de febrero de 1934), un exponente de la fusión latin-R&B con canciones como «Evil Ways» y «Fried Neckbones» que Santana estaba grabando. Trabajó solamente una vez con Santana en el concierto *Soul To Soul* de 1971 en Ghana, África; continuó su carrera en solitario hasta su muerte en 1983.

Tommie Bradford: Un desconocido batería de San Francisco que tocó en directo con Santana a comienzos del verano de 1994, incluyendo el partido de la copa mundial de fútbol en Stanford University. Trabajó en directo con Wynans y más tarde grabó con Neal Schon.

Jules Broussard: Músico de instrumento de lengüeta asentado en San Francisco, colaboró en *Welcome, Illuminations* y *Borboletta*. Conocía a Tom Coster desde mediados de los años sesenta de los clubes de jazz en Bay Area, también tocó con Ray Charles, Van Morrison y Dr. Hook. Jules tiene tres álbumes propios, los dos últimos con la ayuda de Tom Coster. Dicografía: *Jules Broussard* (Fleur, 1980), *Jules Broussard* (Headfirst, 1989), *Love Notes* (publicación privada 1996).

David Brown: Nació en Houston, Texas, el 15 de febrero de 1947. El bajista del grupo original Santana de 1967 tocó y grabó con el grupo continuamente hasta 1971. David Brown había tocado el teclado en grupos locales antes de empezar con el bajo y unirse a Santana Blues Band durante una sesión de jam en Grant Avenue. Su tío le enseñó música. Su enfoque del bajo era muy diferente al estándar de 12 compases de blues de la mayoría de los bajistas de la época. Su bajo en «Soul Sacrifice» es lo más famoso en música moderna. Después de la separación del «original» Santana Band en 1971, apareció para grabar *Borboletta* y *Amigos,* se quedó en las giras del grupo hasta la primavera de 1976. También grabó con Randall Bramlett, Charlie Daniels, Boz Scaggs y Mistress. Apareció en el escenario con

Santana en 1996 y aún sigue tocando en clubes de Bay Area.

Hadley Caliman: Nació en Idaho en 1932. Músico de instrumento de lengüeta, cambió el sonido de Santana con su saxo en *Caravanserai;* también colaboró en *Carlos Santana and Buddy Miles! Live!* Grabó con Malo, Mongo Santamaría y Phoebe Snow además de una serie de fechas de jazz en solitario para el sello Mainstream. Continuó trabajando con Bobby Hutcherson y Freddie Hubbard y se puede escuchar en el elepé de León Thomas/Freddie Hubbard en 1980, *A Piece Of Cake.* Discografía: *Hadley Caliman* (Mainstream, 1970), *Iapetus* (Mainstream, 1972), *Projecting* (Catalyst, 1975).

Michael Carabello: Nació en California el 18 de noviembre de 1947, descendiente de puertorriqueño; se trata de un conguero de calle que conoció a Carlos Santana en la clase de arte. Se convirtió en un componente original de Santana Blues Band pero fue expulsado cuando Santana fue ingresado en el hospital con tuberculosis. Después de la acusación de homicidio contra Marcus Malone, se unió a Santana en enero de 1969 y fue quien trajo a Chepito Areas. Ocupando el frente del escenario junto a Areas, Michael Carabello fue un músico clave en Santana Band de 1969; su estilo simple enfatizaba el ritmo puro sobre el contenido ostentoso. Abandonó Santana en 1971 después de una discusión con Carlos Santana, pero dobló una parte en *Carlos Santana and Buddy Miles! Live!* Después de Santana comenzó a trabajar en un álbum en solitario, *Attitude,* que no se publicó hasta 1978 bajo el nombre de *Giants,* un elepé que incluía tomas de *Santana III.* Carabello tocó con Santana en el concierto por su vigésimo aniversario en 1986 y en el Rock'n'Roll Hall Of Fame en 1998. Su trabajo con Neal Schon a comienzos de los años noventa fue la chispa para la formación de The Abraxas Pool. Tocó en el cedé de Gregg Rolie en 1998, *Rough Tracks,* y a comienzos del verano de 1999 apareció en Bay Area con un nuevo grupo, Primitive Medicine. Discografía: *Giants* (MCA, 1978), *Abraxas Pool* (Miramar, 1997).

Ndugu León Chancler: Batería, productor y arreglista que había trabajado con Miles Davis, Weather Report y George Duke antes de unirse a Santana en 1974. Trabajó junto a Tom Coster en *Amigos* y presentó nuevas caras al grupo, Greg Walker y Byron Miller. Se quedó en el grupo hasta el verano de 1976. Grabó con su propio grupo, Ndugu and The Chocolate Jam Co, y reapareció para *Blues For Salvador* y las giras Santana-Shorter de 1988 y grabó en *The Healer*. Más tarde, formó The Meeting con Alphonso Johnson y Patrice Rushen. Discografía: *Ndugu and The Chocolate Jam Co: Do I Make You Feel Better* (Columbia, 1980), *Spread Of The Future* (Epic, 1980), *Ndugu: Old Friends, New Friends* (MCA, 1989).

Stanley Clarke: Bajista que colaboró en *Borboletta* cuando su temporada con Return To Forever llegaba a su fin y comenzó una carrera en solitario. Santana tocó en su álbum *Let Me Know You*. Más tarde en 1995 participó en la sesión *In From The Storm* con Carlos y Tony Williams.

Alice Coltrane: Pianista de jazz, viuda de John Coltrane. Alice Coltrane fue una gran influencia para Carlos Santana entre 1972 y 1976; trabajaron en directo en 1974 antes de grabar juntos en el impresionante *Illuminations,* Santana colaboró anónimamente en su elepé *Eternity*. Su música tiene un sentido espiritual que impregna la música de Santana de esa época y su grabación *Lord Of Lords* fue de gran influencia en *Welcome* y *Oneness,* en concreto su abstracta orquestación y grabación del tema afroamericano espiritual «Going Home».

Vorriece Cooper: Un desconocido cantante de rap que se unió a Santana por poco tiempo en 1993 para una gira por Sudamérica y más tarde por Estados Unidos, colaboró en *Sacred Fire.*

Tom Coster: Pianista de jazz que nació el 21 de agosto de 1941 en Detroit, Michigan. Estaba de gira con Gabor Szabo cuando lo vio Carlos Santana en 1972. Formó una destacada relación con el guitarrista y colaboró en la composición de «Europa». Coster dejó el grupo en 1978 para comenzar una carrera en solitario pero volvió para las giras de 1983 y 1986 y se le escucha en *Freedom.* Continuó una carrera en solitario y formó parte de Vital Information, el grupo dirigido por el batería de Journey, Stevie Smith, que presentaba muchas de las composiciones de Coster. La mayoría de sus álbumes en solitario son de jazz-rock y han colaborado Peraza, Vilató, Johnson, Rekow y Perazzo. En *Cause And Effect* y *Where We Come From,* Coster revive su característico órgano Hammond y el sonido de la Fender Rhodes en 1973. Discografía: *T.C.* (Fantasy, 1981), *Ivory Expedition* (Fantasy, 1983), *Did Ya Miss me?* (JVC, 1989), *From Me To You* (JVC, 1990), *Gotcha* (JVC, 1992), *Let's Set The Record Straight* (JVC, 1993), *The Forbidden Zone* (JVC, 1994), *From The Street* (JVC, 1996), *The Best Of Tom Coster* (JVC, 1999), *Tom Coster, Larry Coryell y Steve Smith: Cause Anf Effect* (Tone Center, 1998) *Vital Information: Fiafiaga* (Columbia, 1988), *Vitalive* (Verabra, 1990), *Ray Of Hope* (Intuition, 1996), *Where We Come From* (Intuition, 1998).

Sterling Crew: Nació en San Francisco el 15 de julio de 1958, tocó el teclado en la gira Santana de 1985 y colaboró en *Freedom* y *Blues For Salvador.* Músico de estudio, su trabajo incluye fechas de grabación con Tubes, David Foster, Earl Slick y Pablo Cruise.

Steve de la Rosa: Bajista que sustituyó a Gus Rodríguez en Santana Blues Band en 1967.

Devadip Orchestra: Este grupo fue el vehículo de Carlos Santana para tocar sus temas de fusión de jazz espirituales de finales de los setenta. Fue un subconjunto de Santana Band y fue el «telonero» de la gira europea del grupo en 1978; toca en *Oneness* y *The Swing Of Delight*. Estaba formado por Carlos, Graham Lear, Chris Rhyne, David Margen y Russell Tubbs.

Myron Dove: Bajista que se unió a Santana en 1992 y permaneció hasta 1996. Antes de Santana tocó con Clarence Gatemouth Brown, Narada Michael Walden y Kenny Loggins. Fue parte de Spangalang con Tony Lindsay.

Coke Escovedo: Percusionista, nacido en California en 1941, fue un músico profesional muy joven en The Escovedo Brothers con su hermano Pete. Tocó la percusión con Cal Tjader antes de unirse a Santana sustituyendo a Chepito Areas en 1971. Aunque «contratado», Coke tuvo una gran influencia en el grupo y en *Santana III*. Después de Santana desempeñó un papel muy importante en el primer álbum de Malo y formó su propio grupo, Azteca, una formación latin-jazz con Pete Escovedo. Después de la escisión Azteca en 1974, comenzó su corta carrera en solitario antes de volver a Santana en 1981. Coke Escovedo murió el 13 de julio de 1986. Discografía: *Azteca* (Columbia, 1973), *Pyramid Of The Moon* (Columbia, 1974) *Coke Escovedo: Coke* (Mercury, 1975), *Comin' at Ya* (Mercury, 1976), *Disco Fantasy* (Mercury, 1976).

Pete Escovedo: Nació en Pittsburg, California, el 13 de julio de 1935. Timbalero y líder del grupo, el hermano mayor de Coke Escovedo ya era un músico profesional en 1955, teloneando a Count Basie. Tocó con Coke en The Escovedo Brothers antes de realizar unas sesiones con Cal Tjader y una breve aparición en directo con Santana en 1971. Pete fue un componente clave de Azteca antes de unirse a Santana por más de 18 meses en 1977. Continuó con una impresionante carrera en solitario y realizó algunos trabajos con su hija Sheila. Discografía: *Azteca* (Columbia, 1973), *Pyramid Of The Moon* (Columbia, 1974) *Pete and Sheila Escovedo: Solo Two* (Fantasy, 1977), *Happy Together* (Fantasy, 1978), *Pete Escobedo: The Island* (EsGo, 1983), *Yesterday's Dreams, Tomorrow's Memories* (Crossover, 1987), *Mister E* (Crossover, 1988), *Flying South* (Picante, 1996), *E Street (Concord 1997)*.

Fabulous Thunderbirds: Grupo de blues de Texas con Jimmie Vaughan (hermano de Stevie Ray) y Kim Wilson. Trabajó con Carlos Santana en el álbum *Havana Moon,* una actuación en directo en televisión y una sesión en 1987 en honor a B. B. King.

Tim Frazier: Amigo de Gregg Rolie, vio a Carlos Santana en un jam de 1966 en Fillmore. Frazier fue el que presentó a Rolie y a Santana; tocó la guitarra rítmica en Santana Blues Band antes de ser «expulsado» en 1967. Poco se sabe de él después de esto.

Friends Again: Un grupo de cuatro componentes: Gregg Rolie, Carlos Santana, David Margen y el batería Steve Smith. Grabaron algunas maquetas justo antes del álbum *Shangó.* Resultado del reencuentro entre Santana y Rolie, la formación nunca llegó a despegar.

Luis Gasca: Nació el 3 de marzo de 1940. Trompetista, se trasladó a la zona de San Francisco después de algunos periodos junto a Pérez Prado, Stan Kenton, Lionel Hampton, Mongo Santamaría y Janis Joplin. Grabó su propio álbum *Little Giant* en 1968, tocó en *Santana III* e invitó a Santana Band en 1971 para colaborar en su siguiente álbum conocido como *For Those Who Chant,* un importante álbum de latin-jazz de gran influencia en Carlos Santana y Michael Shrieve. Más tarde Luis tocó en *Carlos Santana and Buddy Miles! Live!* Llegó a ser un componente de Malo tocando de forma increíble en su primer álbum. Permaneció en contacto con Santana y apareció con el grupo en un concierto en

Los Ángeles en 1991; fue asesinado en Hawaii en febrero de 1997.

Alberto Gianquinto: Pianista que trabajó con Santana en sus álbumes *Santana* y *Abraxas*. También tocó en directo con el grupo. Gianquinto fue una gran influencia para el grupo, les animó a reducir los solos y a concentrarse en arreglos más firmes.

Wendy Haas: Cantante-pianista, fue la esposa de Michael Shrieve en la época de *Caravanserai* y *Welcome,* colaborando en ambos álbumes. Un poco antes de esto tocó en Loading Zone con Doug Rauch y Tom Coster; después de Santana se unió a Azteca, colaboró en el álbum *Giants* y en discos de Lee Oskar y Melissa Manchester.

Herbie Hancock: Pianista y compositor de jazz con una destacable carrera en solitario, desempeñó un papel legendario en el grupo de los años sesenta de Miles Davis. Hancock ha grabado muchos álbumes clásicos *(Maiden Voyage, Speak Like A Child, Head Hunters,* etc.) que han dado forma al curso del jazz. Conectó con Santana por primera vez en 1979, cuando invitó al guitarrista para que tocase en su grabación de *Monster;* esto le llevó a su gran colaboración en *Swing Of Delight* y a sus actuaciones en directo en 1980 y 1981, incluyendo una sesión inolvidable en Tokio. Estuvo presente en el concierto NARAS de Santana de 1996 en Los Ángeles.

Danny Haro: Amigo de Carlos Santana desde sus primeros días en San Francisco, fue el primer batería con el que trabajó Santana. Poco se sabe de él después de que dejase Santana Blues Band en 1967.

Rod Harper: Batería que reemplazó a Danny Haro en Santana Blues Band en 1967. Poco se sabe de Harper antes y después de que fuese sustituido por Bob Livingston.

Tom Harrell: Nació en Urbana, Illinois, en 1946: trompetista y arreglista responsable del increíble arreglo de viento de «Every Step Of The Way». Con un fuerte expediente de jazz, trabajó con Stan Kenton, Bill Evans, Lee Konitz y Horace Silver. También emprendió su carrera en solitario. Harrell colaboró en los dos álbumes Azteca.

Carlos Hernández: Guitarrista de Bay Area, sobrino de Carlos Santana. Grabó en el cedé *Brothers* y ocasionalmente aparece en actuaciones en directo con Santana. Dirige su propio grupo llamado Chemical.

Horacio «el Negro» Hernández: Batería cubano que tocó en Santana durante un año, 1997. Un respetado maestro que revolucionó el uso de los tambores y percusión; se le puede escuchar en un tema de *Supernatural*.

Rodney Holmes: Batería, músico de Santana en 1993-94 y posteriormente en 1998-99. Toca en *Supernatural*. También conocido por su trabajo con Special EFX y Wayne Shorter y es un componente de Hermanators.

Booker T. Jones: Legendario músico de órgano de R&B para su grupo Booker T. And The MGs, influenció a Carlos Santana cuando él estaba en Tijuana. Eventualmente, Santana alistó a Jones para trabajar en su elepé *Havana Moon*. Jones añadió la voz clásica a la canción que lleva el título del álbum y apareció en directo con Santana en un especial de televisión para promocionar el elepé.

Keith Jones: Bajista jamaicano, fue de gira con Santana en 1983 y 1989; colaboró en *Spirits Dancing In The Flesh*. Un músico de sesión que ha trabajado con Airto Moreira y Jean Luc Ponty. Keith también apareció en el álbum *R.O.A.R.*

Alphonso Johnson: Nació el 2 de febrero de 1951; ya era un bajista conocido cuando se unió a Santana en 1984 por cinco años. Un artista que grabó en solitario, también tocó con Weather Report, y es considerado uno de los más grandes bajistas del momento con un fuerte estilo melódico.

Billy Johnson: Batería de Filadelfia, tocó en directo con Santana en 1991 y luego desde 1994 hasta 1996. Grabó en *Milagro, Brothers* y lo podemos escuchar en un tema de *Supernatural.* Su trabajo principal fue con Frankie Beverley & Maze, así como con George Howard y Dianne Reeves.

Ernie Johnson: Cantante de blues de Bay Area que dobló la voz para Santana en «Daughter Of The Night» que aparece en *Viva Santana!*

Richard Kermode: Pianista que fue parte de Santana en 1972 y 1973 con una importante colaboración en *Lotus* y *Welcome,* incluyendo su composición clásica «Yours Is The Light». Carlos Santana conocía bien su trabajo con Janis Joplin, Luis Gasca y Malo, impresionado particularmente por la habilidad de Kermode de tocar autentica música latina al piano. Murió en 1996.

Saunders King: Nació en Staple, Louisiana, el 13 de marzo de 1909. El suegro de Carlos Santana fue una de las primeras estrellas de blues. Consumado cantante y guitarrista que trabajó con Billie Holiday, consiguió su propio éxito en solitario con canciones como «S. K Blues» y «Empty Bedroom Blues». Ha sido una gran influencia para Santana, quien compuso una canción homenaje para King en su álbum *Oneness,* «Silver Dreams, Golden Smiles». Saunders King apareció en un concierto en Tokio en 1983.

Graham Lear: Batería británico (nació el 24 de julio de 1949), se trasladó a Canadá cuando era niño. Tocó con Gino Vanelli antes de unirse a Santana en 1976 donde permaneció hasta 1987 (se perdió la gira de 1984).

Intentaron que volviese a Santana en 1991 pero no fue posible. Ahora vive en Portland, Oregon, toca con Rev, Gary Small y Deacons y ha tocado con Paul Anka.

James Mingo Lewis: Batería de conga que se unió a Santana en otoño de 1971 después de un concierto caótico en Nueva York. Lewis se quedó hasta el final de la gira de 1972, colaboró en *Caravanserai*. Después de Santana se convirtió en un músico de sesión muy requerido y tocó con Return To Forever, Billy Joel, Buddy Miles, y Al Di Meola. Publicó su propio álbum en solitario en 1976; es un elepé de fuerte fusión latin-jazz. Discografía: *Flight Never Ending* (Columbia, 1976).

Alex Ligertwood: Cantante y guitarrista nacido en Glasgow, Escocia (18 de diciembre 1946), se trasladó a Estados Unidos durante los años setenta después de haber trabajado con Jeff Beck. Alex tocó con Brian Auger & The Oblivion Express y David Sancious antes de unirse a Santana en 1979 para *Marathon*. Se mantuvo en el grupo yendo y viniendo hasta finales de 1994. Publicó su propio cedé en 1997 y toca regularmente en Los Ángeles. Discografía: *R.O.A.R: R.O.A.R.* (Tabu, 1985), *Metro* (Kore, 1997).

Tony Lindsay: Cantante de Nueva York, la primera experiencia de Lindsay en una gira fue cuando se unió a Santana en 1991. Cantó en *Milagro, Supernatural* y fue de gira constantemente desde 1995 hasta 1999. Tony formaba parte de Spangalang y grabó su propio cedé privado en 1966. Discografía: *Different Moods* (publicación privada, 1996).

Bob «Doc» Livingston: Batería de Bay Area que alistó Stan Marcum para que reemplazase a Rod Harper en el verano de 1967, cuando fueron contratados por Columbia Records. Livingston fue expulsado en febrero de 1969 después de la sesión de grabación fallida en Los Ángeles con David Rubinson y desde entonces ha desaparecido completamente de la escena musical. Su batería se escucha en la publicación de Santana de 1968 *Live At The Fillmore*.

John McLaughlin: Virtuoso guitarrista de jazz inglés y compositor. Ya había tocado free-jazz europeo cuando se trasladó a Nueva York para trabajar con Miles Davis en el nacimiento de la fusión jazz. Formó a Mahavishnu Orchestra en 1972 antes de seguir con su grupo Shakti en el que tocó música india. Como discípulo de Sri Chinmoy tocó con Carlos Santana en muchos conciertos de meditación antes de grabar *Love, Devotion, Surrender* y fueron de gira juntos en 1973. La esposa de McLaughlin, Mahalakshami (Eve), también tocaba ocasionalmente en estas sesiones. McLaughlin más tarde colaboró en *Welcome* y Santana colaboró en su *Electric Guitarist*. Los dos se juntaron en el escenario en conciertos en 1980 (Berkeley Jazz Festival), 1983 (París, Francia), 1985 (concierto de Mahavishnu en San Francisco) y últimamente en el Montreaux Jazz Festival de 1993.

Malo: Grupo latino-rock formado en 1971 por Arcelio García, Jorge Santana y Pablo Téllez, en un principio llamado Malibus. Con estos tres líderes Malo grabó cuatro álbumes: *Malo, Dos, Ascensión* y *Evolution* (este último sin García); cada uno da un enfoque diferente a una mezcla de percusión afrocubana, latin-rock, vientos de jazz y pop. Muchos músicos relacionados con Santana tocaron en *Malo* incluyendo a Luis Gasca, Víctor Pantoja, Richard Kermode, Raul Rekow, Hadley Caliman, Francisco Aguabella y Coke Escovedo. Los cuatro primeros álbumes fueron producidos por David Rubinson, *Dos* es el mejor de ellos. Durante los ochenta y los noventa Arcelio García mantuvo Malo como un grupo de artistas que hacían grabaciones irregulares de menor calidad; Jorge Santana y Pablo Téllez aparecen ocasionalmente en directo. Discografía: *Malo* (Warner Brothers, 1972), *Dos* (WB, 1972), *Ascensión* (WB, 1973), *Evolution* (WB,

1974), *Malo 5* (Traq, 1981), *Coast To Coast* (Blue Heron, 1987), *The Best Of Malo* (GRP Crescendo, 1991), *Señorita* (GRP Crescendo, 1995).

Marcus Malone: El primer batería de conga en Santana que trajo la influencia afrocubana y fue el responsable de presentar la canción «Jingo» al grupo durante el verano de 1967. Conocieron a Malone en las sesiones de conga de Aquatic Park, se quedó en el grupo hasta 1969 cuando fue acusado de homicidio. Poco se sabe de él desde entonces excepto que fue diseñador de moda para músicos de rock.

David Margen: Bajista nacido en Berkeley que se unió a Santana cuando era joven en 1977 sustituyendo a Pablo Téllez. Se quedó hasta 1982, desde entonces ha sido muy solicitado como músico de sesión, ha trabajado con Gregg Rolie.

Buddy Miles: Nació en Omaha, Nebraska, en 1947. Cantante-guitarrista-batería muy conocido por su colaboración en *Band Of Gypsies* de Jimi Hendrix, que incluye una canción suya, «Them Changes». Sesiones en directo con Carlos Santana en 1971, que dieron como resultado el pobre álbum *Carlos Santana and Buddy Miles! Live!* Después Miles continuó su carrera en solitario. Reapareció en Santana en 1986; después de un encuentro casual con Carlos en los estudios de grabación de Bay Area, se quedó en Santana hasta 1987 tras participar en el álbum *Freedom* y la gira. Continúa grabando. Discografía: *Expressway To Your Skull* (Mercury, 1968), *Electric Church* (Mercury, 1969), *Them Changes* (Mercury, 1970), *A Message To The People* (Mercury, 1970), *Buddy Miles Live* (Mercury, 1971), *Carlos Santana and Buddy Miles! Live!* (Columbia, 1972), *Chapter VII* (Columbia, 1973), *Booger Bear* (Columbia, 1974), *All The Faces Of Buddy Miles* (Columbia, 1974), *More Miles Per Gallon* (Casablanca, 1975), *Bicentennial Gathering Of The Tribes* (Casablanca, 1976), *Roadrumer (Town, 1977),*

Sneak Attack (Atlantic, 1981), *Hell And Back (Black Arc, 1994), Miles Away From Home (EFA, 1997), The Best Of Buddy Miles* (Mercury Chronicles, 1997).

Byron Miller: Bajista en una gira americana en el verano de 1976. Entró en el grupo cuando se marchó David Brown, amigo de Ndugu por su trabajo con George Duke. Trabajó con Ndugu después de trabajar con Santana en álbumes de Flora Purim entre otros.

Airto Moreira: Percusionista brasileño que trabajó en el elepé *Borboletta* de Santana. Airto llevó el mundo de la percusión de los indígenas brasileños ante una gran audiencia con un gran espíritu y virtuosidad. Últimamente, su canción «Tombo In 7/4» del álbum *Fingers* ha conseguido una gran popularidad como un tema favorito bailable. Continúa embelesando al público de todo el mundo, generalmente se sienta con Santana cuando el grupo toca en su ciudad natal, Santa Bárbara.

Víctor Pantoja: Conguero neoyorquino que destacó en el mundo del jazz y la música de Bay Area durante los años sesenta y setenta, tocó y fue de gira con Chico Hamilton, Gabor Szabo, Cal Tjader, Willie Bobo, Malo, Azteca y Santana. Su trabajo de mediados de los sesenta con Chico Hamilton en *El Chico* (incluye «Conquistadores») pudo haber sido la primera vez que Carlos Santana escuchaba las congas con guitarras eléctricas; Pantoja también tocó en la grabación original de Gabor Szabo de «Gypsy Queen». Su relación con Santana se limitó a unos cuantos conciertos en otoño de 1971 y a un lugar en *Carlos Santana and Buddy Miles! Live!* Pantoja aparece también en la grabación de Luis Gasca de 1971 en la cual aparece la mayoría de Santana Band. Junto a Coke Escovedo, fue el percusionista central del primer álbum de Malo y tocó en los álbumes de Azteca.

Alan Pasqua: Pianista de jazz (había tocado con Tony Williams) y un componente de Santana desde 1979 hasta la primavera de 1980, grabó *Marathon* y estuvo en las primeras sesiones de *Zebop!* Un consumado músico, tiene solamente dos publicaciones en solitario durante los noventa. Discografía: *Milagro* (Postcards, 1994), *Dedications* (Postcards, 1996).

León Patillo: Cantante-pianista que se unió a Santana en 1974 y permaneció hasta 1975, volvió para el álbum *Festival*. Añadió el estilo de piano eléctrico de Stevie Wonder a *Borboletta* y su propia voz de Larry Graham. León trabajó con su grupo Creation antes de unirse a Santana y continuó con su carrera en solitario haciendo álbumes solamente para el mercado cristiano desde entonces. Carlos Santana colaboró en el álbum de León de 1982, *I'll Never Stop Loving You* que incluye una buena versión de «The River». Leon también colaboró en *Standing On the Verge Of Getting It On,* elepé de Funkadelic. Discografía: *Creation: Creation* (ATCO, 1974) *Leon Patillo: Dance Children Dance* (Myrrh, 1979), *Don't Give In* (Myrrh, 1981), *I'll Never Stop Loving You* (Myrrh, 1982), *Live Experience* (Myrrh, 1983), *The Sky's The Limit* (Myrrh, 1984), *Love Around The World* (Myrrh, 1985), *A Funny Thing Happenes On My Way To Hell* (Word, 1986), *Brand New* (Sparrow, 1987), *Cornerstone* (Word, 1987), *On The Way Up* (Ocean, 1989), *Church Is On The Move* (Positive Pop, 1993), *Soully For Him* (Campus, 1994), *The Classics* (Positive Pop, 1996), *I Can* (Positive Pop, 1999), *Breathe On Me* (Positive Pop, 1999).

Armando Peraza: Nació en La Habana, Cuba, el 30 de mayo de 1924. Peraza es uno de los músicos latinos más importantes del siglo, y junto a Tito Puente y Mongo Santamaría fueron elementos claves para la popularización de la música. Auténtico maestro del bongo y la conga, Peraza grabó con Machito y Charlie Parker en su primer concierto en Nueva York después de salir de

Armando Peraza y José Chepito Areas en México (1988).
(Foto: Josephine Peraza.)

Cuba en 1947 *(Afro-Cuban Jazz Suite);* fue un personaje esencial al introducir los ritmos afrocubanos al jazz.
Esto ocurría durante el boom de la música latina de los
años cincuenta en California, alimentado por el trabajo
de Peraza junto al pianista George Shearing y Cal Tjader. Peraza fue el maestro de estas dos figuras y colaboró en muchas composiciones. Sus lazos con Tjader
dieron como resultado un álbum publicado en el sello
Skye de Tjader *(Wild Thing);* también estaba relacionado con la fusión de rock y la música afrocubana en el
elepé *Cristo Redentor* de Harvey Mandel. Peraza estaba
muy unido a Mongo Santamaría y grabó un importante
álbum de Santamaría en 1959, *Mongo* y posteriormente *Mongo's Way* y *Mongo At Montreux.* Se unió a Santana en 1972 y permaneció yendo y viniendo hasta 1990;
durante ese tiempo era uno de los músicos más importantes del grupo. No tuvo grandes oportunidades para
contribuir con sus canciones en Santana, pero se grabaron dos de sus trabajos clásicos, «Gitano» y «Mandela». En otras sesiones han colaborado Slim Gaillard,
George Duke, Víctor Feldman, Buddy Collete & Charles
Kynard, Randy Weston, Wes Montgomery, New Ri-
ders of the Purple Stage, Tom Fogerty, Rick James, Ma-
chete Ensemble, Tom Coster, y Linda Rondstadt. Formó
parte de R.O.A.R. en 1985 y ahora vive medio retirado
en San Mateo, pero sigue colaborando en grabaciones y
en conciertos en directo. Armando Peraza es un auténtico maestro de la música. Discografía: *Wild Thing*
(Skye, 1968), *R.O.A.R: R.O.A.R* (Tabu, 1985) con
George Shearing: *Latin Lace* (Capitol, 1958), *Latin Esca-
pade* (Capitol, 1958), *Latin Affair* (Capitol, 1959), *Mood
Latino* (Capitol, 1961), *Love Walked In* (Jazzland, 1962 -
George Shearing y The Montgomery Brothers) con Cal
Tjader: *Ritmo Caliente* (Fantasy, 1954), *Más Ritmo Ca-
liente* (Fantasy, 1957), *In A Latin Bag* (Verve, 1961),
Soul Sauce (Verve, 1964).

Karl Perazzo: Percusionista local de San Francisco que
se unió a Santana en 1991 y permaneció desde enton-

ces. Antes de unirse a Santana tocaba con Cal Tjader, Malo, Dizzy Gillespie, Sheila E. y Prince. Perazzo es respetado por grandes músicos como Armando Perazzo; su técnica es virtuosa y es un consumado timbalero. Su relación con Raul Rekow dio lugar a uno de los grandes equipos de percusión de Santana y los dos publicaron un vídeo de percusión en 1996 *(From AfroCuban To Rock* que incluye una toma de Santana) y recientemente ha publicado un interesante cedé de dúos folklóricos con Rekow con algunas muestras afrocubanas que han sido utilizadas por Santana durante los años noventa. Perazzo dirige su propio grupo de salsa en Bay Area, Avance. Discografía: *Raul Rekow y Karl Perazzo: Just Another Day In The Park* (Mona Records, 1998), *Avance: Adelante* (Mona Records, 1996), *West Coast Latin Groove* (Mona Records, 1999).

Flora Purim: Cantante de jazz brasileño, junto a su marido Airto Moreira fueron esenciales para la popularización de la música brasileña en la corriente musical de los setenta. Colaboró en los álbumes *Welcome* y *Borboletta* de Santana e invitó a Santana a tocar en su *Stories To Tell*. Flora ha grabado numerosos álbumes en solitario, destacan los dos primeros grandes álbumes junto a Chick Corea, Return To Forever. Recientemente fue de gira con Airto con una formación llamada Fourth World dándoles una nueva popularidad.

Luther Rabb: Cantante para el grupo Columbia de Ballin'Jack, antes de un breve periodo de gira con Santana en el invierno de 1976. Una breve temporada con War y grabó un álbum en solitario disco-funk de calidad marginal en el cual se doblaba a sí mismo en «St Luther». Discografía: *Street Angel* (MCA, 1979).

Doug Rauch: Bajista que colaboró con Voices of East Harlem, Loading Zone (con Coster y Haas), Gabor Szabo (con Coster), antes de unirse a Santana en 1972, tocó en *Caravanserai, Lotus, I Live, Devotion, Surrender* y *Wel-*

come. Su estilo funk fue una gran influencia en el sonido Santana de este periodo. Más tarde tocó con Cobra, Billy Cobham, Betty Davis, Buzzy Linhart y Lenny White, se puede escuchar su colaboración en el álbum *Venusian Summer* de Lenny White, incluye algunos de los riffs funk que mostró en el repertorio en directo de Santana en 1972. Murió a finales de los años setenta.

Raul Rekow: Comenzó a tocar la conga después de ver a Santana Blues Band en 1967; tocó en varios grupos de Bay Area como Soul Sacrifice, Malo y Sapo (existía una gran competición local entre estos grupos). Sapo grabó un elepé antes de que Rekow se uniese a Santana en el verano de 1976 para grabar *Festival.* Permaneció constantemente en el grupo hasta 1987, cuando se unió a una formación en los Países Bajos, Congarilla, que publicó un cedé de edición limitada llamado *Calling The Gods.* Era la principal fuerza de R.O.A.R, que surgió en un periodo de calma de la actividad de Santana en 1985. Uno de los percusionistas más entusiastas en Santana, volvió al grupo en el otoño de 1990 para sustituir a Armando Peraza y permanece en el grupo desde entonces. Su trabajo con Peraza y Orestes Vilató desde 1980 hasta 1987 constituye una de las secciones de percusión latinas más grandes y posteriormente se forjó una singular relación musical con Karl Perazzo, que alcanzó su plenitud en el cedé de 1998 de dúos. Rekow es un estudioso de la música afrocubana y su estilo explorativo inicial le ha abierto camino a algo más refinado. Discografía: *Malo: Dos* (WB, 1972) *Sapo: Sapo* (Bell, 1974), *R.O.A.R: R.O.A.R* (Tabu, 1985) *Congarilla: Calling The Gods* (D&K, 1988) *Raul Rekow y Karl Perazzo: Just Another Day In The Park (Mona Records, 1998).*

Rico Reyes: Vocalista latino de Bay Area que tocó con Santana en *Abraxas, Santana III* y *Caravanserai.* También aparece ocasionalmente en actuaciones en directo con el grupo en 1970. Después de Santana se unió a Azteca y Quicksilver Messenger Service antes de dirigir su propio grupo San Pacu. Ahora vive en Los Ángeles, ocasionalmente toca en los clubes.

Walfredo Reyes: Batería nacido en La Habana, Cuba. Su padre es un legendario batería cubano llamado también Walfredo Reyes. Se unió a Santana en 1989 después de trabajar con Larry Carlton y Tania María, permaneció yendo y viniendo hasta 1993 cuando se unió a la gira de Traffic.

Chris Rhyne: Teclista en *Inner Secrets* y *Oneness* que conoció a Graham Lear de sus días con Gino Vanelli. También grabó y fue de gira con Jean LucPonty y ahora toca en clubes con una formación llamada Over The Rhyne.

Benny Rietveld: Bajista que trabajó con Sheila E. junto a Karl Perazzo destacó por formar parte de la alineación de Miles Davis en 1989, aparece en el vídeo *Live In Paris* de Miles. Benny se unió a Santana en 1990, permaneció hasta 1992. Reapareció en 1997 y toca en *Supernatural*. También graba con su propio grupo The Outtakes.

R.O.A.R: Una formación de componentes de Santana que creó Raul Rekow en un periodo de descanso de Santana Band en 1985. Los componentes son Rekow, Armando Peraza, Orestes Vilató, Alex Ligertwood, Chester Thompson y el vocalista Rafael Cornejo. Hicieron un álbum que incluía soul, dance, R&B y grooves latinos, mostraban un estilo innovador de la batería electrónica. Otros ex-componentes de Santana están también en este disco. Discografía: *R.O.A.R.: R.O.A.R.* (Tabu, 1985).

Gus Rodríguez: Amigo de Carlos Santana de sus primeros días en San Francisco, fue el primer bajista con el que trabajó Santana. Sabemos muy poco de él después de que dejara Santana Blues Band en 1967.

Doug Rodríguez: Amigo guitarrista de Doug Rauch, de Nueva York, tocó en *Caravanserai* y *Welcome*. Continuó trabajando con Lenny White, Mandrill y Terry Reid. Su estilo de guitarra funk y su colaboración en las composiciones con Doug Rauch se puede escuchar en el álbum *Venusian Summer* de Lenny White.

Gregg Rolie: Nació el 17 de junio de 1947 en Washington. Gregg fue una de las dos figuras centrales en Santana Band en 1969 junto a Carlos Santana. Formaron una pareja musical en 1967 que duró hasta 1972 y que se ha reanimado una y otra vez desde 1982. Rolie fue el principal vocalista de Santana desde 1966 hasta 1971 y el sonido de su órgano Hammond fue una parte importante que caracterizó al grupo. Contribuyó en muchas canciones con sabor a rock pero perdió el interés con la dirección de jazz que se tomó en *Caravanserai;* dejó al grupo y la música para abrir un restaurante con su padre en Seattle. Posteriormente volvió para formar el grupo de AOR Monsters Journey con Neal Schon, abandonando este grupo en 1981 cansado de su constante gira. Rolie trabajó de nuevo con Carlos Santana en 1982, en una formación casual, «Friends Again», y colaboró en el álbum de *Shangó.* Publicó dos elepés en solitario (también al estilo AOR) en 1985 y 1987, los dos presentan la guitarra de Santana; trabajó de nuevo con Santana en *Freedom* y en la gira *Viva Santana* de 1988, que no le dejó muy satisfecho. Durante los años noventa Rolie triunfó de nuevo en las listas con su nuevo grupo The Storm que incluía a Ross Valory y Steve Smith; de nuevo con un estilo de rock Rolie había entrado en *Billboard.* Fue esencial para la formación de Abraxas Pool con Neal Schon en 1984-1985 y contribuyó en el estilo de muchas canciones de Santana. A pesar de los informes de la prensa sobre la inestable relación entre Rolie y Santana, siempre se mantuvieron en contacto durante los años noventa. Discografía: *Gregg Rolie* (Columbia, 1985), *Gringo* (Columbia, 1987), *Rough Tracks* (1998) *Journey: Journey* (Columbia, 1975), *Look Into The Future* (Columbia, 1979), *Departure* (Columbia, 1980), *Captured* (Columbia, 1981) *The Storm: The Storm* (Intersco-

pe, 1991), *Eye Of The Storm* (Music For Nations, 1996)
The Abraxas Pool: The Abraxas Pool (Miramar, 1997).

Patrice Rushen: Pianista de jazz, compositor y arreglista con un gran éxito pop con su single «Forget Me Nots». Teclista en la gira de Santana-Shorter de 1988 introduciendo dos composiciones «Shh» y «Fireball 2000», la primera la grabó con el batería Terri Lynn Carrington. Después de la gira formó The Meeting con Alphonso Johnson, Ernie Watts y Ndugu Chancler. Continúa estando en demanda como artista y arreglista.

Tom Rutley: Bajista que conocía a Michael Shrieve de College of San Mateo Big Band. Fue de gira con Santana en 1971 sustituyendo a David Brown y aparece en *Caravanserai*. Tom también grabó con Azteca, Flip Núñez, Link Wray y Lorraine Ellison.

Curtis Salgado: Músico de blues de arpa y cantante, había trabajado con Robert Cray y dirigía su propio grupo. Salgado aparece con Santana en una gira muy breve a comienzos del verano de 1995.

David Sancious: Multi-instrumentalista que formó parte del grupo de Santana en 1984 y colaboró en *Beyond Appearances*. Era conocido del cantante Alex Ligertwood que había formado parte del grupo de Sancious, Tone, a finales de los setenta.

Jorge Santana: Guitarrista y el hermano más joven de Carlos Santana que formó el grupo latino Malo con el cantante Arcelio García y el bajista Pablo Téllez en 1971. Grabó cuatro álbumes en los cuales Jorge Santana compartía las tareas de guitarra con Abel Zarate, pero cuando Zarate se marchó la guitarra de Santana ganó importancia. Después de separarse de Malo realizó dos álbumes en solitario en el sello Tomato antes de retirarse del negocio de la música. Su hermano le animó a que se uniese a Santana en 1981, pero aparte de participar en unos cuantos conciertos no ocurrió nada más; Jorge Santana se puso a trabajar en la administración del mundo de la música. Comenzó a ir de gira con Santana de forma regular en 1989 hasta 1990 culminando con el álbum *Brothers*. Jorge Santana aparece en el vídeo *Sacred Fire* y fue de gira por Europa con el grupo en 1994. Toca en directo de vez en cuando con Malo y en 1998 retomó su carrera de nuevo y apareció como artista en solitario en Bay Area. Discografía: *Jorge Santana* (Tomato, 1978), *It's All About Love* (Tomato, 1981) *Santana Brothers: Brothers* (Guts and Grace, 1994) *Malo: Malo* (Warner Brothers, 1972), *Dos* (WB, 1972), *Ascension* (WB, 1973), *Evolution* (WB, 1974).

José Santana: Padre de Carlos Santana, nació el 18 de enero de 1913 en Cuautla, en el estado de Morelos, México. Era un consumado violinista que tocaba música orquestal y música tradicional, formó a Carlos para que siguiese sus pasos como músico enseñándole a tocar el violín. Trabajó como músico de Mariachi en Tijuana y más tarde en San Francisco. José continuó trabajando como músico durante toda su vida y colaboró en el elepé de su hijo *Havana Moon* así como con una parte maravillosa de violín en «I'm For Real», un tema del álbum de Malo, *Dos*. José Santana falleció en 1998.

Urmila (Deborah) Santana: Esposa de Carlos Santana, preparada en música clásica, tocó con el guitarrista en los conciertos de meditación de Sri Chinmoy a mediados de los setenta. Aparece en *Oneness*.

Neal Schon: Guitarrista nacido el 27 de febrero de 1954, se unió a Santana en 1971 después de estar en algunas sesiones de *Abraxas*. Grabó en *Santana III, Carlos Santana and Buddy Miles! Live!* y *Caravanserai* antes de marcharse en 1972. Formó Golden Gate Rhythm Section al que se unió Rolie en junio de 1973, este grupo se convirtió en Journey, que consiguió el éxito platino de AOR. Schon también grabó con Jan Hammer, Bad English, H.A.A.S y Hardline. Publicó dos cedés con estilo new age a finales de los noventa y formó parte de Abraxas Pool. Discografía: *Journey: Journey* (Columbia,1975), *Look Into The Future* (Columbia, 1976), *Next* (Columbia, 1977), *Infinity* (Columbia, 1978), *Evolution* (Columbia, 1979), *Departure* (Columbia, 1980), *Captured* (Columbia, 1981), *Escape* (Columbia, 1981), *Frontiers* (Columbia, 1983), *Raised On Radio* (Columbia, 1986) *Neal Schon y Jan Hammer: Untold Pasion* (1981), *Here To Stay* (1983) *Schon, Hagar, Aaronson y Shrieve: Through The Fire* (1984) *Neal Schon: Beyond The Thunder* (1995), *Electric World* (Higher Octave, 1997), *Piraña Blues* (Shrapnel, 1999) *The Abraxas Pool: The Abraxas Pool* (Miramar, 1997).

Wayne Shorter: Saxofonista de jazz que formó el grupo Santana-Shorter con Carlos Santana en 1988 para una gran gira por los festivales de jazz de verano europeos y algunas fechas limitadas en Estados Unidos. Shorter también colaboró en *The Swing Of Delight* y *Spirits Dancing In The Flesh* y en el concierto NARAS de Santana de 1966 en Los Ángeles. Shorter es una de las grandes figuras de jazz, un solista virtuoso y compositor-arreglista que ha honrado con su presencia a muchos grupos de jazz entre los cuales destaca el legendario quinteto de los años sesenta de Miles Davis y Jazz Messengers de Art Blakey. Grabó excelentes álbumes para Blue Note durante los años sesenta *(Juju, Speak No Evil)* antes de formar Weather Report con Joe Zawinul en 1971, un grupo maravilloso que duró hasta 1986 cuando Shorter abandonó para continuar con su carrera en solitario. Una carrera en la que destaca el álbum clásico *Native Dancer* que muestra el talento de Milton Nascimento y es uno de los álbumes más grandes de la música. Incluía el inquietante «Ponta de Areia» de Milton, por mucho tiempo un tema favorito de Carlos Santana, lo ha usado durante años como una coda para «Europa».

Michael Shrieve: Batería nacido en San Francisco, el 6 de julio de 1949, Shrieve ha mantenido una carrera consistente y creativa. Ha trabajado principalmente en el campo de la música experimental y de new age con destellos ocasionales de rock. Mike Shrieve se unió a Santana en 1969 y permaneció hasta el verano de 1974: no podemos exagerar su importancia en el grupo aunque sí fue un elemento decisivo para el cambio de dirección del grupo en 1972. Después de Santana formó un grupo llamado Automatic Man; luego colaboró con Steve Winwood y Stomu Yamashta; *Go.* Grabó trabajos de new age con Klaus Schulze y bandas sonoras a finales de los ochenta; volvió con Santana para la decepcionante gira *Viva!* Continuó su carrera en solitario mientras era miembro de Abraxas Pool. Siempre ha sido un batería creativo, Michael Shrieve se ha situado como uno de los percusionistas más destacados de la época encabezando el uso de la batería electrónica. Probablemente está resignado a ser siempre recordado por su famoso solo de batería de la película *Woodstock.* Discografía: *Transfer Station Blue* (Fortuna, 1986), *In Suspect Terrain* (Relativity, 1987), *The Leaving Time* (RCA, 1988), *The Big Picture* (Fortuna, 1989), *Stiletto* (Novus, 1989), *Fascination* (CPM, 1994), *Two Doors* (CMP, 1995) *Schon, Hagar, Aaronson y Shrieve: Through The Fire* (1984) *The Abraxas Pool: The Abraxas Pool* (Miramar, 1997).

Chris Solberg: Segundo guitarrista en Santana desde 1978 hasta 1980, fue un componente del grupo de Eddie Money antes de unirse a *Marathon.* Poco sabemos de él después de Santana, recientemente estaba trabajando como técnico de guitarra para Carlos Hernández.

Pablo Téllez: Bajista que formó Malo en 1971 con Jorge Santana y Arcelio García. Tocó en los primeros álbumes Malo y se unió a Santana en 1976 para el álbum *Festival,* se marchó de gira con el grupo hasta la primavera de 1977. Ahora vive en San José y toca

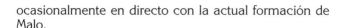

ocasionalmente en directo con la actual formación de Malo.

León Thomas: Vocalista de jazz muy conocido por su trabajo con Count Basie y Pharoah Sanders antes de lanzar su carrera en solitario en 1969. Desarrolló un extraordinario estilo improvisado de voz que de alguna manera es muy afín al estilo tirolés; colaboró en los álbumes de Sanders, *Karma* (1969) y *Jewels Of Thought* (1979), el primero incluye la clásica composición Thomas-Sanders «The Creator Has A Master Plan». Grabó con Santana en 1973 antes de perder su gran perfil. Reapareció en los noventa y realizó una gira mundial y posteriormente trabajó con Sanders en el álbum *Shukuru;* merece la pena escuchar el tema favorito de Thomas «Sun Song». Thomas impactó a Santana y ha sido por mucho tiempo uno de los favoritos del guitarrista. En particular sus canciones «The Creator Has A Master Plan», «One», «Um, Um, Um» y «Malcom's Gone» han dejado huella en la carrera de Santana. León Thomas falleció en mayo de 1999. Discografía: *Spirits Known And Unknown* (Flying Dutchman, 1969), *The Leon Thomas Album* (Flying Dutchman, 1970), *Leon Thomas Live In Berlin* (Flying Dutchman, 1971), *Gold Sunrise On Magic Mountain* (Mega, 1971), *Blues And The Soulful Truth* (Flying Dutchman, 1972) *Facets - The Legend Of Leon Thomas* (Flying Dutchman, 1973), *Full Circle* (Flying Dutchman, 1973), *Thank You Baby* (Don King/New Sounds Records, 1975-7''single), *A Piece Of Cake - with Freddie Hubbard* (Paloscenico, 1980), *The Leon Thomas Blues Band - The Leon Thomas Blues Band* (Portrait, 1988), *Leon Thomas Anthology* (Soul Brother Records, 1998).

Chester Thompson: Teclista, nació en Oklahoma City el 9 de marzo de 1945, fue el principal compañero de Carlos Santana desde 1983 cuando se unió a Santana y dejó Tower Of Power. Se marchó de Oklahoma con el Trío Rudy Johnson (también llamado The Incorporates) antes de grabar un repertorio en solitario de jazz-R & B, *Powerhouse* para el sello neoyorquino Black Jazz en 1971. Se asentó en San Francisco en 1969 y se unió a Tower of Power en 1973 componiendo alguno de sus temas instrumentales más conocidos como «Squib Cakes» y «Walking Up Hip Street». Estos temas presentan perfectamente su extático estilo de órgano Hammond. Desde 1988 este Hammond se ha convertido en la firma de Santana mientras sus arreglos de sintetizador han dado lugar a increíbles dúos con Carlos, «Wings Of Grace» y «Blues For Salvador». Hoy en día Santana no se puede concebir sin Chester Thompson, que lleva la esencia del órgano de iglesia de gospel-soul al público en directo. Discografía: *Powerhouse* (Black Jazz, 1971) *Tower Of Power: Tower Of Power* (WB, 1973), *Back To Oakland* (WB, 1974), *Urban Renewal* (WB, 1974), *In The Slot* (WB, 1975), *Live And In Living Colour* (WB, 1976), *Ain't Nothing Stopping Us Now* (Columbia, 1976), *We Came To Play* (Columbia, 1978), *Back On The Streets* (WB, 1979) *R.O.A.R: R.O.A.R* (Tabu, 1985).

Chester Thompson (batería): Batería de Weather Report *(Black Market)* y Genesis que se unió a Santana para la gira europea de 1984. Su batería se escucha en Beyond Appearances.

Russell Tubbs: Músico de saxo y flauta componente de Devadip Orchestra en 1978. Fue de gira por Europa con Santana ese año y colaboró en *The Swing Of Delight.* Discípulo de Sri Chinmoy, Tubbs también tocó con Carlos Santana en conciertos de meditación algunas veces formando dúos y otras como parte de Rainbow de Sri Chinmoy. También apareció en *Visions Of The Emerald Beyond,* una grabación de 1975 de Mahavishnu Orchestra.

Andy Vargas: Vocalista de Watsonville, California, que se unió a Santana en otoño de 1999. Un joven cantante y compositor, tocó música de Mariachi desde muy jo-

ven con su padre Javier Vargas, publicó un álbum en solitario a principios del año 2000.

Orestes Vilató: Nació en Camaguey, Cuba, el 12 de
mayo de 1944. Vilató es uno de los más grandes tim-
baleros después de Tito Puente, un innovador auténtico
del instrumento. Durante su distinguida carrera tocó con
José Fajarado, Ray Barreto *(Acid,* etc.), Johnny Pache-
co y Fania All Stars. Orestes se unió a Santana en 1980
después de haber dirigido su propio grupo llamado Los
Kimbos y permaneció hasta 1987. Durante ese periodo
introdujo una serie de elementos religiosos afrocubanos
en la música de Santana y fue un artista magnético en
directo. Fue un miembro de R.O.A.R. y posteriormente
grabó una sesión clásica afrocubana con Carlos «Patato» Valdés y el batería Changuito. Discografía: *Los Kimbos: Hoy Mañana* (Cotique, 1978) *The Big Kimbos con
Adalberto Santiago* (Cotique, 1996) *Patato, Changuito
y Orestes: Ritmo y Candela* (Redwood, 1995) *R.O.A.R:
R.O.A.R* (Tabu, 1985).

Narada Michael Walden: Batería y productor que
reemplazó a Billy Cobham en Mahavishnu Orchestra
en 1974. Un discípulo de Sri Chinmoy, Walden desarrolló
una cercana amistad musical con Carlos Santana desde 1976 hasta 1980, tocó con el guitarrista en conciertos de meditación, el tema «Guru's Song» es un ejemplo
de su trabajo. Walden compuso y tocó en «Song For Devadip» en *Oneness* y Carlos Santana colaboró en dos álbumes de Narada, *Garden Of Love Light* y *Awakening*.
Más tarde, Walden se llegó a conocer como productor,
invitó a Santana para tocar en el álbum de Aretha Franklin de 1985 *Who's Zoomin 'Who?*

Greg Walker: Nació en Los Ángeles. Ndugu Leon
Chancler presentó a Walker y Santana en 1975 y se convirtió en uno de los vocalistas más carismáticos y populares de Santana. Su principal trabajo con Santana fue
de 1975 a 1978 (con una interrupción durante el elepé

Festival) pero volvió a aparecer en 1983 después de que Carlos Santana hubiese sido presionado por el tenista John McEnroe para que volviese el cantante. Su segunda desaparición tuvo lugar desde 1983 hasta 1985. Realizó sesiones con Herbie Hancock, Jeff Lorber, Ronnie Laws y Kazu Matsui y ha publicado dos cedés en solitario con un estilo soul. Greg ha estado últimamente de gira con Fifth Dimension y ocasionalmente se une a Santana en el escenario. Discografía: *Love You So Good* (Taylor Made, 1991), *Admiration* (Wilma's Son's Music, 1997).

Ricky Wellman: Batería que fue de gira por poco tiempo con Santana durante el otoño de 1997, anteriormente se le conocía por su trabajo con Miles Davis durante el elepé *Amandla* y el vídeo *Live In Paris*. Trabaja en las fuerzas armadas de Estados Unidos.

Tony Williams: Batería de jazz, amigo musical muy cercano de Carlos Santana, quien conocía muy bien el trabajo de Williams de los años sesenta con Miles Davis y su propio grupo Lifetime que incluía a John McLaughlin, Jack Bruce y Larry Young. Finalmente los dos trabajaron juntos en *The Swing Of Delight* en 1980 y realizaron una sesión en 1985 con el bajista Pat O'Hearn y compusieron la canción «Trane» de *Blues For Salvador*. Aparecieron juntos en directo en una sesión especial japonesa con Herbie Hancock en 1981 y de nuevo en 1989 en San Francisco Bammies. Un poco antes de la muerte de Williams los dos participaron en la grabación en homenaje a Jimi Hendrix, *In From The Storm* que da una amplia evidencia de la extraordinaria fuerza de la batería de Williams y de la empatía entre los dos músicos. Murió en 1977.

Larry Young: Organista de jazz que tocaba con John McLaughlin en el grupo Lifetime de Tony Williams después de una serie de álbumes impresionantes en solitario para Blue Note entre los que destaca *Unity*. Carlos

Santana estuvo considerando la posibilidad de ofrecerle un lugar en Santana en 1972 pero pensó que el organista no estaría interesado. Fue un error, Young quedó contento con participación en el álbum *Love, Devotion, Surrender* y en la gira de 1973, añadió su propia canción «I'm Aware Of You» a la gira (más tarde grabó su propio elepé *Space Ball).* Murió en 1978.

Índice

Colección Rock / Pop